고전의 사계

손정수
비평에세이

고전의 사계

은행나무

일러두기

* 단행본, 신문, 잡지 등은 겹화살괄호(《 》)로, 시, 단편, 영화 등은 홑화살괄호(〈 〉)로, 논문, 기사, 비평 등은 홑낫표(「 」)로 구분했다.
* 외래어 인명, 서명, 용어 등은 번역 등을 통해 우리에게 익숙한 경우 한글로, 잘 알려지지 않아서 한글 표기로는 원 상태를 확인하기 어려울 경우에는 원어로 표기하였다. 서명과 용어의 경우 한글 번역과 원어를 병기한 곳도 있다.

서문

　이 책에 실린 글들은 《Axt》 2020년 1/2월호부터 2023년 9/10월호까지 22회에 걸쳐 연재되었던 것이다. 처음에는 올가 토카르추크의 《태고의 시간들》에 대한 리뷰를 쓰는 일회적인 청탁이라고 생각했었는데, 《폭풍의 언덕》과 《페스트》까지 두 차례 더 이어졌다. 그리고 나서는 더 연락이 없어서 무난히 끝났구나 생각하고 있었다. 그런데 2020년 7/8월호를 건너뛰고 백다흠 편집장으로부터 다시 메일이 왔다. 그래서 2020년 9/10월호부터 다시 연재가 이어졌고 두 달에 한 번씩 정신없는 시간이 되돌아오는 상태가 3년 더 지속되었다. 2021년 9월부터 2022년 8월까지 학교로부터 연구년을 얻었는데, 연희문학창작촌과 토지문화관에서 석 달씩 보냈던 그 시간 또한 이 연재로 인해 쉴 틈이 없었다. 하필 연재를 처음 시작한 직후 코로나 사태가 발생했고 곧 끝날 줄만 알았던 그 여파는 연재를 마칠 무렵까지 이어졌다. 농담처럼 나는 오십대 초반의 4년 가까운 이 시기를 'Axt'와 '코로나'의 시절이라고 기억한다. 하지만 진심으로 말하면 'Axt' 덕분에 '코로나'와 '갱년기'를 버틸 수 있었다고 생각한다.

이렇듯 전공도 아닌 세계 여러 문화권의 고전들에 대해 글을 쓴 것은 나의 의지로부터 비롯된 것은 아니었다. 그렇기 때문에 처음에는 잘 보이지도 않는 목적지를 겨우겨우 찾아가야 하는 험난한 도정을 헤쳐나가야 했다. 그렇지만 한 편씩 써나가다 보니 내 안으로부터 흘러나왔을 어떤 방향성이 자연스럽게 모습을 갖춰나가기 시작했다. 무엇보다 내게 고전은 존경과 사랑을 받는 위대한 작품이기 이전에 진지한 한 인간이 자신의 삶의 문제에 언어와 이야기로 대응하고자 했던 의지의 결과로 보였다. 그런 의미에서 고전은 삶의 붓으로 그린 인간과 시대의 초상이라고 할 수 있다. 그리고 결과도 결과이지만 삶의 문제가 작품으로 옮겨지는 창작의 과정에 더 관심이 끌렸다. 그것은 아마도 내가 창작을 가르치는 학과에서 꽤 오랫동안 몸을 담아온 일과 무관하지 않았을 것이다. 또한 고전 리뷰 작업은 그 진행 과정에서 자연스럽게 고전이 특정 시대에 고착된 불변의 가치가 아니라 시대에 따른 재해석을 거쳐 새로운 독자들에게 수용되면서 다시 쓰이는 것이라는 사실을 일깨워주었다. 개별 리뷰의 후반부에서 영화 등 현재적 상황에 부합하는 각색과 수용의 문제를 살핀 것은 그런 맥락에서이다. 어쩌면 하나의 작품이 고전의 지위를 얻게 되는 것은 바로 그처럼 시간과 공간을 넘어 새로운 독자들과 만나면서 이루어지는 재서술의 과정과 불가피하게 연루된 것일지도 모르겠다.

    매번의 리뷰는 어떤 체계적인 계획에 따른 것이 아니라 그때마다의 상황을 고려하면서 편집회의에서 대상 작품이 정해지는 방식으로 이루어졌다. 한 편의 리뷰를 보내고 나면 숨 돌릴 틈도 없이 다음 차례의 리뷰 대상 작품을 알리는 메일이 도착했다. 이런 과정을 두 달마다 반복하면서 하나씩 모인 리뷰들을 책으로 엮기 위해서는 범주와 체계가 필요했다. 앞서 제시한 고전에 대한 이 책의 관점을 고려하면 이런 상황에서 일반적으로 채택되는 시대의 순서나 지역의 구획은 그다지 큰 의미가 없다고 느꼈다. 오히려 그 초점은 인물과 환경, 현실과 환상, 의식과 세계 등 소설과 관련된 속성들로 이루어진 좌표에서 그 작품이 놓인 지점에 맞춰졌다. 그렇게 해서 작품들을 묶다 보니 불현듯 떠오른 것이 노스럽 프라이의 《비평의 해부》(1957)였다. 이미 연재를 하는 동안에도 여러 차례 참고했던 그 책의 영향이 알게 모르게 소설을 바라보는 내 시각에 깊이 작용하고 있었다는 것을 새삼 확인할 수 있었다. 그렇다면 좀 더 분명하게 그 영향을 전제로 삼아 구성을 마련하면 어떨까 하는 데까지 생각이 이르렀다.

    《비평의 해부》에 수록된 세 번째 에세이 '원형비평—신화의 이론'에서 노스럽 프라이는 뮈토스를 거기에 내재된 이상과 현실의 관계를 기준으로 네 개의 범주로 구분하고 각각에 네 계절을 대응시켰다. 우선 이상 세계를 지향하는 여름의 뮈토스와 현실 세계에 집중하는 겨울의 뮈토스가 두 축으로 설정되었다. 전자에는 로맨스, 후자에는 아이러니와 풍자의 이야기들이 속한다. 그리고 이상으로부터 현실로 하강하는 가을의 뮈토스와 현실로부터 이상으로 상승하는 봄의 뮈토스가 다른 두 축으로 제시된다. 전자가 비극이라면 후자는 희극이다. '현실의 압력을 뚫고 나오는 환상의 힘(여름)' '삶의 미궁과 이야기의 미로(가을)' '인간의 고뇌로 빚은 시대의 초상(겨울)' '소설의 열린 결말과 인류의 미래(봄)' 등으로 이루어진 이 책의 구성과 '고전의 사계'라는 제목은 이처럼 노스럽 프라이의 논의를 적극적으로 수용하는 과정을 통해 마련된 것이다.

그동안 썼던 글을 다시 읽으며 책의 제목과 구성을 마련하고 마지막으로 머리말을 쓰다 보니 두 달에 한 번씩 고비를 넘어가며 원고를 마감하던 그때가 새삼 떠오른다. 그 힘든 시간이 지금 되돌아보면서 내게 그리운 추억처럼 느껴질 수 있는 것은 은행나무와 《Axt》의 배려, 그리고 백다흠과 김서해 두 분의 성심 어린 도움과 격려 덕분이다. 한 시절의 열정을 책에 담아 세상에 내보내는 이 순간의 뿌듯한 마음을 그들과 나누고 싶다.

2025년 여름
손정수

> **차례**

서문　　　　　　　　　　　　　　　　　　　　　　　　　　004

여름　현실의 압력을 뚫고 나오는 환상의 힘

존재의 심연에 다가가는 두 가지 이야기 방식
― 메리 셸리, 《프랑켄슈타인》(1818)　　　　　　　　　015

《폭풍의 언덕》이라는 팰림세스트(palimpsest)
― 에밀리 브론테, 《폭풍의 언덕》(1847)　　　　　　　028

시대를 넘어서는 고전의 힘과 그로부터 파생된 다양한 판본들
― 너새니얼 호손, 《주홍 글자》(1850)　　　　　　　　040

삶의 붓으로 그린 예술가의 초상
― 오스카 와일드, 《도리언 그레이의 초상》(1890/1891)　054

소설과 영화의 길항, 그 혼융의 형식에 담긴 현실과 꿈
― 마누엘 푸익, 《거미여인의 키스》(1976)　　　　　　070

가을   삶의 미궁과 이야기의 미로

수동적 저항의 글쓰기가 남긴 비참과 영광
— 허먼 멜빌,《필경사 바틀비》(1853)   **083**

글쓰기의 자의식으로부터 추출된 특별한 성분의 이야기
— 귀스타브 플로베르,《마담 보바리》(1856)   **098**

잘못 쓴 원고를 버리지 못하는 마음으로 쓴 이야기
— 아쿠타가와 류노스케,《라쇼몬》(1915)   **111**

애거사 크리스티의 두 얼굴
— 애거사 크리스티,《오리엔트 특급 살인》(1934)   **129**

기이한 인물 속 평범한 인간의 모습
— 슈테판 츠바이크,《체스 이야기·낯선 여인의 편지》(1942·1922)   **145**

'남자 없는 여자들'의 시선으로 본 헤밍웨이
— 어니스트 헤밍웨이,《노인과 바다》(1952)   **155**

겨울   인간의 고뇌로 빚은 시대의 초상

이상한 가역반응으로 빚어진 미메시스
— 찰스 디킨스, 《위대한 유산》 (1861)   **175**

삶으로부터 이야기가 탄생하는 특별한 방식
— 표도르 도스토예프스키, 《죄와 벌》 (1866)   **185**

분석적인 사랑의 심리 속에 새겨진 시대와 작가의 삶
— 이디스 워튼, 《순수의 시대》 (1920)   **197**

'페스트'라는 알레고리의 리얼리티
— 알베르 카뮈, 《페스트》 (1947)   **214**

샐린저라는 텍스트 읽기
— J. D. 샐린저, 《호밀밭의 파수꾼》 (1951)   **223**

삶과 소설, 혹은 자서전과 전기 사이에 놓인 작가
— 필립 로스, 《나는 공산주의자와 결혼했다》 (1998)   **241**

봄   소설의 열린 결말과 인류의 미래

근대의 입구에서 떠올린 탈근대의 환상
— 나쓰메 소세키, 《나는 고양이로소이다》 (1906)   **259**

소설이라는 '신세계'를 형성하는 '멋진' 재료들
— 올더스 헉슬리, 《멋진 신세계》 (1932)   **274**

작가의 사명과 작품의 운명 사이의 아이러니
— 조세희, 《난장이가 쏘아올린 작은 공》 (1978)   **289**

'노벨'을 확장하는 두 가지 방식
— 올가 토카르추크, 《태고의 시간들》 (1996)   **309**

삶에서 소설로 들어오는 길, 소설을 통해 삶으로 나가는 길
— 코맥 매카시, 《로드》 (2006)   **318**

여름

현실의 압력을 뚫고
나오는 환상의 힘

존재의 심연에 다가가는
두 가지 이야기 방식

메리 셸리

프랑켄슈타인

'프랑켄슈타인'은 영화를 비롯한 대중문화의 다양한 매체를 통해 우리에게 무척 익숙한 캐릭터이지만, 메리 셸리의 원작 소설은 그에 비해 덜 알려져 있는 편이다. 일찍이 '프랑켄슈타인'을 모티프로 한 창의적인 메타픽션을 선보인 바 있는 한 소설가는 거기에서 원작을 "캐릭터의 높은 인지도에 비해 원작이 가장 소외된 소설"[1]로 규정하고, 그것이 품고 있는 통념적인 이미지와의 차이를 다음 세 가지로 정리한 바 있다.

첫째, 시체를 꿰매어 만든 인조인간을 떠올리는 이름 '프랑켄슈타인'은 소설에서 '괴물'을 만든 인물의 이름이며 실상 '괴물'은 이름이 없다. 둘째, 괴성만 지를 줄 아는 좀비 같은 이미지와 달리 소설 속 '괴물'은 수준 높은 언어 능력을 갖춘 달변가이다.

괴물은 내 얼굴에 떠오른 결의를 읽고, 아무것도 할 수 없는 분노에 차서 이를 갈았다. "모든 인간이 제 가슴에 품을 반려자를 맞고, 모든 짐승이 제 짝을 찾는데, 나만 혼자여야 한단 말인가? 내게도 사랑의 감정이 있었는데, 돌아온 건 혐오와 경멸뿐이었다. 인간아! 증오해도 좋다. 하지만 조심하라! 네 시간들은 공포와 불행 속에 흘러갈 것이며, 머지않아 번개가 떨어져 네 행복을 영영 앗아갈 것이다. 나는 참담한 극한의 불행 속에서 뒹구는데, 네놈은 행복할 거라 생각하느냐? 다른 열정들은 다 짓밟는다 해도 복수심만은 남는다. 복수, 앞으로는 복수가 빛이나 양식보다 내게 더 소중한 것이 되리라! 나는 죽을 수도 있다. 그러나 먼저 당신, 나의 독재자이자 고문관인 당신이 당신의 불행을 내려다보는 태양을 저주하도록 만들어주겠다. 조심하라. 나는 두려움이 없고, 그렇기에 강력하다. 뱀의 간교함으로 지켜볼 것이며, 뱀의 맹독으로 찌를 것이다. 인간아, 내게 입힌 이 상처를 끝내 후회하고야 말 것이다."

"악마, 그만둬라. 그리고 이런 악의 소리들로 공기에 독을 풀지 말라. 네놈에게 이미 내 결심을 공포했으니, 그런 말들에 의지를 굽힐 만큼 겁쟁이는 아니다. 떠나라. 나는 이미 마음을 정했다."

"좋다. 나는 간다. 그러나 기억하라, 네놈의 결혼식 날 밤, 내가 함께 있겠다."[2]

제네바의 집을 떠나 독일의 잉골슈타트의 대학에서 화

학을 공부하는 대학생 빅터 프랑켄슈타인은 세상의 흐름에서 벗어나 무생물에 생명을 불어넣는 비법에 몰두하던 중, 마침내 그 신비한 실험에 성공한다. 그렇지만 그 결과 생성된 피조물은 2.5미터가량 크기의 거대한 몸집을 가진 흉측한 '괴물'이었고, 빅터 프랑켄슈타인은 자신이 만들어낸 괴물로부터 도망쳐버린다. 자신의 창조자로부터 버려진 괴물은 인간 세계를 그 외곽에서 경험하며 언어와 의식을 갖추게 되지만, 그 과정에서 받은 소외와 적대의 경험으로 인해 인간에 대한 원한의 감정을 품기에 이른다. 괴물은 자신을 그와 같은 운명으로 몰아넣은 빅터 프랑켄슈타인을 찾아 그의 주변 인물들을 해치면서 보복을 수행하고 빅터 프랑켄슈타인은 괴물의 요구에 따라 그의 파트너를 만들어주기로 약속한다. 그러던 중 스코틀랜드의 외딴 섬에서 둘이 마주친 위의 장면에서 더 논리적으로 논쟁을 주도하는 쪽은 오히려 괴물이고, 애초의 약속을 일방적으로 파기하면서 감정적으로 반응하는 쪽이 빅터 프랑켄슈타인라는 사실을 확인할 수 있다.

세 번째 차이는, 바로 이와 같은 괴물의 반사회적인 행위에 대한 설명에서 발견된다. 괴물의 반사회적 행동의 원인을 하필 재료로 사용된 시체가 범죄자의 것이었다는 식으로 유전적/본성적 요인에서 찾고 있는 대중문화 영역과는 대조적으로, 소설에서 그 원인은 환경적/경험적 요인에 놓여 있다. 《괴물을 위한 변명》에서는 그 이유를 "아마도 경험론이 우세했던 영국에서, 급진주의 사상가와 선구적 페미니스트를 부모로 두고, 계몽주의의 영향을 받고 자란 환경적 요인 탓"³에서 찾고 있는데, 그만큼 특히 이 문제는 원작 소설의 사상적 측면과도 연관되어 있다.

《프랑켄슈타인》을 쓸 당시 작가가 십대 후반의 여성 메리 셸리라는 사실은 그래도 그녀의 부모가 당대의 저명한 아나키즘 성향의 철학자(윌리엄 고드윈)와 페미니스트 저술가(메리 울스턴크래프트)였다는 사실에 비하면 널리 알려진 상황이다. 관심을 메리 셸리라는 여성에서 그의 부모, 그리고 낭만주의 시대의 대표적 시인이었던 남편(퍼시 셸리)까지 확대하면 십대 후반의 여성이 쓴 호러 이야기로만 생각되었던 《프랑켄슈타인》의 사상적 맥락과 층위가 더 두드러지게 드러난다.

그 대표적인 경우가 메리 셸리를 페미니스트 문학사의 대표적 작가로 조명, 분석하는 일련의 논의이다. 그 선구적 저술에 해당되는 산드라 길버트와 수전 구바의 《다락방의 미친 여자》(1979)에서는 《프랑켄슈타인》을 에밀리 브론테의 《폭풍의 언덕》과 함께 존 밀턴의 《실낙원》에 대한 여성적 대항서사로 설명한다. 《프랑켄슈타인》이 《실낙원》을 의식하고 있다는 증거는 이야기가 시작되기 전 그로부터 인용한 "제가 청했습니까, 창조주여, 흙으로 나를 인간으로 빚어달라고? 제가 애원했습니까, 어둠에서 끌어올려달라고?"라는 구절이 에피그램으로 삽입되어 있다는 사실에서도 확인된다. 그러니까 《실낙원》의 아담의 자리가 《프랑켄슈타인》에서는 괴물로 대체되고 있는 것인데, 저자들은 괴물과 그를 만든 빅터 프랑켄슈타인, 그리고 그들을 만든 메리 셸리가 공유하는 소외와 죄의식이라는 유전자를 감식해 내면서 "빅터 프랑켄슈타인의 남자 괴물이 실은 위장된 여성"[4]이라는 진단을 내놓고 있다. "괴물이 이름조차 얻지 못하고 아무리 애써도 사회의 일원으로 수용되지 못하는 모습은, 천재적인 재능을 지녔음에도 단지 여성이라는 이유로 사회에 편입될 수 없었던 그녀의 삶을 대변한다"[5]고 설명하는 관점 역시 이런 맥락과 이어져 있다.

페미니즘의 관점에서는 메리 셸리와 그녀의 어머니 메리 울스턴크래프트의 동질성이 부각되는 반면, 아버지 윌리엄 고드윈이나 남편 퍼시 셸리와의 관계에서는 대립이나 갈등을 읽어내는 경향이 있다. "메리 셸리가 딸의 조산과 죽음으로 고통을 겪을 때, 퍼시 셸리는 그녀를 두고 메리의 이복 자매 클레어 클레어몽과 불륜의 여행을 떠났다. 빅터가 셸리의 필명이기도 한 점을 고려하면, 프랑켄슈타인에는 무책임한 아버지로서 셸리의 면모가 반영되었다고 볼 수 있다"[6]거나 "비통함과 분노에 휩싸인 메리는 마음의 문을 걸어 잠그고 점점 더 우울의 나락으로 침잠했고, 그런 고통을 전혀 이해하지 못하는 남편 때문에 우울증은 더 심해졌다"[7]고 설명하는 관점 같은 경우가 그렇다. 《프랑켄슈타인》도 처음 출간된 1818년에는 저자가 익명으로 되어 있었던데다, 퍼시 셸리가 서문을 썼다는 사실도 이런 관점을 강화한다.

그런데 메리 셸리가 그녀의 부모, 그리고 남편과 맺는

관계의 성격은 그렇게 간단하지 않다. 앞에서 언급한 바와 같이, 메리 셸리의 아버지 윌리엄 고드윈은 당대의 저명한 철학자였고, 어머니 메리 울스턴크래프트 역시 페미니즘의 선구적 사상가이자 저술가였다. 결혼제도 자체를 부정했던 두 사람이 결혼을 한 사건 자체가 아이러니였는데, 메리 울스턴크래프트는 메리 셸리의 출산 직후 사망한다. 《프랑켄슈타인》이 출간된 이듬해인 1819년에 메리 셸리가 쓴 중편 〈마틸다〉(이 소설은 원고를 읽은 윌리엄 고드윈의 반대로 당시에는 출간되지 못했다가 1959년에야 세상의 빛을 보게 된다)에서도 여주인공 마틸다의 어머니(다이애나)가 딸의 출산 직후 사망하는 것으로 설정되어 있다. 소설에서는 그 충격으로 마틸다의 아버지가 집을 떠난다.

> 나는 고독한 존재였고, 소중한 유모가 떠난 이후 어린 시절로부터 줄곧 몽상을 즐겼다. 로잘린드와 미랜더, 코머스의 아가씨(셰익스피어의 《뜻대로 하세요》와 《태풍》, 밀턴의 《코머스》에 등장하는 여주인공들)를 살려내 친구로 만들거나, 내 섬에서 내가 그들의 상황에 처했다고 상상하며 연기하기도 했다. 그러다 나는 남의 상상에서 벗어나 내 머릿속에 만들어낸 실체 없는 창조물들과 애정을 나누며 친해지기도 했다. 그러면서도 현실에서 벗어나지 못한 나는 그처럼 개념에 불과한 것들에게 이름을 붙여주고, 실현되기를 바라면서 소중히 간직했다. 부모님에 대한 기억에 매달렸다. 어머니는 돌아가셨으므로 다시 만날 수 없었다. 하지만 불행에 빠져

> 방랑하는 아버지는 내 상상력이 섬기는 우상이 되었다. 내
> 가 가진 모든 애정을 아버지에게 바쳤다. 나는 아버지의 초
> 상을 만들어 늘 바라보았다.[8]

이런 장면은 생생하기 이를 데 없어서 마치 메리 셸리 자신의 고백처럼 들린다. 그런데 16년 만에 다시 만난 부녀가 그들의 관계를 초월한 사랑의 감정을 서로 확인하는 사건이 발생하면서 소설은 위험한 로맨스로 치닫는다. 결국 아버지가 스스로 목숨을 끊는 극단적인 선택을 하게 되고, 절망에 빠진 마틸다에게 젊은 시인 우드빌이 다가온다. 마틸다는 "그는 내 아버지보다 젊고, 활달하며, 이성적이었으며, 그를 보고 아버지가 조금도 떠오르지 않았다"[9]고 느낀다. 한편 소설 속에서 아버지는 부유한 집안 출신으로, 그리고 연인인 우드빌은 가난한 성직자의 아들이자 시인으로 되어 있는데, 이와 같은 설정은 실제와 묘하게 어긋나면서도 연결되어 있다. 실제로는 메리 셸리의 아버지 윌리엄 고드윈이 가난한 성직자의 아들이었으며, 퍼시 셸리는 귀족 집안 출신이었기 때문이다. 이렇듯 허구와 실제가 어긋나는 방식으로 교차하는 관계 속에서 윌리엄 고드윈과 퍼시 셸리는 혼합되어 새로운 방식으로 양분되고 있다. 그 결과 각자의 개별성은 의미를 잃고 하나의 존재의 양면과 같은 이미지로 전형화된다.

아버지와 연인으로 이루어진 삼각관계 속에서 마틸다가 겪는 내적 경험은 《프랑켄슈타인》에 대응되는 성향을

내포하고 있다. 그녀는 "인간 세상에서 떨어져나와, 남녀 모두에게서 동질감을 느낄 수 없고, 자연의 여신에게서 추방당한 불쌍한 인간, 그것이 나였다"[10]고 느끼는가 하면, 스스로를 "그 누구도 대화나 애정을 건네지 않는 괴물"[11]로 인식하고 있다. 바로 그 "이름 없는 죄책감(guilt that wants a name)"[12]이야말로 《프랑켄슈타인》의 '괴물'의 발생적 기원이라고 할 수 있지 않을까. "날마다 이 무시무시한 감정을 생각하며 살았더라면, 나는 미쳐서 내가 살아 있는 전염병이라고 생각했을 것이다"[13]고 상상하는 장면에서는 전염병으로 인해 세계가 종말을 맞이하게 된 상황을 배경으로 한 메리 셸리의 또 하나의 문제작 《최후의 인간》(1826)이 연상되기도 한다.

소설 〈마틸다〉에서 마틸다와 우드빌 커플도 그렇지만, 실제에서도 셸리 부부는, 적어도 부모와의 관계에서는, 이념으로 연대한 정신적인 동지에 가까운 면모를 보인다. 그들이 처음 데이트를 했던 장소는 세인트 판크라스 교회 묘지에 있는 메리 울스턴크래프트의 무덤이었다. 그런데 장소도 그렇지만 그들의 연애 방식 또한 독특하다. 그곳에서 "그들은 메리의 어머니의 책들을 포함한 그들이 가져온 책들을 크게 읽었고, 그들의 가장 좋아하는 토픽들에 대해 토론했다"[14]는 것이다. 그들이 육체적인 관계를 처음 가졌던 곳 또한 그 묘지로 추측된다.

그들의 애정의 도피행각 역시 자세히 살펴보면 일반적인 통념과는 성격이 다르다. "퍼시 셸리가 해리엇 웨스트브

룩(퍼시 셸리의 첫 번째 부인—인용자)과의 결혼에도 불구하고 메리 셸리와 함께 달아났던 사건은 결혼을 '모든 독점 중에서도 가장 끔찍한 것'으로 반대했던 고드윈의 초기 주장의 영향 아래에서 계획된 것"[15]이었다고 보는 견해도 있다. 윌리엄 고드윈은 그의 대표 저작인 《정치적 정의》(1793)에서 결혼제도를 비판하며 "한 여인에게 나만을 생각하게 하고 내 이웃이 나보다 더 나은 미덕을 발휘해 그 열매를 거두지 못하게 방해하는 것은 모든 형태의 독점 가운데 가장 가증스런 독점을 자행하는 셈이 된다"[16]고 주장하고 있다. 상식과는 거리가 있는 그런 관점은 "평등한 사회에서는 어떤 사람이 내 아버지요, 아내요, 아들이라는 이유로 그 사람을 다른 사람보다 더 좋아하는 일은 없을 것이다. 그런 사회에서는 사람에 대한 선호도가 모두가 인정할 수 있는 그 사람의 가치에 의해 결정된다"[17]는 그의 정치적 신념에 바탕을 둔 것이다.

부모와 자식의 관계에 대한 윌리엄 고드윈과 메리 울스턴크래프트 부부의 견해 역시 급진적이고 근본주의적이다. 윌리엄 고드윈은 "우리는 부모나 자식만을 사랑하는 데 그치지 말고 더욱 중요한 공공의 선을 위해 헌신해야 한다"[18]고 주장했고, 메리 울스턴크래프트 또한 "아버지에게 무조건 복종하는 아들은 원래 나약한 사람이거나, 저열한 동기에서 그러는 것"[19]이라고 비판했으며 "부모에 대한 무조건적인 복종은 아이의 모든 능력을 구속한다"[20]고 보았다.

이렇게 보면 메리 셸리와 퍼시 셸리 부부의 삶은 그들

이 모델로 삼았던 윌리엄 고드윈과 메리 울스턴크래프트 부부의 이념적 실천이라고 할 수 있을 정도다. 그러하되 그 이념에 입각하자면 무조건적인 복종이 아니어야만 하는 것이기에 눈물겨운 난이도를 동반하는 것이 아닐 수 없다. 그들이 쓴 소설과 시와 희곡과 산문들은, 그리고 그 글들을 낳은 그들의 삶은 어떻게 보면 출제자인 윌리엄 고드윈과 메리 울스턴크래프트 부부에게 내보이는 그들 나름의 성실한 답안지였던 셈이다.《프랑켄슈타인》을 처음 출간하면서 그 서두에 "《정치적 정의》《케일럽 윌리엄스》의 저자 윌리엄 고드윈에게 존경을 담아 이 책을 바친다"고 그들 부부가 밝혀놓았던 것에서도 그런 면을 읽을 수 있다. 그런 관점에서 보면 "메리 셸리는 고드윈과 울스턴크래프트로부터 받은 다방면의 유산을 극단적이고도 기상천외한 방식으로 확장하고 재구성한다"[21]고 설명하는 것도 무리가 아니다. 메리 셸리는 나중에 일기에서 "위대하고 특별한 존재가 되는 것, 그것은 내 아버지가 나에게 준 수칙이었다. 셸리는 그것을 다시 확인했다"[22]고 회상했다. 열여섯의 나이로 이복 자매와 함께 유부남인 시인과 대륙으로 애정의 도피행각을 벌인 것 역시 그들 나름으로는 부모의 수칙을 실천하기 위한 고투였던 셈이다. 그렇지만 실제로 이 사건으로 인해 메리 셸리 부부는 고드윈과 2년간의 불화를 겪게 된다.[23] 이런 장면 앞에서는 공적 영역과 사적 영역이 하나의 지평을 공유할 수 있다는 믿음은 관념적인 것일지도 모른다는 생각을 하게 된다. 아무리 한 개체에 지나지 않는 존재라고 하더라도 어떻게 인간을, 그리고 그들 사이의 관계를 하나의 관점으로 쉽게 설명할 수 있겠는가. 어쨌든 부모와 자식으로 이루어진 그 세계는 좁지만 결코 단순하지 않다. 그 출발점은 사회적으로 평등하게 분배되어 있지 않지만, 각자의 출발점으로부터 어떤 도약을 요구받는다는 점에서 그 세계 속의 저마다의 주체는 크게 다르지 않을지도 모른다.

    메리 셸리가 자신의 무의식에 떠오른 어떤 이미지로 한 괴물의 이야기를 만드는 데 작용한 여러 맥락 가운데 하나는 자신의 내부 깊숙한 곳을 바라보도록 가해진, 부모와의 관계로부터 유래한 어떤 압력이었다고 생각된다. 우리는 자신을 형성하였음에 틀림없지만 분명하게 보이지 않는 그 힘을 대체로 직시하지 않으려는 경향이 있다. 이렇게 본다면 메리 셸리의 글이 발휘하는 가치의 근원을 초자아와 대면하고자 했던 그녀의 의지에서 찾을 수도 있겠다. 그 의지의 시선이 궁극적으로 가닿은 곳은 한 개체의 의식의 심층이라는 좁은 지점이었지만, 바로 그로 인해 그것은 시간과 공간을 초월하여 인간의 보편적 문제와 접속할 수 있었던 것이다. (2021. 11)

주

1. 최제훈, 「괴물을 위한 변명」, 《쥐르발 남작의 성》, 문학과지성사, 2010, 240쪽.
2. 메리 셸리, 《프랑켄슈타인》, 김선형 옮김, 문학동네, 2012, 228쪽.
3. 최제훈, 앞의 글, 248쪽.
4. 산드라 길버트·수전 구바, 《다락방의 미친 여자》, 박오복 옮김, 이후, 2009, 423쪽.
5. 김보영, 「1818년 21세 여성의 손에서 탄생한 최초의 SF」, 《한국일보》, 2017. 6. 4.
6. 박현경, 「셸리 부부의 신화 창조와 생명의 원리: 《해방된 프로메테우스》와 《프랑켄스타인》의 프로메테우스를 중심으로」, 《새한영어영문학》 62(1), 2020, 61쪽.
7. 섀넌 매케나 슈미트·조니 렌던, 「도망자 커플―퍼시 비시 셸리와 메리 셸리」, 《미친 사랑의 서》, 허형은 옮김, 문학동네, 2019, 288쪽.
8. 메리 울스턴크래프트·메리 셸리, 〈마틸다〉, 《메리, 마리아, 마틸다》, 이나경 옮김, 한국문화사, 2018, 327~328쪽.
9. 같은 글, 406쪽.
10. 같은 글, 408쪽.
11. 같은 글, 425쪽.
12. 같은 글, 426쪽.
13. 같은 곳, 426쪽.
14. Charlotte Gordon, *Romantic Outlaws: The Extraordinary Lives of Mary Wollstonecraft and Her Daughter Mary Shelley*(Random House, 2015)의 CHAPTER 7 "Mary Godwin: 'The Sublime and Rapturous Moment'[1814]".
15. Pamela Clemit, "Frankenstein, Matilda, and the legacies of Godwin and Wollstonecraft", *The Cambridge Companion to Mary Shelley*, edited by Esther Schor, Cambridge University Press, 2003, p. 29.
16. 윌리엄 고드윈, 피터 마셜 엮음, 《최초의 아나키스트》, 강미경 옮김, 지식의숲, 2006, 140쪽. 윌리엄 고드윈의 저술을 발췌한 선집을 번역한 이 책에서 '결혼제도'에 해당되는 이 부분은 *An Enquiry concerning Political Justice, and its Influence on General Virtue and Happiness*(1793)의 Bk.

8, Ch. 6가 그 출처이다.
17 같은 책, 142쪽. 출처는 위와 같다.
18 같은 책, 124쪽. 이 인용의 출처는 *Thoughts Occasioned by the Perusal of Dr. Parr's Spital Sermon*(1801)이다.
19 메리 울스턴크래프트, 《여권의 옹호》, 손영미 옮김, 한길사, 2008, 258쪽.
20 같은 책, 260쪽.
21 Pamela Clemit, *Op. cit.*, p. 26.
22 quoted in *Ibid.*, p. 29.
23 *Ibid.*, p. 30.

《폭풍의 언덕》이라는 팰림세스트(palimpsest)

에밀리 브론테

폭풍의 언덕

　에밀리 브론테(1818~1848)의 《폭풍의 언덕》(1847)은 "1801년. 집주인을 방문하고 오는 길이다"¹라는 문장으로 시작된다. 이 문장을 이야기하는 인물은 록우드. 별장 삼아 세를 얻은 집 스러시크로스 그레인지의 주인에게 인사를 하러 그가 살고 있는 언덕 위의 집 워더링 하이츠를 찾은 것이다. 하지만 집주인 히스클리프는, 그뿐만 아니라 늙은 하인 조지프와 심지어 개들조차 무뚝뚝하고 사납다. 록우드는 호기심과 오기가 발동해서 다음날 험악한 날씨에도 불구하고 다시 워더링 하이츠로 향한다. 이번에는 히스클리프와 그래도 좀 더 많은 얘기를 나누게 되고 처음엔 그의 아내로 오해했던 며느리 캐서린과, 그리고 그들과 어떤 관계인지 알 수 없는 헤어턴 언쇼라는 젊은 남자와도 만나게 된다. 워더링 하이츠의 인물들에 대한 궁금증이 채 풀리지 않은 채 록우드는 더 악화된 날씨로 인해 그곳의 한 방에서 하룻밤을 머물게 된다. 잠이 들 무렵 록우드는 가죽 타는 냄새에 일어난다. 책 표지가 촛불에 타들어가고 있었던 것이다.

> 그 책은 조악한 활자로 인쇄된 성서였는데, 곰팡내가 지독했다. 책 앞머리 백지에 '캐서린 언쇼의 책'이라는 글자와 약 25년 전의 날짜가 적혀 있었다.
> 책을 덮고 다른 책들도 하나씩 집어 들고 펼쳐보았다. 캐서린의 장서는 정선된 것이었고, 낡은 상태로 보아 많이 사용했음을 알 수 있었다. 하지만 그렇게 낡은 이유가 닳도록 읽은 결과만은 아닌 것 같았다. 거의 매 페이지마다 조판공이 남겨놓은 여백에 펜글씨로 주석—주석처럼 보이는 것—이 빼곡하게 채워져 있었던 것이다.
> 어린아이가 미숙한 글씨로 끼적인 것이었는데, 한 문장으로 끝난 것도 있지만 정식 일기의 형식을 갖춘 것들도 있었다.[2]

상당히 낡은 책은 세월로 인한 것이기도 했지만, 위에서 보는 것처럼 그 주인이 책을 단순히 읽는 용도만이 아니라 그 여백을 무언가를 적기 위한 것으로도 사용했던 데 기인한다. 록우드는 거기에 마치 주석처럼 빼곡하게 적힌 어린 시절 '캐서린 언쇼'의 일기를 읽다 잠이 들고 꿈속에서 유령으로 돌아온 그녀를 만나는 사건을 겪는다. 록우드가 놀라서 비명을 지르는 바람에 다가온 히스클리프는 그 자초지종을 듣고 창밖을 향해 캐서린의 이름을 부르며 들어오라고 미친 듯이 외치며 울부짖는다. 다음날 집으로 돌아온 록우드는 하녀 넬리 딘으로부터 워더링 하이츠, 그리고 히스클리프를 둘러싼 이야기를 전해 듣는데 그 길게 이어지는 사연이 이 소설의 내용을 이루게 된다.

그런데 다음의 기록을 보면 책의 여백에 글을 적는 행위가 비단 소설 속에서만 이루어졌던 것은 아닌 모양이다.

> 브론테 일가의 책들 중 일부는 환생을 거듭한 나머지 지저분한 팰림세스트(palimpsest) 상태가 되었다. 브론테 가족이 너무 애용한 바람에 그런 상태가 된 책들 중 표본이 될 만한 한 권이 있다. 바로 샬럿이 학교에서 사용한 《러셀의 근대 일반 지도》로, 흰 여백이 전혀 남지 않았다. 낙서, 숫자, 아무렇게나 쓴 글들이 잉크 지문과 함께 여백 없이 빽빽이 들어차 있다. 가죽 제본은 해지고 너덜너덜해졌으며, 페이지 끝은 많은 손가락들이 넘겨본 탓에 흙 자국과 기름 자국이 남고 새카매졌다. 또한 대부분의 페이지들이 떨어져나가고 모서리가 울퉁불퉁하게 뜯겨, 원래 분량의 4분의 1이 실종되었다. 이 책은 향기를 발산하고 있다. 이 책을 누르거나 들고 다니는 동안 책의 페이지들과 책등에 스며들었을 땀 흘리는 육체의 향기 말이다.[3]

그 시대 외딴곳에 위치한 목사관의 자매들에게 이렇다 할 오락이 있었을 리 없다. 에밀리의 언니 샬럿은 나중에 동생이 죽고 난 후 《폭풍의 언덕》을 다시 편집하여 출간하며 붙인 글에서 "어린 시절부터 계속 우리가 알고 있던 가장 생생한 즐거움이자 큰 자극은 문학 창작의 시도에 있었다"[4]고 썼다. 이야기를 만들어내는 데 빠져 있던 자매들에게 종이는 너무 귀하고 비싼 것이었다. 그런 그들에게 책의 여백은 원고지 같은 역할을 했고 그 일이 반복되면서 책은 표면을 긁어내고 그 위에 새 글을 적었지만 예전의 자국이 그대로 남아 있는 양피지 같은 상태가 되었다. 그렇게 이야기 위에 새로운 이야기들이 겹쳐 쓰이는 과정에서 마침내 자매들의 책이 세상으로 나오게 된다.

1847년 12월 《폭풍의 언덕》이 '엘리스 벨'이라는 가명으로 출간되었을 때 에밀리 브론테는 갓 출간된 새 책의 깨끗한 여백이 지금처럼 많은 평가와 의미 부여로 채워지게 될 것이라 상상도 하지 못했을 것이다. 그 전해에 세 자매가 함께 냈던 《커러, 엘리스, 액턴 벨의 시편》은 단 두 권밖에 팔리지 않았고, 조금 앞서 '커러 벨'이라는 가명으로 출간된 언니 샬럿 브론테의 《제인 에어》의 성공으로 인해 《폭풍의 언덕》의 저자와 그의 성별을 둘러싼 논란이 일어나고 있었던 상황이었으니 말이다. 그리고 더 결정적으로 자신의 처음이자 유일한 소설이 출간된 그 이듬해에 에밀리 브론테는 병으로 세상을 떠나게 된다.

시간이 지나 《폭풍의 언덕》은 《제인 에어》에 맞먹는 대중적 인기를 얻게 되고 자주 비교의 대상이 된다. 버지니아 울프는 《폭풍의 언덕》이 《제인 에어》보다 더 이해하기 어렵다고 하면서 샬럿 자신의 경험을 열정적으로 쓴 《제인 에어》는 어쨌든 아무리 강렬해도 그것이 우리의 경험과 같은 차원에 있는 것인 반면, 이야기를 만든 '나'가 그 이야기 안에서 보이지 않는 《폭풍의 언덕》은 보다 보편적인 인식으로부터 영감을 얻고 있다는 점에서 그 이유를 찾은 바 있다. 버지니아 울프는 "그녀로 하여금 창조하도록 부추긴 충동은 그녀 자신의 고통이나 상처가 아니었다. 그녀는 거대한 무질서 속으로 쪼개져 있는 세계를 바라보았고 책 속에서 그것을 통합할 수 있는 힘을 그녀 자신 내부에서 느꼈다"[5]고 생각했다.

버지니아 울프의 생각에 따르면, 《폭풍의 언덕》이 이해하기 어려운 이유는 그 이야기가 우리의 일상적 삶의 논리를 초월해 있기 때문이다. 캐서린의 유령이 등장하는 사건도 비현실적인 상황인데다 히스클리프는 살아 있다 해도 그의 영혼은 캐서린이 존재하는 다른 차원의 세계를 향해 있다. 이런 이야기의 특성은 집 안 풍경에 대한 서술과 그들이 함께 만든 '곤달'이라는 가상의 공간에서 펼쳐지는 이야기가 구분되지 않고 뒤섞여 공존하는, 동생 앤과 함께 쓴 에밀리의 일기[6]와도 맞닿아 있어 보인다.

캐서린 언쇼를 중심으로 히스클리프와 에드거 린턴 두 남성이 이루는 삼각형의 대립 구도를 비롯하여, 소설 속 공간과 인물이 이루는 구도 또한 지나치게 선명해서 비현실적인 분위기를 더욱 강화하고 있다.[7] 그런데다 어떤 인물은 자신에게 할당된 자리에 고정되어 있지 않고 대칭 구도의 반대편으로 건너갔다가 다시 돌아오는 비약적인 움직임을 보여주기까지 한다. 캐서린 언쇼는 에드거 린턴과 결혼하여 캐서린 린턴이 되고 딸 캐서린을 낳고 죽음에 이른다. 이 두 번째 캐서린 린턴은 나중에 히스클리프와 이자벨라 린턴 사이에서 태어난 린턴 히스클리프와 결혼하여 캐서린 히스클리프가 되었다가, 이야기의 결말에서는 자신의 사촌이기도 한 헤어턴 언쇼와 결혼하여 결국 캐서린 언쇼로 되돌아온다. 이렇게 보더라도 《폭풍의 언덕》 속 인물들의 운명을 결정하고 있는 것은 그들 자신이 아닌 그 바깥의 어떤 초월적인 힘이다.

《폭풍의 언덕》의 대중성은 록우드와 넬리 딘의 목소리를 따라 워더링 하이츠의 인물들이 펼쳐나가는 기묘한 운명을 목격하는 낯선 매력에 기인하는 것이지만, 그 속을 자세히 들여다보면 이야기 자체는 기이하고도 복잡하다. 영화에서는 이 복잡한 구조를 캐서린에 대한 히스클리프의 광적인 사랑이라는 로맨스로 요약하면서 그 대중성이 보다 강화된다. 1939년 미국에서 윌리엄 와일러 감독에 의해 상업영화로 탄생한 〈폭풍의 언덕〉은 원작 소설 가운데 두 번째 캐서린이 등장하는 후반부를 통째로 들어냈는데, 그러면서 히스클리프는 낭만적 사랑의 화신으로 등극한다. 그 점에서 히스클리프는 브론테 일가처럼 아일랜드 이주민의 자손인 F. 스콧 피츠제럴드의 《위대한 개츠비》(1925)의 개츠비와 기묘하게 닮아 있다.[8]

에밀리 브론테의 삶과 작품의 여백이 채워지면서 《폭풍의 언덕》은 해석의 욕망을 불러일으키는 문제적인 텍스트의 지위를 얻게 된다. 힐리스 밀러는 《폭풍의 언덕》을 두고 "이 소설은 다른 위대한 문학 작품보다 훨씬 많은 설명을 계속 불러오는 지치지 않는 힘을 가지고 있는 듯 보인다"[9]고 했다. 그 힘에 이끌린 일련의 연구들은 상업영화의 로맨스보다 더 심층적인 층위를 드러내면서 각자의 이론적 틀을 수단으로 소설을 해석의 대상으로 삼았는데, 힐리스 밀러는 "《폭풍의 언덕》에 근거한 문학은 풍부하지만 그 비일관성은 놀랄 만하다"[10]고 평가했다. 그는 이 소설에서 눈에 보이는 세계의 수수께끼를 설명해줄 수 있는 보이지 않는 초월적인 기원이 존재한다고 믿도록 하는 반복의 형식에 해석의 초점을 맞춘 바 있다. 프로이트는 원인을 알 수 없는 현상이 반복되면서 그 이면에 어떤 초월적 힘이 존재하는 듯 느끼는 기이한(uncanny) 상태를 분석한 바 있는데, 마치 꿈처럼 의식의 표면에 갑자기 등장하여 낯설지만 그럼에도 무의식 속에 오랫동안 잠재되어 있었기에 친숙한 그 느낌은 상징을 통해 실체화될 수 없는 것이다. 그렇기에 경쟁하는 해석들로 인해 《폭풍의 언덕》의 여백에는 수많은 흔적들이 남지만 그 흔적들은 새로운 여백을 다시 만들어낼 수밖에 없다.

《폭풍의 언덕》에 남아 있던 여백을 다시 급격하게 새로운 색의 글씨로 촘촘하게 채운 것은 페미니즘이다. 수전 구바와 산드라 길버트가 함께 쓴 페미니즘의 고전적 저작 《다락방의 미친 여자》(1979)의 중심에는 제목에서 보듯 샬럿 브론테의 소설들이 자리하고 있지만 그 앞에는 에밀리 브론테의《폭풍의 언덕》이, 그리고 그 뒤에는 에밀리 디킨슨의 시들이 여성 문학사의 계열을 이루고 있다. 페미니즘이라고 하지만 지금의 상황에서 돌아보면 이 책의 태도는 사회적 운동이나 이념보다는 여성 작가와 그들 작품의 여성 인물에 초점을 맞춘 문학적 연구에 충실한 쪽에 더 가깝다. 이 책은《폭풍의 언덕》이 존 밀턴의《실낙원》(1667)의 가부장적 구도를 어떻게 다른 방향으로 전환해나갔는지를, 그러니까 그 이야기의 로맨스 판타지가 여성의 관점에서 이루어진 것이라는 사실을 메리 셸리의《프랑켄슈타인》(1818)과 비교하면서 논증하고 있다. 그 책에 따르면 "셸리의 작품은 형이상학적 공포에 대한 수수께끼 같은 판타지이며, 브론테의 작품은 형이상학적 정열에 대한 수수께끼 같은 로맨스"[11]이다.

이 무렵 새롭게 각색된 영화나 드라마에서《폭풍의 언덕》은 그와 같은 맥락을 바탕으로 삼고 있다. 힐라 샤카르는《폭풍의 언덕》의 무대를 1930년대의 프랑스로 바꾼 자크 리베트 감독의 〈폭풍〉(1985), 줄리에트 비노쉬가 어머니와 딸인 두 캐서린 역을 모두 맡은 피터 코스민스키 감독의 〈에밀리 브론테의 워더링 하이츠〉(1992), 수리 크리쉬남마의 TV 드라마 〈워더링 하이츠〉(2003) 등이《폭풍의 언덕》에 대한《다락방의 미친 여자》의 해석의 영향권 안에 있다고 설명한다.[12]《폭풍의 언덕》의 직접적인 각색이라고 할 수는 없지만 제인 캠피온의 〈피아노〉(1993) 또한 이 영향권으로부터 멀리 벗어나지 않은 지점에서 발생한 이야기라고 할 수 있다. 그녀는 미로 빌브로우와 나눈 인터뷰에서 자신의 영화의 무대로 등장하는 뉴질랜드 북섬의 거친 해변이 요크셔의 황야로부터 연원한 것이며 영화의 여주인공 아다의 침묵이 에밀리 디킨슨의 은둔에 대응되는 것이라는 사실을 밝힌 바 있다.[13]

안드레아 아놀드 감독의 〈워더링 하이츠〉(2011)는 여성 감독에 의해 연출된 《폭풍의 언덕》의 새로운 판본이다. 여기에서는 19세기 중엽이라는 시대도, 잉글랜드 북부라는 문화적 배경도, 그리고 인물들 사이를 구분 짓고 있는 계급적 차이도 희미하게 옅어져 있다. 다만 선명한 것은 풍경과 인물들의 감각을 비추는 이미지이다. 시대와 문화와 계층의 구획을 넘어 보편적인 인간과 이미지에 초점을 맞추고 있는 특징은 세계화의 추세를 반영하고 있다고도 볼 수 있다. 흑인 배우가 연기하는 히스클리프 역시 그런 맥락을 따른 설정일 수 있을 것이다.

그런가 하면 테리 이글턴은 《폭풍의 언덕》에서 오랫동안 비어 있었던 다른 쪽 여백, 그러니까 민족과 계급의 문제를 부각시킨 바 있다. 그는 샬럿의 동생이자 에밀리의 오빠인 브란웰 브론테의 뒤틀린 삶의 행적과 그가 남긴 이야기에서 보다 선명하게 드러나는 정치적 의식의 흔적을 매개로 《폭풍의 언덕》의 역사적, 현실적 맥락을 탐구한다. 식민지 아일랜드 출신으로 잉글랜드에서 목회자로 자리를 잡은 아버지와 부재하는 어머니의 자리를 대신한 개혁적 성향의 이모 밑에서 성장한 남매는 그들의 존재의 토대에 대한 순응과 반항의 분열증적 분리를 겪을 수밖에 없었고, 그들의 이야기는 "마르크스가 '모순의 화신'이라고 말한 하층 중간 계급의 삶"[14]을 충실하게 반영하고 있다는 것이 테리 이글턴의 관점이다. 브론테 자매의 경우 그 계급적 삶이란 더 구체적으로 "숙녀인 반면 하인이고, 정신적으로는 고용주를 훨씬 능가하는 반면 사회적으로는 열등하며, 속으로는 속물인 고용주들과 그 망나니 자식들을 혐오하면서도 겉으로는 그 사람들의 비위를 맞춰야 하는 빅토리아 시대 여성 가정교사의 역설"[15]이다.[16]

이렇게 대표적인 사례들만으로도 《폭풍의 언덕》이라는 양피지는 이미 다양하고 복잡한 글들로 어지럽다. 그 글들 사이의 틈조차 미처 읽어내지 못한 흔적들로 가득할 것이다. 그렇지만 그 가운데에서도 남아 있는 여백을 찾아, 혹은 이미 쓰여 있는 글씨를 긁어내고 거기에 새로운 이야기와 해석을 써넣는 일들은 앞으로도 계속 이어질 것 같다. 《폭풍의 언덕》의 여백 귀퉁이에 보이지도 않는 흔적을 남기면서 새로운 해석의 잉크로 인해 점점 더 부풀어오르고 있는 이 텍스트의 상태를 새삼 느낄 수 있었기 때문이다.

(2020. 03)

주

1 에밀리 브론테, 《워더링 하이츠》, 유명숙 옮김, 을유문화사, 2010, 9쪽. 이 책은 '폭풍의 언덕'이라는 낭만적 취향의 번역어 대신 소설 속에 등장하는 저택을 지칭하는 고유명사인 '워더링 하이츠'를 그대로 제목으로 쓰고 있다.
2 같은 책, 34~35쪽.
3 데버러 러츠, 《브론테 자매 평전》, 박여영 옮김, 뮤진트리, 2018, 34~35쪽.
4 Currer Bell[Charlotte Brontë], "Biographical Notice of Ellis and Acton Bell", Emily Brontë, *Wuthering Heights: The 1847 Text, Backgrounds and Criticism*, edited by Richard J. Dunn, 4th edition, W.W.Norton & Company, 2003, p. 307.
5 Virginia Woolf, "Jane Eyre and Wuthering Heights", *The Times Literary Supplement*, 13 April, 1916. 심지어 테리 이글턴은 이와 같은 《제인 에어》와 《폭풍의 언덕》의 대비를 뤼시앙 골드만의 이데올로기와 세계관의 대립 구도에 대응시키기까지 했다. Terry Eagleton, *Myths of Power: A Marxist Study of the Brontes*, Palgrave Macmilan, 2005, pp. 97~121 참조. 30주년 기념 판본인 이 책의 초판은 1975년에 출간되었다.
6 "Emily and Anne Brontë's Diary Paper, November 24, 1834", *Wuthering Heights: The 1847 Text, Backgrounds and Criticism*, pp. 261~262.
7 힐리스 밀러는 이런 특징에 대해 "《폭풍의 언덕》의 각 인물은 시스템의 한 요소인 듯 보인다. 그래서 한 사람의 개별적이고 개성적인 인물이라기보다 시스템 안에서 그 혹은 그녀의 위치에 의해 규정되고 있다"(J. Hillis Miller, *Fiction and Repetition: Seven English Novels*, Harvard University Press, 1982, p. 57)고 보았다.
8 이런 상황에 앞서 작품의 여백이 아닌 에밀리 브론테라는 한 여성 작가의 삶의 여백에 자신의 이야기를 겹쳐 쓴 에밀리 디킨슨(1830~1886)의 경우도 있다. 공교롭게도 에밀리라는 이름을 공유했던 한 여성 시인이자 소설가가 대서양 건너 잉글랜드 북부 요크셔 지방에서 요절했을 때 그녀의 나이는 열일곱이었다. 그녀가 남긴 편지에서는 에밀리 브론테의 작품보다 메리 로빈슨이 쓴 평전 《에밀리 브론테》(1883)에 대한 감상 등 인물에 대한 관심이 더 뚜렷하게 남아 있다. 19세기 여성 시인의 계보에 대한 한 연구에서는 에밀리 브론테에 대한 에밀리 디킨슨의 관심이 "문학적이라기보다 인간

적 혹은 전기적"(Margaret Homans, *Women Writers and Poetic Identity: Dorothy Wordsworth, Emily Brontë, and Emily Dickinson*, Princeton University Press, 1980, p. 162)이라고 언급하고 있기도 하다. 에밀리 브론테처럼 그녀 역시 은둔자의 삶을 살며 글을 쓰는 일에 자신을 바쳤다. 그녀의 장례식에서는 에밀리 브론테의 시 〈No coward soul is mine〉이 낭독되었다. 시간이 지나 은둔하는 여성 시인으로서 에밀리 디킨슨의 이미지는 이후 윌리엄 포크너의 〈에밀리에게 바치는 한 송이 장미〉(1930)나 조이스 캐롤 오츠의 〈에밀리 디킨슨 리플리럭스〉(2008) 같은 단편소설에 밑그림으로 쓰였다.

9   J. Hillis Miller, *Op. cit.*, p. 50.
10   *Loc. cit.*
11   산드라 길버트·수잔 구바, 《다락방의 미친 여자》, 박오복 옮김, 이후, 2009, 443쪽.
12   Hila Shachar, "The Legacy of Hell: Wuthering Heights on Film and Gilbert and Gubar's Feminist Poetics", *Gilbert and Gubar's The Madwoman in the Attic after Thirty Years*, edited by Annette R. Federico, University of Missouri, 2011.
13   *Jane Campion: Interviews*, edited by Virginia Wright Wexman, University press of Mississippi, 1999.
14   테리 이글턴, 《반대자의 초상》, 김지선 옮김, 이매진, 2010, 80쪽.
15   같은 책, 79쪽.
16   이런 시선에는 "네 분의 조부모 모두 영연방으로 이주한 아일랜드 이민자"(Terry Eagleton, *Heathcliff and the Great Hunger: Studies in Irish Culture*, Verso, 1995, p. x)인 테리 이글턴 자신의 존재근거가 인식의 계기로 작용하고 있었을 것으로 짐작된다.

시대를 넘어서는 고전의 힘과
그로부터 파생된 다양한 판본들

너새니얼 호손

주홍 글자

한때 중학교 국어 교과서에 '호오도온'의 〈큰 바위 얼굴〉(1850)이라는 소설이 실려 있었다고 한다. 나는 그보다 조금 뒷세대여서 매우 교훈적인 그 소설을 교실에서 배우지 않았는데도 신기하게 그 작가와 작품은 친숙했다. 《주홍 글씨》(1850) 역시 워낙 유명해서 읽지 않았어도 어렴풋이나마 내용을 알 수 있었다. '주홍 글씨'라는 단어는 일상의 관용적 비유로도 자주 사용되었고,[1] 가요(스페이스 A 1집, 1997), 영화(변혁 연출, 이은주·한석규 주연, 2004), 아침 드라마(MBC, 2010~2011)의 제목으로도 쓰였을 정도였다. 그렇게 대중적인 소설이라고 하기 어려운 《주홍 글씨》가 이처럼 광범위하게 흔적을 남기게 된 상황은 콘텐츠의 범위가 매우 제한적이었던 시대의 표정이었을지도 모르겠다.

너새니얼 호손을 새삼스레 다시 보게 된 것은 2008년에 6개월 동안 보스턴에 머물 때였다. 작가의 생애와 작품이 그 지역과 깊은 관계가 있다 보니 의도치 않아도 자주 접하게 되었다. 무엇보다 작가가 자기 조상의 역사적 과오[2]에 대한 부채의식 때문에 자신의 성에 W를 넣었다는 얘기[3]는 깊은 울림을 주었다. 네이티브 스피커로부터 그 이름을 실제로 들었을 때 내가 알고 있던 발음과는 너무도 거리가 멀어서 놀랐던 기억도 또렷하게 남아 있다. 한국으로 돌아오기 전 세일럼을 찾았던 데는 호손의 영향이 적지 않았다.

그 무렵 한때 '주홍 글씨'로 알려졌던 이 소설의 제목이 '주홍 글자'로 번역되기 시작했다. 원래의 제목 'Scarlet Letter'의 의미에 그편이 더 부합한다는 지적이 그 전부터 있어왔던 터였다. 《주홍 글자》에 그 서문에 해당되는 글인 〈세관〉이 수록되기 시작한 것도 그때부터이다.[4] 민음사판(2007)에는 뒤에 부록처럼 붙어 있던 〈세관〉이 펭귄클래식코리아판(2009)과 을유문화사판(2011)에는 2판 서문과 함께 〈주홍 글자〉의 앞에 나와 있다. 열린책들판(2012)에서는 2판 서문은 제외하고 〈세관〉만 〈주홍 글자〉 앞에 남겨놓았다. 그러면서 번역자도 영문학자로부터 전문 번역가로 바뀌는 추세가 나타났다.

다시 읽는 《주홍 글자》는 익숙한 스토리보다 그동안에는 별로 신경 쓰지 않았던 형식이 더 눈에 들어왔다. 우선 〈세관〉이라는, 얼핏 보면 〈주홍 글자〉와는 연관이 그다지 없어 보이기도 하는 글이 새삼 흥미로웠다. 굳이 이름까지는 밝히지 않았지만 맥락으로 충분히 작가 자신이라고 짐작할 수 있는 서술자가 등장하여 세관 건물(실제로 호손은 1939~1941년 그곳에서 검량관으로 일한 적이 있다) 투어를 안내한다. 그러면서 자연스럽게 그곳과 관련된 역사적 사건과 인물들도 소개되는데, 그 가운데에는 앞서 언급한 호손 자신의 조상들과 초기 미국 이민 사회의 주요 인물들, 그리고 가깝게는 자신의 아버지[5]와 세관의 전임자도 포함되어 있다. 1층에서 시작된 투어는 2층으로 올라가 마침내 전임자의 책상에서 헤스터 프린이라는 여성에 관한 기록을 발견하면서 클라이막스에 이른다. 마침 서술자는 정치적 역학 관계의 변동 속에서 근무하고 있던 세관에서 해고되었고, 한동안 돌보지 않았던 자신의 재능을 다시 발휘할 마음을 먹는다. 그러니까 그 가상의 기록을 읽고 썼다는 이야기가 바로 다음에 이어지는 〈주홍 글자〉이다. 사실과 허구가 기묘하게 뒤섞인 이 투어를 따라가면서 어느새 독자는 가상의 이야기 속으로 진입해 있는 것이다. 이처럼 현실 세계와 소설 사이의 가교 역할을 하고 있는 〈세관〉은 《주홍 글자》에서 없애기 아까운, 어떤 의미에서는 필수적인 부분이라고 할 수 있는 독특한 장치이다.

그리고 〈주홍 글자〉가 시작된다. 앞서 〈세관〉에서 제시된 이 이야기의 연원으로 인해 〈주홍 글자〉에서 인물들이 놓여 있는 시간과 그 이야기를 서술하는 시간 사이에는 상당한 거리가 가로놓여 있다. 말하자면 과거의 일을 두 세기가 지난 상황에서 되돌아보는 구조인 것이다. 그리고 그로부터 다시 그만큼의 시간이 지난 지금 우리는 《주홍 글자》

를 읽고 있다.

〈주홍 글자〉의 첫 장면은 감옥에서 아이를 안고 출옥하는 헤스터 프린의 모습을 보여준다. 그녀의 가슴에는 주홍색 글자 A(그녀의 죄명인 Adultery, 즉 간음)를 새긴 천 조각이 달려 있다. 그녀의 주위는 그녀를 구경하고 비난하기 위해 몰려든 사람들이 둘러싸고 있다. 멀리서는 그녀의 처분을 고민하는 총독 등 관리들이 그 광경을 지켜보고 있다. 그리고 거기에 또 한 사람, 젊은 목사 아서 딤스데일이 초조하고 불안한 모습으로 서 있다.

지금의 독자들은 두 사람 사이의 관계를 모르고 이 소설을 읽기가 어렵다. 하지만 소설은 그 비밀을 품은 채 주홍 글자를 가슴에 붙이고도 조금씩 더 당당해지는 헤스터 프린과 독특한 개성의 인물로 자라나는 그녀의 딸 펄, 그리고 반대로 고뇌로 인해 더 창백해져가는 아서 딤스데일을 앞으로 한 발씩 움직여간다. 지금은 이 움직임을 감상하는 쪽이 스토리보다 더 흥미롭다.

> 그러나 헤스터 프린은 타고난 용기와 활기를 지닌데다 오랫동안 사회와 떨어져 버림받은 채 살아왔기 때문인지 목사에게는 생소하기 짝이 없는 그런 사색의 자유에 익숙해져 있었다. 그녀는 어떤 규칙이나 지침도 없이 도덕의 황야를 어슬렁거렸다. (……) 지나온 세월 동안 그녀는 이런 소외된 관점에서 인간의 제도와 목사들이나 입법자들이 제정한 것을 바라보았다. 인디언들이 목사의 허리띠나 법복이

나 처형대나 교수대나 난롯가나 교회에 대해 경의를 나타내지 않듯 그녀도 별다른 존경심 없이 그 모든 것을 비판했다. 그녀의 운명과 운수는 그녀를 자유롭게 하는 방향으로 흘렀다. 주홍 글자는 다른 여자들 같으면 감히 발을 들여놓지 못할 곳으로 들어가게 해주는 통행증과도 같았다. 치욕, 절망, 고독! 이것들이 그녀의 선생이었다.[6]

이 지점에 이르면, 공동체의 규범을 위반하여 그 가장 외곽에 격리된 한 여성의 가슴에 달린 표찰(주홍 글자)을 그 답답한 교리와 법 바깥의 자유로운 세계에 들어가는 통행증으로 바꾸는 이야기가 곧 《주홍 글자》라고 볼 수 있다. 소설이라는 양식은 이런 문제를 사건보다 서술을 통해 해결해야 한다. 가령 위에서처럼 헤스터 프린이라는 인물에 대해 서술하면서 그 문장의 힘으로 독자를 설득해내야 하는 것이다.

여기에 더해 이 움직임에 그 공동체의 가장 심장부에 있던 젊은 목사를 동참시키는 것이 이 이야기가 수행해야 할 또 하나의 큰 과제라고 할 수 있다. 《주홍 글자》는 이 과정을 더 역동적으로 만들기 위해 아서 딤스데일을 가운데 두고 헤스터 프린의 반대편에 그녀의 전남편 로저 칠링워스를 배치하고 있다. 의사인 그는 허약해진 젊은 목사의 치료를 명분으로 그와 함께 지내면서 그의 심리를 자신의 방향으로 조종(지금의 용어로 하자면 '가스라이팅' 같은 것)하는 역할을 맡는다. 이 줄다리기는 표면상으로는 팽팽하지만 지금의 독자에게는 이미 결말이 예정된 승부가 아닐 수 없다. 우리는 영화나 드라마에서 너무 악한 조연들을 많이 봐와서 그런지 지금 읽는 이야기 속의 복수의 화신인 로저 칠링워스는 순진하고 어떤 면에서는 착해 보이기조차 하다.(죽으면서 자신과 피도 섞이지 않은 펄에게 많은 유산을 남기기도 한다.) 지금의 독서 과정에서는 오히려 딤스데일의 내부에서 일어나는 다음과 같은 장면이 더 큰 변화의 동력처럼 느껴진다.

> 이 마지막 유혹을 뿌리친 승리를 축하할 새도 없이 목사는 또 다른 충동을, 더욱 우스꽝스럽고 앞선 것들만큼이나 오싹한 충동을 느꼈다. 차마 입 밖에 내기조차 낯 뜨거운 일인데, 말하자면 가던 길을 멈추고서 길에서 놀고 있는, 이제 갓 말을 시작한 청교도 아이들에게 아주 못된 말들을 가르쳐주고 싶다는 충동이었다. 목사로서 무슨 어울리지 않는 짓이냐며 이 변덕을 겨우 물리친 그는 스패니시 메인에서 온 술 취한 뱃사람을 한 명 만났다. 지금껏 참으로 용감하게 온갖 유혹을 이겨왔기 때문인지 불쌍한 딤스데일 목사는 타르투성이의 저 망나니와 악수도 나누고, 방탕한 뱃사람들이 입에 달고 사는 상스러운 농담도 하고, 익숙하고 뻔뻔스러운 노골적이고 속이 후련해지도록 하늘을 모독하는 욕을 퍼붓고 싶어지는 것이 아닌가! 그가 이 마지막 위기를 무사히 넘길 수 있었던 것은 남들보다 훌륭한 신념을 가졌기 때문이 아니라 어느 정도는 그의 타고난 품위 때문이었

고, 더 중요하게는 성직자로서의 예법이 습관처럼 굳어져
있기 때문이었다.[7]

앞서 이야기한 서술의 설득력은 전체적인 문맥 속에서 해당 부분을 읽을 때 비로소 성립되는 것이기에 아무리 길게 인용해도 그것을 설명하기에는 한계가 있다. 그 점을 감안하고 얘기하면, 내게는 전체 스토리의 전개에서는 그렇게 중요하다고 여겨지지 않는 위의 장면이, 젊은 목사가 자신이 바로 그 불륜의 상대라는 사실을 밝히고 처형대에서 비장하게 삶을 마치는 결말로 향하게 되는 결정적인 계기처럼 읽혔다. 그는 자신이 고귀하게 여겨온 종교적 신념이라는 것이 사실은 하찮은 충동조차도 제어할 힘이 없는 굳어진 습관에 불과하다는 것을 이 순간 알아차려버린다. 그 과정을 소설은 설명하는 대신 위에서처럼 인물의 행동과 심리를 서술하면서 보여준다. 그리하여 마지막 대목에서는 인물과 서술자의 목소리가 구분되지 않는 상태에 이르게 된다. 그리고 이 순간 독자 또한 어느새 그들에 근접하여 인물의 내적 세계를 이해할 수 있게 된다. 이런 방식으로 소설은 서사 전개의 설득력을 마련하고 있다.

헤스터는 힘닿는 데까지 그들을 위로하고 조언해주었다. 또한 하늘의 뜻에 따라 세상이 성숙하여 좀 더 밝은 시대가 오면 남녀의 관계가 상호 행복이라는 보다 탄탄한 터전 위에 설 수 있도록 새로운 진리가 밝혀질 것이라는 굳은 믿음

으로 그들을 안심시켰다. (……) 앞으로 계시를 전할 천사요 사도는 분명 여자가 될 테지만, 고결하고 순결하고 아름다운 여자여야 할 것이다. 또한 암울한 슬픔을 통해 지혜로워진 것이 아니라 환희라는 천상의 매개를 통해 지혜로워진 여자여야 할 것이다. 그리고 그러한 목적을 이룬 인생이라는 진정한 시금석으로써 신성한 사랑이 어떻게 우리를 행복하게 만들어주는지를 보여주는 여자여야 할 것이다![8]

딤스데일이 7년 전 헤스터가 서 있던 처형대에서 진실을 밝히고 세상을 떠난 이후, 이야기는 이제 결말로 향해간다. 젊은 목사의 마지막 순간 그의 가슴에 새겨진 상징을 봤다는 사람들로 인해 한동안 논란이 벌어진다. 호손은 자신이 쓴 이야기들을 소설이 아닌 로맨스로 규정했는데,[9] 이런 장면을 포함해서 《주홍 글자》에는 초현실적인 분위기가 그 저조에 흐르고 있다. 판타지와 다큐멘터리 등 장르의 구분이 다양화되고 특수효과 등의 기술적 장치에 익숙한 지금의 독자에게는 다소 낯설고 효과조차 미약한 형식일 수 있다.

어쨌든 세월이 흘러 헤스터는 위에서 보는 것처럼 자신이 겪은 경험을 토대로 같은 처지의 여성들을 위로하고 그들에게 조언하는 삶을 살아가다 딤스데일 옆에 묻힌다. 두 무덤 사이에 세워진 묘비에는 방패 무늬 같은 도안과 함께 "검은 바탕에 주홍 글자 A"[10]라는 글귀가 희미하게 적혀 있다. 결말에 거의 이른 지점에서 이 이야기는 마치 그 이후를 지시하는 이정표처럼, '슬픔이 아닌 환희'를 매개로 지혜를 얻고 마침내 '신성한 사랑과 행복'의 주체가 되는 새로운 여성상을 제시하고 있다. 지금의 시선으로는 다소 수상한 군더더기가 묻어 있다고 느껴질 수도 있고, 또 관념적이고 이상주의적이라고 여겨질 수도 있지만, 이 이야기가 발표된 시기를 고려하면 놀랄 만큼 시대를 앞서간 비전이라 할 것이다.

그렇기는 하나 거의 두 세기 전의 이야기이니 지금과는 상황이 많이 다르고, 같은 소설이라 해도 지금과 비교하면 이질적일 수밖에 없다. 그렇다면 이 이야기를 읽는 다른 방법도 생각해볼 수 있다. 가장 먼저 떠오르는 방법은 그 시대에 맞는 다른 판본으로 바꿔 읽는 것이다.

한 가지 예로 존 업다이크의 《Roger's Version》(1986)[11]을 들 수 있다. 제목에서 보는 것처럼 특이하게도 원작과는 달리 로저 칠링워스에 대응되는 인물인 신학대학 교수 로저 램버트가 주인공인 판본이다. 그의 아내 에스더(헤스터 프린)는 자신에게 장학금을 요청하러 찾아온 컴퓨터 전공의 대학원생 데일 콜러(아서 딤스데일)와 불륜 관계를 맺고, 로저 자신은 배다른 누이의 딸인 십대의 미혼모 베르나와 은밀한 관계에 놓인다. 이렇듯 속물들로만 채워진 이 세계는 세속적인 의미의 현실성은 높아졌지만, 그 대신 이야기를 통해 바라보고자 하는 비전은 결여되어 있다. 어떤 의미에서는 그런 비전이 없는 시대의 판본이라고도 볼 수 있을 것이다.

변형된 판본의 또 다른 사례는 〈미션〉(1986)의 롤랑 조페 감독의 영화 〈Scarlet Letter〉(1995)이다(인디언 부족의 장례식으로 시작되는 영화의 첫 장면은 〈미션〉을 연상시키기도 한다). 사실 원작 소설은 이미 사건이 한참 진행된 시점부터 시작되기에 읽다 보면 궁금한 점이 많다. 대표적으로 심약한 성격의 젊은 목사가 어떻게 유부녀와 불륜을 행했을까 하는 점인데, 소설은 그 점에 대해 전혀 대답해주지 않는다. 그런데 영화는 오히려 그 문제에서 시작하여 그것을 중심으로 진행되는 이야기처럼 보인다. 딤스데일을 연기한 게리 올드만은 목사라기보다는 진취적인 투사 같은 이미지를 가진 이 영화의 또 다른 히어로다. 인터넷 댓글에서는 원작을 지나치게 훼손했다는 비난(가령 "너새니엘 호손이 살아서 이 영화를 본다면 감독 욕을 한 바가지로 했을 것")과 배우들의 열연에 대한 감탄(가령 "시대적 배경과 스토리가 절묘하게 녹아든! 데미 무어, 게리 올드먼 연기 정말 좋네요")이 극단적으로 교차한다.

앞서 존 업다이크의 소설에서도 느꼈던 것이지만, 여기서도 인물 구조가 같다고 같은 이야기가 결코 아니라는 사실을 재차 확인할 수 있다. 그리고 당연히 그 텍스트의 질감과 독자의 지평을 향해 발휘되는 서사의 힘 또한 다르게 느껴질 수밖에 없다. 어떻게 보면 아이러니하게도 변형된 판본들보다 한참 오래된 원작이 지금의 상황에 대응되는 더 강한 실감과 주제 의식을 갖고 있다고 생각되기도 한다.

판본을 바꾸는 것이 아니라 읽는 방법을 바꾸는 방식도 있다. 일찍이 호손의 아내 소피아 피바디와 그 자매들을 중심에 두고 《주홍 글자》를 바라보는 방식도 있었고,[12] 정신분석 비평, 독자반응 비평, 페미니즘, 해체론, 신역사주의 등의 시각으로 새롭게 독해하는 방법도 지속적으로 시도되어왔다.[13] 일본 근대문학의 대표작인 나쓰메 소세키의 《그 후》와 《주홍 글자》를 불륜이라는 코드로 연결해서 읽거나,[14] 조선 시대의 비극적 연애소설 《운영전》과 비교하여 읽는 비교문학적 방법도 시도된 바 있다.[15] 학술적인 영역에서는 이미 익숙해진 독서의 방식들인데, 새로운 시대의 독자들과 더불어 더 다양하고 새로운 읽기의 방법도 등장하리라 기대된다. (2022. 05)

주

1   "다시 씻기 어려운 불명예스럽고 욕된 판정이나 평판을 비유적으로 이르는 말"을 뜻하는 단어로 국립국어연구원에서 만든 온라인 사전 '우리말샘'에도 등재되어 있다.(https://opendict.korean.go.kr/dictionary/view/?sense_no=957038&viewType=confirm)

2   이들 조상과 그들의 행적은 《주홍 글자》에도 적혀 있다. "그분은 군인이자 입법자이자 재판관이었다. 교회의 목사이기도 했다. 좋든 나쁘든 청교도의 특성을 두루 갖춘 분이었다. 또한 냉엄한 박해자이기도 했다. 예컨대 퀘이커교도들은 대대로 그의 이름을 기억하며 그가 자기네 종파에 속한 한 여인을 얼마나 가혹하게 다뤘는지를 지금까지 이야기할 정도다. 그분이 좋은 일도 많이 했다고는 하지만, 그런 선행의 기록보다 이 사건이 더욱 오래 기억될까 염려스럽다. 그분의 아들 또한 박해 정신을 물려받아 마녀재판에서 큰 두각을 드러냈는데, 희생자들의 피가 그의 몸에 자국을 남겼다고 해도 지나치지 않을 것이다. 그 피가 얼마나 깊이 스며들었는지, 차터 스트리트 묘지에 말라붙어 있는 그의 뼈가 완전히 재로 변하지 않았다면 아직까지도 그 자국이 남아 있으리라!"(너새니얼 호손, 《주홍 글자》, 곽영미 옮김, 열린책들, 2012, 15~16쪽) 자신의 선조라고 감싸는 모습은 전혀 찾아볼 수 없고, 오히려 그 반대되는 결연한 태도가 뚜렷하다.

3   나중에 확인해보니 이것은 사실이기도 하지만 또 그렇지 않은 부분도 있었다. 영국에서 미국으로 건너온 호손의 첫 조상인 William Hathorne이 자신의 성에서 원래 있던 'W'를 뺐기 때문이다.(Edward C. Sampson, "The 'W' in Hawthorne's Name", https://www.houseofnames.com/hawthorne-family-crest) 《주홍 글자》를 읽으면 알 수 있지만 호손이 비판적으로 생각하는 것은 지나치게 경직된 청교도 이데올로기에 지배되던 특정의 시기이다. 그는 그런 분위기가 팽배해지기 이전 초기 이민자 사회에 대해서는 오히려 그 건강성을 부각하면서 동경하는 태도를 취하고 있다. 이로써 호손이 자신에 성에 굳이 다른 글자가 아닌 'W'를 넣었는가에 대한 대답도 자연스럽게 도출된다.

4   그러니까 《주홍 글자》는 〈세관〉과 〈주홍 글자〉로 이루어져 있는 셈이다. 결국은 이렇게 두 편이 단행본에 담기게 되었지만 〈세관〉을 쓸 때 호손은 그것이 〈주홍 글자〉(그때 호손은 이 장편을 다 마치지 못한 상태였다)와 앞서 발표된 단편과 스케치가 함께 묶인 책의 서문이 될 것이라 생각했다. 하지만 출판업자의 설득으로 〈주홍 글자〉만 출간되었다는 사실이 원서에서 호손 자신

이 붙인 각주에 기록되어 있다. Nathaniel Hawthorne, *The Scarlet Letter: Complete Text with Introduction, Historical Context, Critical Essays*, Edited by Rita K. Gollin, Houghton Mifflin Company, 2002, p. 116.

5 선장이었으며 호손이 네 살 때 항해 도중 사망한 아버지의 이름 또한 Nathaniel Hathorne이다. 우리로서는 이해하기가 힘든 일이지만, 이 사회의 문화에서는 이런 경우가 드물지 않다. Martin Luther King Jr.는 잘 알려진 대표적인 사례이며, 부자가 대통령이었던 George Walker Bush(아버지 Bush는 Herbert라는 미들네임이 더 있다)와 전직 대통령 Barack Hussein Obama, Joe Biden(Joseph Robinette Biden)도 그런 경우이다.

6 너새니얼 호손, 《주홍 글자》, 곽영미 옮김, 열린책들, 2012, 249~250쪽.

7 같은 책, 273~274쪽.

8 같은 책, 324~325쪽.

9 호손은 《일곱 박공의 집》(1851)의 서문에서 자신의 작품을 로맨스로 지칭하면서, 아주 세세한 부분까지 경험에 충실할 것을 목표로 삼는 소설과 달리 "로맨스는 상당한 정도까지는 그 진실을 작가 자신이 선택하거나 창조한 상황 속에서 제시할 권리를 가진다"(너새니얼 호손, 《일곱 박공의 집》, 정소영 옮김, 민음사, 2012, 7쪽)고 전제하면서, 이런 특권을 활용하되 "특히 초자연적인 것을 대중에게 주어지는 요리의 실제 재료로서가 아니라 아주 섬세하면서 곧 사라지는 약간의 향미료로서 섞어야 한다"(같은 책, 8쪽)고 했다.

10 《주홍 글자》, 325쪽.

11 우리나라에는 《이브의 도시》(장왕록 옮김, 전예원. 1987)라는 다소 엉뚱한 제목으로 출간된 바 있다. 특이하게도 이 소설에서는 아서 딤스데일에 대응되는 인물인 데일 콜러의 룸메이트로 '김동명'이라는 한국인 학생이 등장한다. 그런가 하면 본문에 간략하게 제시한 줄거리에서도 드러나듯 '섹스'는 존 업다이크의 주요 소설적 테마 가운데 하나이기도 한데, 내가 다른 대학 도서관에서 빌린 책에는 결정적인 대목 세 군데가 뜯겨져 있었다.

12 Louise Hall Tharp, *The Peabody Sisters of Salem*, Little, Brown & Co., 1950.

13 Nathaniel Hawthorne, *The Scarlet Letter: Complete, Authoritative Text with Biographical Background and Critical History plus Essays from Five Contemporary Critical Perspectives with Introductions and Bibliographies*, Edited by Ross C Murfin, Bedford Books of St.Martin's Press, 1991의 2부에는 정신분석학(Joanne Feit Diehl, "Re-Reading The Letter: Hawthorne, the Fetish, and the (Family) Romance"), 독자반응비평 (David Leverenz, "Mrs. Hawthorne's Headache: Reading The Scarlet Letter"), 페미니즘(Shari Benstock, "The Scarlet Letter (a)dorée, or th e Female Body

Embroidered"), 해체론(Michael Ragussis, "Silence, Family Discourse, and Fiction in The Scarlet Letter"), 신역사주의(Sacvan Bercovitch, "Hawthorne's A-Morality of Compromise") 등의 이론적 관점을 대표하는 비평이 소개되어 있다.

14 임명수, 「《그 후(それから)》시론(試論)—《주홍 글씨》와의 대비를 통한 간통과 죄의식에 대한 고찰」, 《일본문화연구》 41, 2012.
15 성기하, 「《운영전》과 《주홍 글씨》 비교연구—시대상과 여성인물을 중심으로」, 아주대학교 석사학위 논문. 2004.

삶의 붓으로 그린
예술가의 초상

오스카 와일드

♦

도리언 그레이의 초상

현재로부터 바라보면 1891년은 오스카 와일드(1854~1900)의 삶에서 유난히 가파르게 솟아 있는 봉우리처럼 보인다. 그해 11월 하순 파리에서 오스카 와일드를 처음 만났던 앙드레 지드는 그때를 이렇게 회상한 바 있다.[1]

> 나는 1891년에 그를 처음 만났다. 당시 와일드는 새커리가 '위대한 인물들의 필수적인 천부적 재능'이라고 규정한 '성공'의 정점에 도달해 있었다. 그의 몸짓과 그의 시선은 모두를 열광시켰다. 그의 성공은 지극히 당연시되면서 와일드 자신을 앞질러 가는 듯했고, 그는 그것을 따라가기만 하면 되는 것처럼 보였다. 그의 책들은 사람들의 경탄을 자아냈고, 그들을 매혹했다. 런던 사람들은 그의 극이 상연되는 곳이면 어디든지 달려갔다. 그는 부자였고, 큰 키에 잘생겼으며, 행복과 영예를 마음껏 누렸다.[2]

그해 1월 그의 사극 〈파두아 공작 부인〉이 미국에서 상연되었고, 《포트나이틀리 리뷰》 2월호에는 사회주의와 개인, 그리고 예술의 관계를 논한 「사회주의에서의 인간의 영혼」이 발표되었다.[3] 그리고 4월에는 그 전해에 《리핀코츠 먼슬리 매거진》에 실었던 〈도리언 그레이의 초상〉(구분을 위해 잡지에 수록된 판본을 〈도리언 그레이의 초상〉으로, 이후 단행본으로 출간된 판본을 《도리언 그레이의 초상》으로 표기한다)이 단행본으로 출간되었다. 잡지에 발표되었을 때 이미 큰 반응이 있었다. 한 서점에서 보통 1주일에 3부 정도 팔리던 이 잡지가 〈도리언 그레이의 초상〉이 실렸던 7월호는 하루에 80부가 나갔고, 잡지에 발표된 중편 분량의 소설에 대한 반응으로는 예외적으로 200여 개의 리뷰가 쏟아졌다.[4] 물론 그 반응 가운데에는 상당한 논란이 포함되어 있기도 했기에, 단행본으로 출간되는 과정에서 지나치게 퇴폐적이거나 동성애적 요소가 있는 대목은 수정되거나 삭제되었고, 원래 13장이었던 소설은 단행본에 걸맞은 분량으로 확장되어 모두 20장으로 구성된 장편이 되었다.[5] 5월에는 평론집 《의도들》, 7월에는 〈아서 새빌 경의 범죄〉 〈비밀 없는 스핑크스〉 〈캔터빌의 유령〉 〈모범적인 백만장자〉 등의 단편을 묶은 《아서 새빌 경의 범죄와 그 밖의 이야기들》, 11월에는 동화집 《석류나무 집》이 차례로 세상에 나왔다. 이런 오스카 와일드의 전방위적 활동과 그 명성이 영국을 넘어 유럽 전반으로 뻗어나간 상황에서 이제 갓 스물두 살이 된 앙드레 지드는 서른일곱의 작가 오스카 와일드를 만났던 것이다.

그런데 완만하게 상승하다가 급하게 가팔라진 봉우리는 그때부터 아슬아슬한 능선을 그리게 된다. 이런 오스카 와일드의 새로운 운명은 그해 여름 만나기 시작한 스물한 살의 청년 알프레드 더글라스 경으로 인한 것이었다. 아내와 두 아들과 함께 비교적 안정된 상태를 유지해오고 있던 오스카 와일드의 생활은 열여섯 살 연하의 새로운 동성 연인의 등장으로 격심하게 흔들리기 시작한다. 귀족 출신의 까다로운 성격의 미소년과의 관계는 오스카 와일드의 삶과 예술에 과도하게 활성화된 에너지를 공급한다. 《윈드미어 부인의 부채》《살로메》《이상적인 남편》《진지함의 중요성》 등의 희곡과 연극의 대중적 성공은 이미 확보하고 있던 오스카 와일드의 명성에 그와 같은 에너지가 더 주입되면서 만들어진 결과라고 할 수 있다. 하지만 서로 다른 세대의 동성 연인이 빚어내는 감정의 에너지는 그 성분이 복잡했고 따라서 그 화학적 반응은 불안정하기 이를 데 없었다.

시간이 흘러 1895년 1월 알제리의 해변 도시 알제에서 앙드레 지드가 오스카 와일드를 다시 만났을 때 그의 곁에는 '보시(Bosie)'라는 애칭으로 불리던 알프레드 더글라스가 함께 있었다.

> 알제에서 마지막 날들을 보내던 어느 저녁, 와일드는 진지한 이야기를 하지 않기로 자신에게 약속이라도 한 듯 보였다. 그가 지나치게 정신적인 역설을 남발하는 것에 얼마간 짜증이 난 나는 그에게 따지듯 물었다.

"그런 농담 말고 더 할 얘기가 없는 겁니까? 오늘 저녁엔 내가 마치 대중이기라도 한 것처럼 얘기하고 있지 않느냔 말입니다. 아니, 대중에게도 당신 친구들에게 이야기할 때처럼 말해야 하는 것 아닌가요? 어째서 당신 희곡들이 당신 최고의 작품이 될 수 없는 겁니까? 당신은 대화에서 최고의 기량을 발휘하지 않습니까. 그런데 어째서 그걸 글로 쓰지 않는 거죠?" 그는 즉시 이렇게 외쳤다.

"오! 내 희곡들은 그리 훌륭하지 않습니다. 난 별로 대단하게 생각하지도 않고 말이죠. 하지만 굉장히 재미있다는 건 장담할 수 있습니다! 그리고 그 대부분은 내기의 결과물입니다. 《도리언 그레이》도 마찬가지고요. 내 친구 하나가 나는 결코 소설을 쓸 수 없을 거라고 주장하는 말에 자극받아 단 며칠 만에 써내려간 작품이거든요." 그리고 그는 느닷없이 나를 향해 몸을 숙이며 말했다.

"내 인생의 가장 큰 비극이 뭔지 아시오? 그건, 내 삶에 나의 모든 천재성을 쏟아부었고, 내 글에는 내 재능만을 투영했을 뿐이라는 사실이라오."

그의 말은 지극히 사실이었다. 그가 쓴 최고의 작품이라 할지라도 그것은 그의 빛나는 대화의 희미한 반영에 불과했다. 그가 이야기하는 것을 들은 사람은 그의 글을 읽고 실망하는 경우도 있다. 《도리언 그레이의 초상》은 처음에는 정말 놀랍고, 《나귀 가죽》보다 더 훌륭하고 더욱더 의미심장한 이야기였다. 하지만 아! 글로 쓰인 작품은 불완전한 걸작이 되고 말았다.[6]

오스카 와일드의 삶에서 1891년이 고양의 변곡점이라면 1895년은 드라마틱한 하강의 결정적인 기점이 된다. 그해 초에 이루어진 위의 대화 장면은 이미 그런 방향을 예감하는 어두운 분위기를 품고 있다. 오스카 와일드의 빛나던 입담은 이전의 진지함과 활력이 빠져나가고 그 형해만 남은 것처럼 느껴진다.

그런데 그런 가운데에서도 '내 삶에 나의 모든 천재성을 쏟아부었고, 내 글에는 내 재능만을 투영했을 뿐'이라는 오스카 와일드의 유명한 발언이 꺼져가는 장작에 남은 불씨처럼 반짝이고 있다. 앙드레 지드는 이 발언의 진실성을 그의 경험에서 확인하고 있다. 오스카 와일드의 만남에서 들은 그의 이야기들은 나중에 시나 산문의 형식으로 나타났는데, 앙드레 지드가 느끼기에 그의 글은 그의 대화를 통해 직접 겪는 놀라운 체험에 비해 늘 실망스러운 것이었다. 한 독일 연구자의 책에서 이루어진 "그는 미를 향유하느라 미의 형상화에 게을리한 사람이었다"[7]는 평가 역시 이런 성격과 맞닿아 있다고 하겠다. 그러니까 이런 관점으로 보면 세상이라는 무대에서 펼치는 오스카 와일드의 삶 자체가 일종의 퍼포먼스이자 예술의 진본이며, 그의 시나 희곡이나 에세이나 소설 같은 텍스트는 그 부산물에 지나지 않는 것이다.

그러나 오스카 와일드에게서 발견되는 삶과 글의 이러한 독특한 관계가 예술을 부차적인 것으로 취급하는 것은 결코 아니다. 오히려 그 반대로 삶을 포함한 모든 것이 예술을 향하는 '유미주의'라고 할 수 있는 관점을 형성하고 있기 때문이다. 그런 맥락에서 일반적인 시선으로 바라보면 오스카 와일드의 인생에서 몰락을 의미하는 1895년의 재판, 그 이후 이어진 투옥과 유랑, 그리고 결국은 쓸쓸한 죽음에 이르는 일련의 과정은 오스카 와일드의 삶이라는 예술에서는 역설적으로 가장 개성적인 장면을 연출하고 있다고 하겠다.

알제로부터 다시 런던으로 돌아온 이후 오스카 와일드는 알프레드 더글라스의 부친인 퀸즈베리 후작의 위협에 직면한다. 그 무렵 동성애 스캔들로 인해 큰아들을 잃은 후작은 셋째 아들의 동성 관계에 적극적으로 개입하게 되고, 그 와중에 어느 날 오스카 와일드가 드나들던 클럽에 '위선적인 남색가(posing sodomite)'라는 메모를 남겨놓는다. 오스카 와일드는 자신의 부친과 극심한 불화 상태에 있던 알프레드 더글라스의 압력에 밀려 후작을 명예훼손 혐의로 고소하여 재판에 이른다. 여기에서 오스카 와일드가 '남색가'라는 주장의 사실 여부를 둘러싸고 〈도리언 그레이의 초상〉이 중요한 논점의 하나로 취급되는데, 이때 후작의 변호인이 주된 검토의 대상으로 삼았던 것이 바로 잡지에 수록된 판본이었다. 다음이 그 논란의 대목 가운데 첫 번째이다.[8]

> 그와 시선이 마주치자 꼭 온몸의 피가 다 빠져나간 것 같았지. 기이하고 본능적인 공포가 나를 덮쳤어. 내가 바라보

고 있는 건 너무나도 매력적인, 너무나도 매력적이라서 내가 허락하기만 한다면 나의 천성, 영혼, 심지어 나의 예술 세계까지 모조리 빨아들일 인물이라는 사실을 직감했던 거야. (……) 내가 그렸던 풍경화 기억해? 애그뉴가 비싸게 쳐주겠다고 했는데도 팔지 않은 풍경화? 내가 작업했던 것 중 가장 훌륭한 작품이지. 왜 그런지 알아? 그걸 그리는 동안 도리언 그레이가 옆에 있었기 때문이라고.[9]

〈도리언 그레이의 초상〉은 화가 바질 홀워드의 작업실에서 시작된다. 그를 찾아온 친구 헨리 경(헨리 워튼)은 바질이 그리고 있던 초상화를 발견한다. 그림 속의 아름다운 청년이 바로 도리언 그레이이다. 위의 인용에서 바질은 도리언 그레이를 처음 만났던 순간의 감정, 그리고 그와의 만남이 그의 예술에 가져온 효과에 대해 이야기하고 있다. 변호사는 와일드에게 소설 속 바질의 감정이 와일드 자신의 경험으로부터 유래한 것인지 반복하여 따지고, 와일드는 그 표현이 예술가가 자신의 예술이나 삶에 필요한 '아름다운 개성(beautiful personality)'을 만났을 때 가질 수 있는 감정이라고 대응한다. 다음은 후작의 변호사가 문제 삼은 또 다른 대목이다.

틀림없는 사실이야. 난 도리언에게 친구에게 어울리는 것 이상의 사랑을 느꼈고, 도리언을 숭배했어. 이유는 모르겠지만 난 여자를 사랑한 적이 없어. 시간이 없어서 그랬을까. (……) 어쨌든 우리가 만난 순간부터 도리언의 매력은 내게 무지막지한 영향을 줬어. 내가 도리언을 지나치게, 터무니없이, 광적으로 동경했다고 인정하는 바야. 너와 이야기를 나누는 사람이라면 누구에게든 샘이 났지. 나 혼자만 차지하고 싶었거든. 도리언이 옆에 있어야만 행복했어. 같이 있지 않을 때도 너는 내 작품 속에 존재했어. 전부 옳지 않고 바보 같은 일이었지. 지금도 그렇고. (……) 그러던 어느 날 도리언의 초상화를 그려야겠다고 마음먹었지. 내 역작으로 만들 결심이었어. 실제로 역작이 탄생했지. 하지만 그림을 그리다 보니 점점이 찍힌 색깔, 층층이 발린 색채가 모두 내 비밀을 폭로하는 것 같지 뭐야. 긋는 선마다 사랑이 깃들었고, 붓이 닿을 때마다 열정이 묻어났어. 세상이 나의 마음을 알아챌까봐 두려워졌지.[10]

변호사는 이 대목이 '순화된 판본(purged edition)', 그러니까 이후 출간된 단행본에는 빠져 있는 사실을 지적하면서 도리언에 대해 바질이 느끼는 감정이 예술가가 갖는 일반적인 것인지, 혹시 그것이 와일드 자신의 감정으로부터 연유한 것이 아닌지 집요하게 심문한다. 와일드는 그것이 예술가들이 그 상황에서 일반적으로 느낄 수 있는 감정이라고 대답하면서, 그 부분을 셰익스피어로부터의 영향으로 설명하기도 한다. 그러면서 와일드가 앞서 쓴 단편 〈W. H. 씨의 초상화〉(1899)가 소환되는 상황이 발생하기도 한다. 그 단편은 셰익스피어의 소네트가 일반적인 견해와는 달리 작가가 사랑했던 소년 배우 윌리 휴즈에게 헌정된 것이라는 사실을 입증하는 내용으로 되어 있기 때문이다. 와일드는 '순화된 판본'이라는 표현에 대해서도 이의를 제기했는데, 실제로 위의 부분은 단행본으로 출간되면서 다음과 같이 바뀌었다.

> 도리언, 자네를 처음 만났을 때 그 순간부터 자네의 그 독특한 개성이 나에게 아주 대단한 영향을 미쳤다네. 난 자네에게 압도당하고 말았어. 영혼이고 머리고 힘까지 모두. 나에게 자네는 어떤 멋진 꿈처럼 우리 예술가들의 기억 속에서 떠나지 않는 어떤 보이지 않는 이상적인 존재가 가시적으로 현현한 그런 존재가 되었다네. 그래서 내가 자네를 숭배하게 되었지. 자네가 다른 사람과 말을 할 때면 질투를 느끼기도 했어. 자네를 독차지하고 싶은 마음이 있었던 게지. 내가 행복을 느끼는 순간은 오로지 자네와 함께 있을 때뿐이었어. 자네가 내 곁을 떠나 있을 때에도 자네는 늘 내 예술 속에서 자리하고 있어 내 곁에 있었던 셈이지.[11]

두 판본의 차이는 마치 변호사와 와일드의 대립에 대응되고 있는 것처럼 보이기도 한다. 어쨌든 어느 판본에서나 소설 속에서 도리언에 대해 바질이 느끼는 감정은 이후 오스카 와일드가 알프레드 더글라스를 만나는 상황을 예언처럼 제시하고 있다고도 볼 수 있다. 와일드는 한 편지에서 《도리언 그레이의 초상》 속에는 자신이 많이 담겨 있다고 하면서 "바질 홀워드는 내가 생각하는 '나'이며, 헨리 경은 세상이 생각하는 '나', 그리고 도리언은 내가 (어느 다른 세계에서) 되고 싶어 하는 '나'"[12]라고 이야기한 바 있는데, 말하자면 허구 속의 상상적 자아인 도리언의 자리를 현실에서 알프레드 더글라스가 채우고 있다고도 볼 수 있는 것이다. 어떤 의미에서는 이런 현상 또한 오스카 와일드의 예술관의 실현이라고 할 수 있는 여지가 있다.

> 세 번째 원칙은, 예술이 삶을 모방하는 것보다 삶이 예술을 훨씬 더 많이 모방한다는 거야. 그건 단지 삶의 모방 본능뿐만 아니라, 삶의 의식적인 목표는 자신을 표현하는 것이라는 사실에서 비롯되는 거야. 예술은 삶에 그 에너지를 구현할 수 있는 일종의 아름다운 형식을 제공하는 것이고 말이지. 이건 지금까지 한 번도 제시된 적이 없는 아주 생산적인 이론으로 앞으로 완전히 새로운 빛으로 예술의 역사를 밝혀주게 될 거야. (……) 결론적으로 말하자면, 예술의 진정한 목적은 거짓말, 즉 사실이 아닌 아름다움에 관해 이야기하는 것이야. 하지만 그에 관해서는 이미 충분히 얘기했다고 생각해. 그러니 이제 '우윳빛 공작새가 유령처럼 축 늘어지는' 테라스로 나가서 저녁 별이 '석양을 은빛으로 물들이는' 광경이나 지켜보자고.[13]

1889년에 발표한 한 에세이에서 오스카 와일드는 시릴과 비비언이라는 두 인물(오스카 와일드의 두 아들의 이름이기도 하다)의 대화 형식을 빌려 자신의 예술관을 피력한 바 있는데, 거기에서 그는 자연의 모방으로서의 예술(사실주의)과 대비되는 자신의 관점을 '낭만주의'라고 지칭하면서 그 요체로 삶이 예술을 모방한다는 원칙을 제시하고 있다. 인용의 후반부에서 두 인물이 앨프리드 테니슨과 윌리엄 블레이크의 시 속으로 들어가는 장면 또한 그와 같은 관점을 실현하고 있다고 하겠다. 그렇게 보면 오스카 와일드는 자신의 예술관을, 그리고 자신이 창조한 허구를 실제로 살았다고 할 수 있다. 알프레드 더글라스와의 만남, 그리고 그로 인해 그가 겪어야 했던 운명 역시 그런 구도 속에서 이루어진 일이라고 볼 수 있을 것이다.[14]

재판에는 와일드가 쓴 소설 이외에, 와일드가 알프레드 더글라스에게 보낸 편지, 그리고 그 편지를 입수하여 와일드에게서 돈을 뜯어내려고 한 공갈범을 비롯한 동성 매매 혐의자들의 증언이 심문의 대상이 되었다. 와일드는 그들과 만났으며, 그들에게 식사나 선물, 금전 등을 제공한 사실을 인정하면서도 그들과의 성관계는 부인했다. 그러나 재판이 와일드에게 불리한 방향으로 흐르면서 그의 변호사가 소송을 취하하고 후작은 혐의를 벗는 한편 와일드에게는 소송비용이 부과되는 상황으로 귀결된다. 그리고 신속하게 이제는 오스카 와일드가 당시로서는 불법이던 동성매음의 피의자로 전환되어 재판을 받는 상황이 된다. 두 차례에 걸친 재판의 결과 와일드는 '다른 남성들과 역겨운 외설 행위를 했다'는 죄목으로 2년의 강제 노역형을 선고받

고 투옥되기에 이른다.[15]

오스카 와일드는 감옥에서 석 달에 걸쳐 알프레드 더 글라스에게 편지 형식의 글을 썼다. 애초에 글을 읽고 쓰는 일이 허용되지 않는 상황이었지만, 교도소장의 교체로 가능해진 사건이었다. 수형 생활에 긍정적인 효과가 있다는 명목으로 허용된 이 글쓰기의 결과물을 오스카 와일드는 출감하면서 선물처럼 받게 된다. 오스카 와일드의 사후에 부분적으로 출간되었던 이 편지는 1962년에야 원래의 모습 그대로 출간된다.

> 그 후 끔찍한 외로움에 시달리면서 앓아누워 있던 이틀간 당신에 대해 무슨 생각을 했었는지 굳이 얘기할 필요가 있을까? 자신이 어떤 사람인지 확실하게 보여준 당신 같은 사람과 단지 그냥 아는 사람으로라도 계속 가까이 지낸다는 건 내게 치욕이 되리라는 것을 똑똑히 보았음을 다시 말할 필요가 있을까? 이제 마지막 순간이 닥쳤고, 그 순간이 내게 진정 커다란 안도감을 안겨준다는 것을 깨달았으며, 앞으로 나의 예술과 삶은 모든 면에서 지금보다 더 자유롭고 더 나을 것이며 더 아름다우리라는 것을 알았다고 새삼 얘기할 필요가 있을까? 나는 비록 몸은 아팠지만 마음은 오히려 편안해졌어. 당신과의 이별을 돌이킬 수 없다는 사실이 내게 평화를 가져다준 거야.[16]

편지의 한 대목인 위의 인용에서 보듯, 한순간 삶의 밑바닥에 놓이게 된 처지에서 자신을 그런 상황에 몰아넣은 연인을 향해 이야기하는 목소리는 날것 그대로의 적나라한 실감을 담고 있는데, 이런 감정의 표현은 실제로 겪지 않았다면 좀처럼 가능할 것 같지 않은 상태를 구현하고 있다. 그러면서도 그 상황을 내적으로 감당하면서 글을 쓰는 행위를 통해 새로운 의지를 품고자 하는 초인적인 시도를 보여준다.[17] 그렇다면 오스카 와일드의 삶의 마지막을 장식한, 내적으로는 결코 초라하지 않은 이 비극은 그가 스스로 뛰어든 파멸의 운명을 대가로 하여 얻은 것이 아닐까. 그것은 도리언 그레이가 자신의 젊음을 유지하는 대가로 추한 초상화를 선택했던, 그러나 결국은 늙은 시체 대신 젊음의 초상화로 남을 수 있었던 파우스트적 계약을 떠올리게 만든다.

와일드와 같이 아일랜드 출신인 비평가 테리 이글턴은 그의 삶을 "정치적으로 가톨릭, 아나키스트, 공화파에 동조했지만 상류계급의 기생충이었으며, 사회주의자인 동시에 사교계의 명사였고, 빅토리아 시대의 가장이었으면서 싸구려 호텔에서 미소년과 놀아나기도 했다. 한편으로는 귀부인과 환담을 나누는가 하면 다른 한편으로는 급진주의 무리를 자유롭게 옮겨 다니며 윌리엄 모리스나 크로폿킨 왕자 같은 사람들과 친교를 맺었다"[18]고 정리했는데, 다시 말하자면 이와 같은 소설보다 더 파란만장한 그의 삶이 그 자체로 하나의 예술작품을 이루고 있다고 볼 수 있다. 그가 쓴 작품들보다 오히려 그의 삶이 더 자주, 영화 등 이후 이야기의 소재가 되는 것 또한 그 때문일 것이다. 가령 출옥 이후의 오스카 와일드에 초점을 맞춘 영화 〈The Happy Prince〉(2018)도 그런 경향의 한 사례라고 할 수 있다.

전설적인 영국의 밴드 '더 스미스'의 보컬인 모리시(Morrissey)의 성장기를 소재로 한 영화 〈잉글랜드 이즈 마인〉(2017)에서 내성적인 성격의 주인공은 세무사처럼 자신과 맞지 않는 일을 하면서도 음악을 향한 꿈을 잃지 않고 조금씩 그 꿈을 향해 다가간다. 책과 음악을 장벽처럼 쌓아 외부와 격리한 '박물관' 같은 그의 방의 한쪽 벽에는 오스카 와일드의 초상이 걸려 있다. 그것은 시대와 화해하지 못하는 개인주의의 화신이자 예술과 자신의 삶을 일치시킨 유미주의자로서 오스카 와일드를 표상하고 있다. 오스카 와일드의 초상은 자신의 삶을 예술에 던지고자 꿈꾸는 누군가의 마음속에서 지금도 깃발처럼 흔들리고 있을 것이다. (2023. 03)

주

1 앙드레 지드와 오스카 와일드의 첫 만남에 대해서는 Richard Ellmann, *Oscar Wilde*, Alfred A. Knopf, 1988, pp. 352~361 참조. 오스카 와일드에 대한 기념비적인 평전인 이 책은 Beginning(성장), Advance(출세), Exaltation(고양), Disgrace(치욕), Exile(유랑) 등의 다섯 장으로 구성되어 있는데, 이 구성은 오스카 와일드의 극적인 삶을 그대로 보여준다. 이 책에서도 1891년은 그의 고양기의 한가운데에 놓여 있다.
2 앙드레 지드, 「오스카 와일드를 기리며」, 《심연으로부터》, 박명숙 옮김, 문학동네, 2015, 249쪽. 이 추도문 형식의 회상기는 와일드가 사망한 다음해인 1901년 12월에 쓰였다.
3 주로 유미주의자로 알려졌던 오스카 와일드의 페이비언 사회주의자로서의 면모에 대해서는 《오스카 와일드 미학 강의: 사회주의에서의 인간의 영혼》(서의윤 옮김, 좁쌀한알, 2018)에 수록된 「옮긴이 해제—오스카 와일드의 개인주의와 유미주의를 푸는 열쇠」 참조.
4 〈도리언 그레이의 초상〉이 잡지에 발표되었을 당시의 반응에 대해서는 Matthew Sturgis, *Oscar Wilde: A Life*, Alfred A. Knopf, 2021, pp. 368~369 참조.
5 국내에 번역된 《도리언 그레이의 초상》은 대부분 이 단행본에 근거한 것인데, 최근 잡지 발표본에서 편집자의 수정이 가해지기 전의 오스카 와일드의 초고를 번역한 판본(《도리언 그레이의 초상 1890》, 임슬애 옮김, 민음사, 2022)이 출간되었다.
6 「오스카 와일드를 기리며」, 264쪽.
7 페터 풍케, 《오스카 와일드》, 한미희 옮김, 한길사, 1999, 244쪽.
8 오스카 와일드와 퀸즈베리 후작의 재판에 대해서는 H. Montgomery Hyde, *The Trials of Oscar Wilde*, New Edition, Dover Publications, Inc., 1973 참조. 특히 첫 번째 재판에서 《도리언 그레이의 초상》을 둘러싼 심문 과정은 pp. 109~115에 기술되어 있다.
9 오스카 와일드, 《도리언 그레이의 초상 1890》, 임슬애 옮김, 민음사, 2022, 22, 29쪽.
10 같은 책, 136~137쪽.
11 오스카 와일드, 《도리언 그레이의 초상》, 윤희기 옮김, 열린책들, 2010, 180~181쪽.

12 1894년 2월 12일 소인의 Mr. Payne(아마도 《도리언 그레이의 초상》을 읽고 오스카 와일드에게 편지를 보낸 것으로 짐작되는 알려지지 않은 인물)에게 보낸 편지. *The Complete Letters of Oscar Wilde*, Fourth Estate, 2000, p. 585.
13 오스카 와일드, 「거짓의 쇠락」, 《거짓의 쇠락》, 박명숙 옮김, 은행나무, 2015, 76쪽.
14 이 글의 맥락과는 다른 각도에서 전체 스토리로 보면 《도리언 그레이의 초상》은 도리언 그레이라는 인물이 젊음을 간직하는 대신 그의 악행의 시간이 그의 초상화에 투영된다는 판타지적 설정의 이야기이다. 소설의 마지막에서 도리언은 초상화 속의 추한 자신의 모습을 칼로 찌르는데 결국 남은 것은 젊은 자신의 모습을 담고 있는 초상화와 알아볼 수 없을 정도로 추레한 그의 시체이다. 한 평전에서 저자는 이 소설을 두고 "플롯은 파우스트를, 스타일은 디즈랠리와 위다를 닮았고 초상화의 '마술적 모티프'는 포와 호손, 그리고 기본적인 아이디어는 스티븐슨의 《지킬 박사와 하이드 씨》와 비교된다"(Matthew Sturgis, *Op. cit.*, p. 368)고 했는데, 이 점 역시 이 글의 맥락에서는 현실보다 예술만을 바라보는 오스카 와일드의 관점이 낳은 산물이라고 볼 수 있다. 1899년의 유럽을 배경으로 한 판타지 영화 〈젠틀맨 리그(The League of Extraordinary Gentlemen)〉(2003)에는 다른 소설 속의 등장인물들과 함께 도리언 그레이가 악역의 캐릭터로 등장하는데, 이 같은 설정의 조건을 《도리언 그레이의 초상》의 서사적 특징이 마련해놓고 있다고도 볼 수 있다.
15 비교적 최근의 한 연구에서는 오스카 와일드의 재판에서 그를 유죄로 판단한 법적 절차에 여러 가지 결함이 있음을 지적(가령 오스카 와일드에게 불리한 증언을 한 인물들이 후작 측으로부터 상당한 금액을 지급받았다거나, 혐의를 공유한 알프레드 더글라스는 기소되지 않은 점, 그리고 판결의 과정이 성급하게 진행되었다는 점 등등)하면서, 오스카 와일드의 진술이 "그를 감옥에 보낸 법정의 위조된 논증보다 더 일관된다"(Joseph Bristow, "The blackmailer and the sodomite: Oscar Wilde on trial", *Feminist Theory*, Vol. 17(1), 2016, p. 60)는 결론을 내리고 있다.
16 오스카 와일드, 《심연으로부터》, 74~75쪽.
17 Simon Critchley는 오스카 와일드의 옥중기와 「사회주의에서의 인간의 영혼」 등의 에세이를 검토하면서 예수를 개인주의자이자 예술가로 해석하면서 스스로의 상황을 그런 방향으로 인식하는 오스카 와일드의 태도에 주목한 바 있다. Simon Critchley, "Oscar Wilde's faithless Christianity", *The Guardian*, 15 Jan 2009.
18 테리 이글턴, 《반대자의 초상》, 김지선 옮김, 이매진, 2010, 83쪽.

소설과 영화의 길항,
그 혼융의 형식에 담긴 현실과 꿈

마누엘 푸익

♦

거미여인의 키스

《거미여인의 키스》(1976)의 특별한 점은 우선 이야기 속에 등장하는 두 인물과 그들이 놓인 상황에서 찾을 수 있다. 하나의 감방을 공유하고 있는 두 사람 가운데 한 사람은 급진적 행동파 그룹의 일원인 정치범 발렌틴, 그리고 다른 한 사람은 미성년자 보호법 위반으로 복역 중인 몰리나이다. 혁명을 위해 부유한 집안 출신의 애인(마르타)과도 헤어진 정치범과 스스로를 남성의 몸속에 갇힌 여성이라고 믿는 동성애자라는 극단적으로 다른 성향의 두 인물이 한방에서 생활하도록 설정된 상황 자체가 독특한 것이다.

게다가 이 이야기는 이토록 내적으로 거리가 먼 두 사람으로 하여금 영화를 매개로 이야기를 나누면서 고독과 적막을 함께 견디게 하고 상대방의 고통을 살피고 어루만지면서 감정적인 유대를 만들어내다가 결국에는 성적 취향이 다른 두 사람이 어떤 선을 넘어버리는 지점까지 끌고 간다. 이 두 인물이 각각 책으로 상징되는 정치(발렌틴)와 영화로 표상되는 대중문화(몰리나)를 의미한다고 본다면, 이 결합은 개인적 차원을 넘어서는 어떤 사회적인 의미까지 띠게 된다. 이렇듯 그 시대의 상식으로는 좀처럼 넘어서기 어려운 성적, 정치적 관념의 장벽을 이야기 속에서 대담하게 해체하고 있다는 것이야말로 《거미여인의 키스》의 개성이라고 할 수 있다.

궁극적으로 이런 이야기는 마누엘 푸익 자신의 문제로부터, 그리고 그 문제와 마주하고 있는 그의 성향으로부터 파생된 것으로 볼 수 있다.

> 마누엘은 때때로 그가 '정상'이라고 주장했는데, 그건 그렇게 시달리지 않기 위해서였다. 몰리나와는 다르게 마누엘은 그의 양성애적 성향을 탐구했다. 그는 자주는 아니지만 여성들과도 섹스를 했다. 그들이 엄마 같지 않고 젊고 소녀답다면. 그러나 여성은 그의 애정 생활에서 진정한 역할을 갖지 않았다. 그의 이름이 보여주듯, 몰리나는 그의 성적 취향에서 마누엘이다. 반면 맑시스트 게릴라 투사인 발렌틴은 이성애자 연인을 대한 마누엘의 바람일 뿐만 아니라 마누엘의 물음과 관련된 의식을 구체화하는 인물이다. 발렌틴은 섹스는 세상에서 가장 천진난만한 것인데 사회 시스템에 의해 부과된 역할과 의미 때문에 타락했다는 마누엘의 자주 반복된 언급을 그의 입으로 이야기한다. 몰리나와 발렌틴은, 글라디스와 레오처럼, 마누엘의 두 면을 드러낸다.[1]

1969년 뉴욕에서 마누엘 푸익을 처음 만나《리타 헤이워스의 배반》(1968),《조그만 입술》(1969),《부에노스 아이레스 어페어》(1973) 등《거미여인의 키스》이전에 발표된 그의 소설 세 편을 영어로 번역하기도 했던 수잔 질 레빈은 나중에 그의 평전을 쓰면서《거미여인의 키스》의 두 인물인 몰리나와 발렌틴을 마누엘 푸익의 양성애적 자아의 두 면으로 기술하고 있다. 그것은 앞선《부에노스 아이레스 어페어》에서도 글라디스와 레오라는 두 남녀 주인공을 통해 나타난 바 있었다고 그녀는 해석한다.

마누엘 푸익은 한 인터뷰에서 "내게는 유일하게 자연스러운 섹슈얼리티는 양성애예요. 그게 완전한 섹슈얼리티죠. 그건 동성애도, 이성애도 아니고, 전적으로 섹슈얼리티의 문제예요. 당신과 같은 성별의 사람과, 당신과 반대되는 성별의 사람과, 동물과, 식물과, 그게 다른 편에게 공격적이지 않는 한 어떤 것과도"[2]라는 견해를 밝히기도 했다. 사람은 성별이나 성적 취향에 의해 규정될 수 없다는 그의 신념은 그의 작품에 그대로 투영되었고, 그것은 그의 작품이 정작 자신의 모국에서 출간이 금지되고 또 그가 성년 이후의 삶 대부분을 국외에서 망명자로 보내야 했던 원인이 된다.

사회의 통념이 구축한 구획 어느 편에도 속하지 않는 마누엘 푸익의 본성은 그의 소설의 주제뿐만 아니라 형식에서도 나타나고 있다. 그의 다른 소설들도 대체로 그렇지만《거미여인의 키스》만 하더라도 그 대부분이 몰리나와 발렌틴 두 인물의 대화로 이루어져 있다. 어린 시절부터 어머니와 함께 영화를 보면서 그 세계를 현실이라 믿고 자랐고 또 영화를 만들고자 대학 졸업 후 유럽과 미국을 오갔던 마누엘 푸익이었고, 그의 첫 소설 《리타 헤이워스의 배반》 또한 애초에 영화 대본을 쓰려고 시작했던 것이 결국 소설이 되었다는 사실은 그의 글에서도 직접 확인할 수 있다.[3] 《거미여인의 키스》에서 몰리나가 발렌틴에게 해주는 이야기 가운데에는 실제로 있었던, 혹은 가공하여 허구적으로 만든 여섯 편의 영화가 담겨 있기도 하지만, 이런 대화 위주의 형식 자체가 영화적 성격을 띠고 있는 것이기도 하다.

그래서 《거미여인의 키스》를 읽고 나면 이런 의문이 들게 마련이다. 거의 대부분이 두 인물의 대화로 이루어져 있는 이 소설을 과연 소설로 볼 수 있을까? 책만 읽었을 때는 그런 의문이 들지만 엑토르 바벤코 감독이 각색한 영화 〈거미여인의 키스〉(1985)까지 보고 나면 역시 원작은 소설이었다는 확신을 가질 수 있다. 윌리엄 허트와 라울 줄리아가 각각 몰리나와 발렌틴 역을 맡고, 소니아 브라가가 영화 속 레니와 발렌틴의 옛 연인 마르타, 그리고 거미여인 역까지 연기한 이 영화는 아르헨티나라는 원작의 공간을 브라질로 옮겨놓았다. 영화에서는 소설에 등장하는 여섯 편의 영화 가운데 프랑스 여가수와 독일군 장교 사이의 로맨스를 그린 가상의 나치 선전 영화 한 편만을 담고 있다. 그리고 더 결정적으로는 한없이 이어지다가 끊기고 다시 이어지는 소설 속 대화는 사건 전개에 필요한 정도로만 압축되고, 몰리나의 내적 독백이나 발렌틴의 환상은 대부분 표현되지 못했다. 《거미여인의 키스》의 독특한 서사적 질감의 근거가 되는, 실재와 허구를 넘나들고 사실과 환상이 뒤섞여 있는 어떤 의식과 존재의 상태는 영화로 옮겨질 수 없었던 것이다. 영화 대본 작업으로 출발했던 그의 글쓰기가 결국 소설로 전환되었던 과정에 대해 마누엘 푸익은 이렇게 설명한 바 있다.

> 나는 나를 그런 표현 매체의 변화로 이끌었던 것은 보다 많은 서사 공간의 필요성이었다고 믿는다. 내가 리얼리티와 대면할 수 있게 되자, 그러니까 영화를 향한 그토록 오랜 시간의 방황 이후에, 나는 그것을 이해하기 위해 그것을 탐구하고 분석하는 데 흥미를 느끼게 되었다. 한 시간 반이라는 상영 시간의 고전적인 공간은 충분치 않았던 것이다. 영화는 통합을 요구하는데, 내 주제들은 다른 접근을 요구하고 있었다. 그 주제들은 분석과 디테일의 집적을 요구했다.[4]

주제에 대한 분석과 탐구, 디테일의 집적은 상대적으로 영화보다 소설에 더 적합한 것이다. 이 점에 대해 마누엘 푸익은 이렇게 이야기한다. "영화를 보면서는 한 사람의 주의가 이미지, 대사, 배경음악 등 여러 요구들 사이에 배분되어야 한다. 더 나아가 움직이고 있는 이미지의 영향에도 특별한 주의를 기울여야 한다. 이미지의 정적인 특질에 의존해야 하는 회화에도 비슷한 요구가 있다. 반대로 인쇄된 페이지에 의해 허용된 집중은 서술자에게 보다 개념적으로 복잡한 다른 종류의 담론을 위한 공간을 제공한다. 또한 책은 기다릴 수 있고, 독자는 생각하기 위해 멈출 수 있다. 그렇지만 영상 이미지를 가지고는 그렇게 할 수 없다."[5]

그렇지만 또 다른 한편으로 보면《거미여인의 키스》는 영화의 장점을 잘 수용하고 있는 소설이기도 하다. 주로 대화에 의해 전개되는 그의 소설에는 3인칭 서술자의 권위적이고 전제적인 성격이 없다. 그래서 "연극과 영화의 극적 방식은 덜 억압적"[6]일 수 있다. 대화는 인물을 지배하지 않고 그들의 무의식을 드러낸다. 마누엘 푸익은 소설과 비교하여 "영화는 통합을 필요로 하고 그만큼 알레고리와 꿈을 위한 이상적인 매체이다"[7]라고 이야기한 바 있는데, 결과적으로《거미여인의 키스》는 영화의 극적 방식을 받아들임으로써 소설의 분석적인 성격과 함께 알레고리와 꿈을 생산하는 또 다른 특성을 가질 수 있었던 것이다.

형식과 관련하여 또 한 가지 덧붙일 사항은 이 소설에 산포된 아홉 개의 각주인데, 우선 각주 자체가 소설 형식에서는 예외적인 것이기도 하지만《거미여인의 키스》의 각주는 동성애와 관련된 정신분석학의 담론을 길게 제시하고 있다는 점에서 그런 예외에서도 벗어나 있다. 이 점에 대해 마누엘 푸익은 그의 마지막 인터뷰에서 이렇게 이야기한다. "그래서 나는 스스로에게 말했죠. (동성애에 대한) 정보가 폭력적으로 거부되어왔으니, 나는 그걸 서술 속에 폭력적으로 각인시키겠다. 그것은 거기에 문학적 텍스트와 상관없이 하나의 설명으로서, 각주로서 있다."[8] 그러니까 이 소설에서 각주는 단순한 문학적 장치 이상의 의미를, 더 근원적인 문제로부터 기원하는 어떤 절실함을 내포하고 있는 것이다. 마누엘 푸익의 세 편의 초기 소설을 번역했던 수잔 질 레빈은 네 번째 소설 《거미여인의 키스》의 번역이 무산된 이유를 낮은 번역료 때문이라고 했고, 그럼에도 "나는 지금도 《거미여인의 키스》를 번역하지 않은 것을 후회한다"라고 하면서도 "다만 각주들은 너무 따분했을 것이다"고 토를 달고 있는데, 실은 각주를 둘러싼 의견 대립이 어쩌면 더 중요한 이유였을지도 모른다. 수잔 다음으로 번역을 협의했던 쿠바 출신의 영화 비평가 르네 조단[9]과의 계약이 끝내 이루어지지 않았던 것도 "영어권 독자들에게는 별로 관련이 없는데도 마누엘이 각주를 없애는 것에 반대했"기 때문이었던 것을 보면 말이다. 이 고집스러운 태도는 이 문제에 대해 마누엘이 품고 있던 절실함이, 그 절실함으로 인해 부자연스럽게 굴절된 형태로 드러난 것이라고 볼 수 있다.

영화라는 새로운 매체와 소설을 내용적으로, 또 형식적으로 결합시킨 포스트모던 가운데에서도 전위적인 이 이야기가 유럽이나 미국의 대도시가 아니라 아르헨티나의, 그것도 도시가 아니라 팜파스 평원 한가운데 있는 작은 마을 헤네랄 비예가스(General Villegas)에서 태어난 마누엘 푸익에 의해 씌어졌다는 일은 아이러니하다. 마누엘 푸익이 얘기하는 자신의 고향은 수도 부에노스 아이레스에서 기차로 열네 시간이 걸리는 평원의 작은 마을이다. 바다까지 가려면 꼬박 하루가 걸리고, 산에 닿으려면 이틀이 걸리는 그곳, 그런 곳에 영화 스크린이 있었다. "마을의 영화 스크린에 투사된 세계가 현실이라고 오랫동안 믿었다"[10]는 그의 이야기는 이상하게 들리면서도 다른 한편으로는 그럴 만한 개연성이, 아니 필연성이 있다고 느껴진다.

아르헨티나의 지구 반대편 한국이라는 나라의 남쪽 구석에 있는 해남이라는 지역, 그것도 그 끝자락에 있는 작은 어촌 마을 어란리(於蘭里)에서 태어난 한 시인은 〈거미여인의 키스〉를 보고 이렇게 시작되는 긴 시를 남겼다.

> 호모인 몰리나가 애인 발렌틴의 혁명조직원에 다가가자마자
> 그를 미행했던 브라질 國家安全企劃部 요원들이 덮치고
> 도망치던 브라질 運動圈 택시가 다시 몰리나에게 다가와 총을 쏘고 달아나버린다
> 목에 빨간 스카프를 한 몰리나, 그의 푸른 와이셔츠 포킷에 구멍이 뚫려 있다
> 가련한 나의 몰리나, 왼손으로 심장을 만지면서
> 한바탕 총격전으로 한적해진 광장을 천천히, 걸어간다
> 그의 얼굴에 고통은 없었다
> 다만, 심장을 찌르는, 쩌릿쩌릿한 회한 같은 것을 지그시 참고 있는
> 흐릿한 우울이 떠 있다
> 나는 내 벌떡거리는 염통을 만지면서
> 이 속에 갑자기 뚫고 들어온

너무나 차가워서 순간 뜨거운 金剛돌을 느끼고 있다[11]

    물론 도시에는 더 많은 영화가 있었겠지만, 그건 일상의 일부일 따름이었을 것이다. 가까운 주변에서 바라는 현실을 찾을 수 없을 때 어떤 먼 곳의 환상은 그 자체로 현실로 체험된다. 문학과 대중문화가 만나 이루는 모더니즘의 전위성에는 관념이 아니라 이런 현실이 가로놓여 있다. 시인이 몰리나의 죽음에서 본 "쓰레기통에 버려진 美"는 모더니즘을 그런 현실의 시선으로 바라본 형상일 것이다. 지구를 가로질러 일어난 이런 교감은 우리 내부의 특별한 자아를, 그러니까 우리의 이야기를 만드는 것은 우리를 둘러싼 환경이 아니라 그 속에서 꾸는 꿈이라는 사실을 새삼 확인시켜주고 있다. (2021. 05)

주

1 Suzanne Jill Levine, *Manuel Puig and the Spider Woman: His Life and Fictions*, Farrar Straus Giroux, 2000, p. 259.
2 Manuel Puig and Ronald Christ, "The Last Interview with Manuel Puig", *World Literature Today,* Vol. 65, No. 4 (Autumn, 1991), p. 574.
3 Manuel Puig, "How the Provincial Argentine Left Literature for the Movies, Thereby Discovering the Immense Potential of the Novel", *Writing in a Film Age: Essays by Contemporary Novelists*, edited by Keith Cohen, University Press of Colorado, 1991, pp. 271~274 참조.
4 *Ibid.*, pp. 273~274.
5 *Ibid.*, p. 275.
6 Manuel Puig and Ronald Christ, *Op. cit.*, p. 576.
7 Manuel Puig, *Op. cit.*, p. 274.
8 *Ibid.*, p. 573.
9 마누엘 푸익은 르네 조단을 멀이라고 불렀다. 멀은 윌리엄 와일러 감독의 영화 〈폭풍의 언덕〉(1939)에 캐시로 출연했던 멀 오베론(Merle Oberon)에서 유래한 것이다. 마누엘 푸익은 자기 주변의 가까운 인물들을 여배우의 이름에서 따온 별칭으로 불렀다. 이 부분을 포함하여 《거미여인의 키스》의 영어 번역과 관련된 내용은 Suzanne Jill Levine, *Op. cit.*, pp. 277~278 참조.
10 Manuel Puig, *Op. cit.*, p. 271.
11 황지우, 〈주인공의 심장에 박힌 총알은 순간, 퍼어런 별이 되고〉, 《게 눈 속의 연꽃》, 문학과지성사, 1991.

가을

삶의 미궁과
이야기의 미로

수동적 저항의 글쓰기가
남긴 비참과 영광

허먼 멜빌

필경사 바틀비

　10년 전쯤 인문학 담론계에서 유행처럼 '바틀비'를 소비하는 현상이 있었다. 허먼 멜빌이라는 작가나 영화로도 접할 수 있었던 그의 《모비 딕》(1851)은 이미 유명했지만, 그때까지 《필경사 바틀비》(1853)는 그렇게 대중적으로 알려지지 않았던 터였다. 네그리와 하트, 아감벤, 지젝 등이 불을 붙인 그 현상은 한국의 문학에도 직접적인 영향을 미친 바 있는데, 그 무렵 그 상황을 분석하는 글을 쓴 기억도 있다.[1]

　단편이어서 좀처럼 소개될 일이 없었던 《필경사 바틀비》가 우리에게 본격적으로 번역된 것도 그 무렵이다. 갈무리(2006), 창비(2010), 문학동네(2011), 바다출판사(2012), 현대문학(2015) 등 여러 출판사에서 연이어 출간되었는데, 각 판본은 저마다의 특징이 있다. 갈무리본은 영한 대역, 창비본은 미국 단편소설 선집의 형태를 띠고 있다. 문학동네본은 일러스트가 삽입되어 있으며, 바다출판사본은 보르헤스 세계문학 컬렉션의 한 권, 현대문학본은 세계문학 단편선 가운데 허먼 멜빌 편이다. 갈무리본과 창비본이 영문학자에 의한 번역이라면, 문학동네본부터는 전문번역가에 의해 번역되었다. 문학동네본 뒤표지의 "들뢰즈, 아감벤, 지젝 등 이 시대 철학자들을 사로잡은 세계문학사 최근의 단편!"이라는 광고 문안은 '바틀비' 현상과 관련된 당시의 상황을 직접적으로 보여주고 있다.

그런데 막상 소설을 읽어보면, 인문학 담론에서 해석했던 고상한 주제나 의미보다 더 강하게 감지되는 것은 이야기 자체가 재미있고 매력적이라는 느낌이다. 수많은 이야기가 데이터베이스화된 지금이라면 몰라도 19세기 중반에 어떻게 이런 기발한 이야기가 쓰일 수 있었을까 하는 감탄이 나올 법하다.[2] 그 매력의 원천은 무엇보다 '바틀비'라는 독특한 캐릭터인데, 소설의 처음부터 그가 등장하는 것은 아니다. 뉴욕 맨해튼의 월 스트리트에서 변호사 사무실을 운영하는 1인칭의 서술자는 재판에서 대중의 갈채를 끌어내려는 야망보다 부자들의 법률 업무를 도와주면서 안락하게 살 수 있을 정도의 벌이에 만족하는 인물이다. 그의 사무실에는 이미 두 명의 필경사와 한 명의 사환이 있지만, 늘어난 업무량으로 인해 한 명의 필경사를 더 고용하게 된다.

> 어느 날 아침, 한 젊은이가 내가 낸 광고를 보고 찾아와 사무실 문턱에 미동도 없이 서 있었다. 여름이라 사무실 문이

> 열려 있었다. 지금도 그 모습이 눈에 선하다. 창백하리만치 말쑥하고, 가련하리만치 점잖고, 구제불능으로 쓸쓸한 그 모습이! 그가 바틀비였다.[3]

이렇게 해서 등장한 바틀비는 처음에는 침묵 속에서 놀라운 업무량을 처리하면서 '나'를 만족시킨다. 그런데 사흘째 되는 날 첫 사건이 발생한다. 바틀비는 자신이 하고 있는 필경 일 말고는 다른 일은 "안 하는 편을 택"[4]하여 사무실에 있는 모두를 당황스럽게 만든다. 먹을 것에 해당되는 별명(터키, 니퍼스, 진저 너트)으로 불리는 사무실의 흥미로운 세 인물 사이에서 일어나는 소동을 가벼운 마음으로 지켜보다가 자세를 고쳐 앉고 이야기에 한 발 더 다가가게 되는 시점이다. 이 이후는 변호사인 서술자와 필경사 바틀비 사이에서 펼쳐지는 단계적인 심리 게임으로 전개되는데, 바틀비는 웬만하면 자비로운 고용주가 되려고 하는 '나'의 기대를 무너뜨리면서 하나씩 스테이지를 높여나간다.

> 나는 다시 어떻게 해야 할지 곱새기며 앉았다. 그의 행동에 굴욕감을 느꼈지만 그리고 그를 해고하겠다는 결심을 하고 사무실에 들어갔지만, 이상하게도 미신적인 무언가가 내 가슴을 두드리는 느낌이 들었다. 그것은 내가 계획한 것을 실행하지 말라는 듯했고, 내가 만일 모든 인간 중에 가장 쓸쓸한 이 사람에게 감히 한마디라도 모진 말을 내뱉기라도 하면 악한으로 매도되리라는 듯했다.[5]

바틀비는 소설의 제목이기도 한 만큼 개성이 뚜렷한 인물로 그의 성격이 이 이야기를 끌고 나가는 동력이라고 할 수 있다. 그런데 서술자인 '나' 또한 상당한 역할을 하고 있다. 그는 현실적 이해관계를 결코 가볍게 여기지 않는 세속적인 인간이라 바틀비의 '안 하는 편을 택하기'가 한 단계씩 난이도를 높여갈 때마다 새삼스런 당혹과 분개의 감정에 휩싸인다. 그러나 "소극적인 저항처럼 열성적인 사람을 괴롭히는 것도 없다"[6]고 느끼면서도 그의 내부에 있는 어떤 인간적인 양심과 윤리적인 충동은 매번 갈등의 순간에서 바틀비를 이해하고 수용하는 결정을 내리도록 이끈다. 그러면서 이야기를 읽는 우리 또한 그의 옆자리에 더 가까이 다가가서 우리에게도 역시 타자일 수밖에 없는 바틀비라는 존재와 마주하여 '과연 나라면 이 인물을 어떻게 대할 것인가?' 생각하게 된다.

바틀비의 부정성이 한계를 향해 치닫는 가운데 소설은 그 긴장을 이완시키는 유머러스한 상황을 마련하기도 한다.

> 나는 니퍼스에게 말했다.
> "미스터 니퍼스. 나는, 자네가 지금은 물러나 있는 편을 택하겠네."
> 어찌된 일인지 나는 최근에 딱히 적절하지 않은 온갖 경우에 나도 모르게 '택한다'는 말을 사용하는 습관이 들었다. 그 필경사와의 접촉이 이미 내 정신에 심각한 영향을 미쳤다는 생각이 들자 나는 걱정이 되었다. 그로 인해 더욱 심

한 다른 비정상이 나타나지 않으리라고 어찌 장담할 수 있겠는가? 이 걱정은 내가 즉각적인 수단을 취하게 하는 데 효과가 없지 않았다.[7]

어느 순간 '나'를 비롯하여 사무실의 모든 사람들이 자신도 모르게 바틀비의 어투를 따라 하고 있다. 그 시작 부분인 위의 대목에서 작가는 이 상황을 유머를 의도하고 만들지는 않았던 것 같다. '나'는 무심코 바틀비의 어투로 이야기하고 있는 자신을 발견하고는 그에 대한 반발의 충동을 느끼고 있다. 그렇지만 터키도, 니퍼스도, 그리고 진저 너트마저 바틀비의 어투에 전염되어버리는 '바틀비 신드롬'의 상황은 작가의 의도를 넘어서 이야기의 흐름을 타고 자연스럽게 이루어진 것으로 보인다. 그만큼 억지로 만든 느낌이 전혀 없어서 읽는 사람도 그 흐름에 마음을 맡기고 흐뭇한 표정으로 이야기를 따라가게 된다.[8]

그런데 이 이완의 국면이 지나고 나면 소설에는 다시 긴장이 고조된다. 바틀비는 이제 사무실에 기거하며 자신만의 일에 몰두한 채 모든 일을 안 하는 편을 택한다. 결국 '나'는 사무실을 옮기게 되고 그곳에 남은 바틀비는 부랑자로 간주되어 구치소에 수감된다. '나'는 그곳을 찾아가서 바틀비를 만나지만 이제는 먹는 일조차 그의 '안 하는 편을 택하기'의 목록에 들어 있다. 소설은 그의 죽음을 직접 언급하는 대신 그가 배달 불능 우편물을 관리하던 하급 직원이었다는 소문을 전하면서 마무리된다. "아, 바틀비여! 아,

인류여!"⁹라는 다소 느닷없는, 그러면서 비약적인 상징성을 품은 부르짖음을 마지막 문장으로 남긴 채.

비록 뉴욕의 월 스트리트를 배경으로 했다고 하더라도 19세기 중반 소설의 인물이, 그것도 뭔가를 적극적으로 하는 것과는 정반대편에 있는 인물이 200년 가까운 시간이 흘러 자본주의에 대한 저항의 아이콘이 되는 일은 아이러니처럼 느껴진다. 그것은 바틀비라는 인물이 그만큼 예외적이면서도 보편적인 원형이기 때문일 것이다. 아닌 게 아니라 우리 역시 소설의 서술자처럼 바틀비를 바라보면서 인간의 근본적인 문제를 생각하게 되는 것이다. 그 점에서는 《모비 딕》을 비롯한 허먼 멜빌의 소설 세계 전체가 그렇다고도 볼 수 있다.

최근에는 스타벅스라는 커피 전문점 브랜드의 이름이 《모비 딕》의 일등 항해사 '스타벅'에서 유래했다는 사실이 알려지며 화제가 되는 일도 있었다.¹⁰ 조금 과장하자면 지금 우리는 허먼 멜빌과 더불어 일상을 살아가는 세계 속에 있다고 해도 될 만큼 작가와 《모비 딕》《필경사 바틀비》 등 그의 작품의 이름값이 높은 상황이다.

그런데 지금과는 달리 생전의 허먼 멜빌의 삶과 작가로서의 생활은 그렇게 화려하지만은 않았다. 부유한 상인의 가정에서 태어나기는 했지만, 무리한 사업 확장으로 파산한 아버지가 그가 열두 살 되는 해 사망한 후, 허먼 멜빌은 학교를 그만두고 여러 가지 일을 전전하다가 상선의 선원을 거쳐 이십대 초반에 포경선을 탄다. 그때는 그렇게 생각하기 어려웠을 테지만 포경선의 선원이 된 일은 그의 인생에서 가장 중요한 사건이 된다.[11] 포경선에서의 경험도 특별한 것이었지만, 배를 탈출해 타이피의 원주민과 생활하기도 했으며, 호주를 거쳐 타히티섬에 머물기도 했다. 나중에는 하와이로 흘러갔는데, 그곳에서는 볼링장에서 핀을 세우는 일을 하기도 했다.

거의 4년 만에 집으로 돌아왔을 때 그는 이십대 중반이 되어 있었다. 문제는 떠날 때처럼 다시 실직자가 되었다는 사실이었다. 그 와중에 그동안 포경선을 타면서 겪었던 일들을 주변에 이야기하자 사람들이 흥미롭다는 반응을 보였다. 글로 써서 책을 내보라고 격려하기도 했다. 허먼은 전문적인 작가가 되어보겠다는 생각을 갖고 자신의 경험을 글로 쓰기 시작한다. 배를 타던 시절 갑판에서 홀로 무수히 마음속으로 썼던 이야기였기에 빠른 속도로 완성될 수 있었다.

책 출간에는 그의 형 갠즈보트 멜빌의 도움이 컸다. 그가 도왔던 후보가 대통령이 되면서 런던 미국 영사의 비서관으로 간 후 그곳에서 갠즈보트는 동생이 쓴 소설의 출간을 주선한다. 운 좋게도 소설의 교정쇄를 검토한 《립 반 윙클》(1819) 《슬리피 할로우의 전설》(1820)의 작가 워싱턴 어빙(당시 미국 공사로 유럽에 와 있었다)의 추천으로 런던에서 먼저 책이 나왔고, 그러자 미국에서도 수월하게 출간 작업이 진척되었다. 하지만 책이 나오던 그해(1846) 형은 동생의 성공을 보지 못하고 세상을 떠난다.

첫 책 《타이피(Typee)》는 평단과 독자 모두를 사로잡았다. 그 이듬해(1847) 출간된 두 번째 소설 《오무(Omoo)》까지 인기를 끌어 그는 일약 작가로서 명성을 얻게 된다. 이 무렵 결혼도 한 그는 곧장 새로운 작품을 시작한다. 역시 전작들처럼 모험담으로 시작했지만 이번에는 지적인 오디세이와 정치적인 알레고리까지 담겼다. 그렇지만 세 번째 소설 《마디(Mardi)》(1849)에 대한 반응은 엇갈렸고 상업적으로는 철저하게 실패한다. 여기서 허먼 멜빌은 현실적인 선택을 한다. 마음이야 《마디》의 실험에서 더 나아가고 싶었지만, 대중을 위한 이야기를 제공한다고 생각하면서 초기의 성공작과 같이 자신의 경험을 토대로 사실적인 이야기를 써냈다. 그렇지만 리버풀에서의 선원 생활을 토대로 쓴 《레드번(Redburn)》(1849)과 해군에서의 경험을 담은 《화이트재킷(White-Jacket)》(1850) 두 편은 멜빌 스스로가 불만스럽게 생각했다. 그러나 그 책들을 출간하는 과정에서 런던을 방문한 멜빌은 새로운 문화와 독서를 체험하면서 다음 이야기를 쓸 준비를 한다. 이 무렵 그는 너새니얼 호손과 친분을 맺고 교류를 나누기 시작한다.[12]

> 제가 레녹스에 가지 않은 이유부터 말씀드리겠습니다. 저녁에 저는 완전히 말 그대로 녹초가 돼서 선생님 댁에 다녀오는 긴 여정을 감당할 수가 없었습니다. 다음주쯤에는 뉴욕으로 가서 삼층에 있는 방에 묻혀 노예처럼 '고래' 이야기에 매달릴 겁니다. 그게 지금으로선 제가 그걸 끝낼 수

있는 유일한 방법입니다. 저는 상황에 따라 이곳저곳으로 너무 끌려다니고 있고, 글을 쓸 수 있는 조용한 분위기는 좀처럼 제 것이 될 것 같지 않으니까요. 돈이 저를 저주하네요. 못된 악마가 항상 살짝 열린 문틈으로 저를 보며 비웃고 있어요. 존경하는 선생님, 나쁜 예감이 저를 사로잡고 있습니다. 저는 씨앗 가는 기계에 씨앗이 갈려서 조각나는 것처럼 지쳐서는 그렇게 부서져버릴 것만 같습니다. 내가 가장 쓰고 싶은 것은 쓸 수가 없을 것 같아요. 돈이 되지 않을 테니까요. 그렇지만 저는 다른 식으로는 또 쓸 수가 없습니다.[13]

호손에게 쓴 편지에는 '고래' 이야기를 쓰던 당시의 허먼 멜빌의 심정이 절박하게 드러나 있다. 앞서 자신이 쓰고 싶었던 이야기에 도전했던 멜빌은 좋지 않은 결과를 얻은 바 있었다. 대중들은 시대를 앞서간 이야기를 받아들일 준비가 되어 있지 않았다. 그렇다고 대중들이 원한다고 생각하는 이야기를 써서 해결되는 문제도 아니었다. 그들이 그렇게 간단한 존재가 아니라는 사실은 바로 전에 쓴 두 편의 소설로 확인되었다. 위의 편지의 마지막 대목은 사람들이 원하지 않는다고 느끼면서도 '고래' 이야기에 매달릴 수밖에 없는 자신을 절망적으로 바라보는 멜빌의 애처로운 고뇌를 그대로 보여주고 있다.

이 이야기는 완성되어 '모비 딕'이라는 제목으로 세상에 나오게 된다. 《모비 딕》이라고 하면 고래에게 한쪽 다리를 잃은 선장이 복수의 의지로 선상에서 고래와 맞서는 드라마틱한 장면을 떠올리기 쉽지만, 실제로 읽어보면 당시의 문화적 맥락을 깊게 흡수한 이 소설의 문체는 시간과 공간의 문화적 거리를 넘어 독자에게 닿기 어려운 근본적 한계를 갖고 있다고 느낄 수밖에 없다. 두꺼운 책을 펼치면 고래의 어원(폐병으로 고인이 된 어느 중등학교 보조 교사에게서 제공받은 것으로 되어 있다)과 고래에 관련된 문헌에서 발췌한 문장(어느 사서 보조의 조수에게서 제공받았다고 되어 있다)들이 장벽처럼 세워져 있다. 이 장벽을 넘어선다고 사실적인 그림이 바로 펼쳐지지는 않는다. 이슈미얼이라는 이름의 서술자가 포경선의 선원이 되어 피쿼드호에 올라 문제의 에이해브 선장을 만나기까지 독자는 그가 19세기 중반 미국의 육지와 배 위에서 어떤 장면을 보고 어떤 생각을 하는지 길게 늘어놓는 말들을 들어야 한다. 모비 딕을 쫓는 모험이 본격적으로 시작된 이후에도 고래와 관련된 담론과 그 배경에 놓인 문화적 사유들은 낯선 형식으로 자주 출현한다. 이런 독특한 형식에는 이 소설이 뚜렷한 계획 아래 제작되었다기보다 격심하게 흔들리면서도 그가 결국 쓸 수밖에 없다고 생각한 방향으로 끝까지 나간 결과라는 사실이 투영되어 있다.

그렇지만 고뇌와 고투 끝에 세상에 나온 《모비 딕》의 반응은 처참했다. 이전에는 우호적이었던 평론가들도 이번에는 혹평으로 멜빌의 마음에 상처를 입혔다. 다음해(1852) 출간한 《피에르, 혹은 모호함》(레오 카락스 감독의 1999년 영화 〈폴라 X〉의 원작이기도 하다)에서 부유한 미망인인 어머니와 약혼녀(루시)를 버리고 배다른 누이(이사벨)와 결혼하는 피에르는 허먼 멜빌처럼 초기에는 성공했으나 이제는 출간마저 거절당하는 작가로 나온다. 소설은 그대로 현실이 되어서 허먼 멜빌은 그다음 완성한 작품을 출간할 출판사를 찾지 못한다. 그 소설 《십자 섬(The Isle of Cross)》을 멜빌은 분실했다고 했지만, 후대의 연구자들은 스스로 파기했다고 본다.

《필경사 바틀비》는 이런 가운데 1853년 《Putnam's Monthly Magazine》에 두 회(11, 12)에 걸쳐 익명으로 발표된 것이다. 이 소설이 《모비 딕》이나 《피에르》에 비해 형식이나 내용의 측면에서 담담한 이유는 소설 속 인물인 바틀비의 성향에서 이미 나타나 있다고 볼 수도 있을 것인데, 그 인물에서 우리는 당시 허먼 멜빌이 갖고 있던 자신의 글쓰기에 대한 자의식을 은유적으로 읽어낼 수 있다. 이후에도 그는 계속 글을 썼지만 작가로서의 경력은 더 확장되지 않았고 경제적으로도 궁핍한 말년을 보냈다. 생활을 위해 강연을 다니기도 했지만 그에게는 잘 맞지 않는 일이었다. 세관의 검사관으로 일하면서 시를 썼고, 어떤 시는 다시 산문으로도 이어졌다. 사망할 무렵 거의 완성된 〈선원, 빌리 버드〉를 남겼고, 이 소설은 그 후 30년이 지나서(1924) 출간된다. 멜빌이 사망했을 때 부고가 난 곳은 많지 않았으며, 그나마도 《모비 딕》의 철자나 《타이피》의 출간연도에 오류가 있는 곳이 있었고, 심지어는 그의 이름이 식자공의 실수로 잘못 표기되는 사고도 있었다. 한때 잘 알려진 작가였다고 평가하거나 《타이피》를 그의 대표작으로 지칭한 곳도 있었지만, 허먼 멜빌과 《모비 딕》이 미국문학사에서 중요한 작가와 작품이라고 확신한 기사도 있었다. 불행하다면 그렇다고 할 수도 있지만, 사실 거의 대부분의 작가의 삶이 한때의 성공 이후의 지속적인 하강을 경험하면서 그것을 결국 자신의 것으로 받아들이며 마감된다는 사실을 생각하면 꼭 그렇지만도 않다.

그러다 1919년 그의 탄생 100주년을 전후로 하여 멜빌의 작품이 다시 학계의 관심 대상이 되기 시작했고, 그 이후에는 더 활발해져 서두에서 언급한 현재의 상태에 이르렀다. 지금의 반응을 멜빌은 상상하기는 했으나, 당연히 알지 못한 채 세상을 떠났다. 그러니 지금 《모비 딕》과 《필경사 바틀비》의 영광은 허먼 멜빌이라는 이름에 바쳐진 것이기는 하지만, 그것은 인간 허먼 멜빌이 누릴 수 있는 것이 아니었다. 그렇지만 비록 세상의 인정을 받지 못했어도 자신이 쓰고 싶은 이야기에 몰두했을 때만큼은 그에 상응하는 희열과 기대를 가졌을 것이다. 어쩌면 그것이야말로 작가로서 그가 선택할 수 있었던 유일한 길이 아니었을까. 그가 삶의 종착점에 이르기까지 세상의 반응과는 상관없이 그 대부분의 시간을 글을 쓰는 데 바쳤다는 사실이 그것을 증명한다.

지금 돌아보면 앞서 호손에게 보낸 편지에 나오는 "저는 다른 식으로는 또 쓸 수가 없습니다"라는 구절에서는 바틀비의 어투가 느껴지기도 한다. 그것은 불안하고 어두운 예감이라기보다 자신이 갈 수밖에 없는 길을 겸허하게 수용하겠다는 선언으로 읽히기도 한다. 그것은 자신의 길을 가겠다는 적극적인 의지는 아닐지라도, 적어도 자신의 길이 아니라고 생각되는 길로는 안 가는 편을 택하겠다는 '수동적인 저항'의 태도로 볼 수 있겠기 때문이다. 그것이 허먼 멜빌을 《모비 딕》과 《필경사 바틀비》의 작가로 만들었고, 그의 작가로서의 비참과 영광을 낳았던 것이다. (2022. 07)

주

1 「신종 바틀비들이 생성되는 원인」(《자음과모음》, 2010, 겨울호)이라는 그 글에서는 태기수의 〈동굴의 알레고리〉(《현대문학》, 2010, 5월호), 권여선의 〈팔도기획〉(《세계의문학》, 2010, 여름호), 박민규의 〈루디〉(《창작과비평》, 2010, 봄호) 등의 소설과 김소연의 시 〈오, 바틀비〉(《문학과사회》, 2010, 여름호)를 '바틀비' 현상에 대한 반응으로 보고 그 현상의 의미를 분석했다.

2 그 무렵 함께 읽었던 니콜라이 고골의 《외투》(1843)도 그렇다. 극심한 우울증에 빠져 단식 중에 마흔셋의 나이로 생을 마감한 고골의 이 단편의 주인공인 하급 관리 아카키 아카키예비치 또한 바틀비처럼 자기 일에만 몰두하는 독특한 성격의 인물인데, 위의 글에서 함께 다루기도 했다.

3 허먼 멜빌, 《필경사 바틀비》, 공진호 옮김, 문학동네, 2011, 25쪽.

4 이 문제의 어투 "I would prefer not to~"에 대한 번역은 이 소설의 번역에서 핵심적인 대목이기도 한데, "그렇게 안 하고 싶습니다"(창비), "안 하는 편을 택하겠습니다"(문학동네), "하고 싶지 않습니다"(바다출판사), "하지 않는 게 좋겠습니다"(현대문학) 등으로 조금씩 차이가 있다.

5 《필경사 바틀비》, 52~53쪽.

6 같은 책, 38쪽.

7 같은 책, 55쪽.

8 한 멜빌 연구자는 고등학교 시절 《필경사 바틀비》를 읽은 교실에서 일어났던 일을 회고하는 가운데, 한동안 'I would prefer not to~'가 학급의 공식 농담처럼 된 상황을 전하고 있다. Kevin J. Hayes, "Preface", *The Cambridge Introduction to Herman Melville*, Cambridge University Press, 2007, p. ix.

9 《필경사 바틀비》, 93쪽.

10 관련 기사를 확인해보니, 커피 전문점 브랜드의 이름이 '스타벅스'가 된 과정은 우연적인 것이었다. 'Cargo House' 정도의 이름을 생각하던 중, 창업자 세 사람 중 한 사람인 Gordon Bowker는 자신과 광고 기획사를 공동 운영하던 인사로부터 'st'로 시작하는 단어가 강한 이미지를 가질 것이라는 추천을 받는다. 주변에 있던 오래된 광산 마을 'Starbo'를 찾고 나서, 그로부터 연상된 단어가 《모비 딕》에 나오는 일등 항해사 'Starbuck'이었다. 그러니까 소설의 내용과는 직접적인 관련이 없었던 것이다.("Starbucks co-founder talks about early days, launching Redhook and Seattle Weekly, too", *The*

Seattle Times, March 9, 2008 참조)

11 《모비 딕》에서 소설 속 인물인 이슈미얼은 "포경선이야말로 나의 예일대학 이자 나의 하버드대학"(허먼 멜빌,《모비 딕 1》, 황유원 옮김, 문학동네, 2019, 221쪽)이라고 외치는데, 이것은 허먼 멜빌에게도 그대로 적용되는 주장이라 하겠다.

12 이 부분을 포함하여 이 글에서 허먼 멜빌의 전기적 사실과 관련하여 서술한 내용은 Kevin J. Hayes, 앞의 책의 Ch. 1 "Life", 그리고 그의 사망 무렵의 일들은 Hershel Parker의 *Herman Melville: A Biography 2(1851-1891)*(Johns Hopkins University Press, 2002)의 해당 부분을 참조하면서 통념적 연보의 극적인 덧칠을 다소나마 지워내고 그의 삶의 실상에 접근해보고자 한 것이다.

13 1851년 6월(1일?)에 호손에게 보낸 편지의 일부. *Correspondence Writings of Herman Melville*, edited by Lynn Horth, Northwestern University Press, 1993, p. 191.

글쓰기의 자의식으로부터 추출된 특별한 성분의 이야기

귀스타브 플로베르

마담 보바리

미국의 한 평론가는 "소설가들은 시인들이 봄을 고맙게 여기듯 플로베르에게 감사해야 한다"고 쓴 바 있다. 소설과 관련된 모든 것이 그로 인해 새롭게 시작되었기 때문이라면서 말이다. 그는 《감정 교육》의 한 장면을 제시한 후 "이것은 1869년에 출판되었지만 1969년에 나타났을 만도 하다"고도 했다. 그만큼 플로베르의 작품은 세부사항, 작중 인물, 언어 등의 측면에서 그 이후 소설들이 펼쳐온 현대적 소설의 특징을 앞서 보여준다는 얘기다. 그 가운데 대표적인 사례로 플로베르 소설의 문체와 리듬을 살펴볼 수 있다.

> 자 그래서, 플로베르가 문체, 문장의 음악성이라는 말을 어떤 뜻으로 썼는가? 《보바리 부인》에 나오는 한 구절을 보자. 샤를은 에마를 임신시켰다고 바보처럼 자랑스러워한다. 'L'idée d'avoir engendré le délectait.' 정말 간결하고 정

말 정확하며 정말 운율적이다. 글자 그대로 옮기면 이것은 '생식했다는 생각이 그를 기쁘게 했다'가 된다. 제프리 윌은 펭귄판 번역에서 '그녀를 임신시켰다는 생각으로 그는 즐거웠다(The thought of having impregnated her was delectable to him)'라고 옮겼다. 이것도 괜찮지만, 불쌍한 역자를 측은히 여기시라. 영어란 프랑스어와는 다른 종류의 언어인 것을! 플로베르가 그랬을 것처럼 그 불어 문장을 소리 내어 읽어보라. 그러면 'L'idée d'avoir engendré le délectait.' 세 단어에서 세 번의 '에' 발음을 만날 것이다. 프랑스어의 번역할 수 없는 음악성을 모방하려고—리듬을 모방하려고—시도한 영어 번역은 형편없는 힙합처럼 들릴 것이다. "The no*tion* of procrea*tion* was a delecta*tion*.(번식의 관념은 환희였다.)[3]"

에마라는 농촌의 한 젊은 여성은 시골 의사 샤를 보바리와 결혼하여 가정을 이루지만 얼마 지나지 않아 남편과의 결혼 생활에 싫증을 느끼게 된다. 그런 가운데 그녀가 임신을 하게 되고 그녀의 욕망을 위해 샤를이 지금보다 좀 더 큰 용빌(실제로는 없는 소설 속의 가상의 지명이다)이라는 곳으로 집을 옮기는 상황이 전체 3부로 이루어진 이 소설의 1부의 끝과 2부의 시작을 이룬다. 평범하다면 평범하다고 할 수 있는 사건을 특별한 것으로 만드는 한 가지 요인은 위에서 언급하고 있는 문체의 특징에서 찾을 수 있다. 음성적 속성까지 고려한 섬세한 단어의 선택과 배열을 통해 운율이 느껴지는 간결하고 정확한 문장이 생성되고 있는 플로베르 소설의 독특한 개성을 위의 분석에서 확인할 수 있다.[4]

《마담 보바리》의 해설서 가운데 하나를 참고하면 이 소설과 관련된 자료들은 그 창작 과정이 여러 단계로 진행되었다는 사실을 보여준다. 즉 (1) 시간을 두고 배태된 소설과 관련된 생각들이 쌓여 시나리오가 마련되고, (2) 그 시나리오가 펼쳐지는 과정을 거쳐 (3) 소설의 초고라고 할 수 있는 형태가 만들어진다. 그리고 (4) 그 초고의 거의 모든 부분을 적어도 두 번 이상 다시 쓴 후, (5) 그 원고를 마지막으로 수정하기 전에 다른 작가들에게 읽어주고 의견을 듣는 다섯 단계가 그것이다.[5]

이 단계와 과정 자체야 그렇게 특별하다고 할 수 없겠으나, 중요한 점은 플로베르에게는 각 단계가 오랜 시간에 걸쳐 철저하게 진행되었다는 사실에 있다. 가령 소설의 구상과 관련한 일화 가운데에는 플로베르가 열다섯 살에 쓴 콩트(〈맡을 만한 향기 또는 떠돌이 곡예사들〉)가 있다. 여기에는 선하지만 추한 외모를 가진 한 여인이 센강에 몸을 던지는 사건이 담겨 있고 작가는 그 책임을 상황과 편견과 사회에 묻고 있는데, 알베르 티보데는 이 장면을 "엠마 보바리라는 불행한 여인의 모습을 떠올리게 하는 대목이 아닐 수 없다"[6]고 해석한다. 그런가 하면 플로베르가 열일곱 살에 쓴 〈어느 광인의 회상록〉에는 일인칭 주인공이 자신이 지은 라틴어 시구를 선생과 친구들이 함께 비웃었던 중학 시절 교실을 회상하는 장면이 나온다. 샤를이라는 촌스러운 전학생이 놀림을 당하는 상황에서 시작되는 《마담 보바리》가 쓰일 수 있었던 것 역시 알베르 티보데는 "중학교 시절부터 학급이라는 인류의 요약본 속에서 샤를의 모든 삶이 예시되었기 때문이다"[7]라고 설명한다. 이렇게 보면 간통을 저지른 한 시골 의사의 아내가 빚에 몰려 음독 자살한 실제 사건(이른바 들라마르 사건)을 모티프로 했다고 이야기되기도 하는 《마담 보바리》는 사실 훨씬 더 오래전부터 작가의 머릿속에서 쓰여오고 있었던 것이다.

창작 과정에서 주목해볼 또 하나의 단계는 네 번째와 다섯 번째, 그러니까 초고를 고쳐서 완성하는 국면이다. 플로베르가 《마담 보바리》를 본격적으로 집필하기 시작한 1851년 9월부터 마침내 탈고한 1856년 3월 말까지는 약 4년 반의 시간이 걸렸다. 오래 걸린 시간도 시간이지만 더 흥미로운 것은 이 과정에서 플로베르가 겪은 창작과 관련된 심리가 그의 편지를 통해 드러나 있다는 사실이다. 공교롭게도 《마담 보바리》의 집필 기간은 그가 루이즈 콜레라는 자신보다 열한 살 많은 기혼 여성 시인과 연인 관계를 맺고 있던 시기와 겹치는데, 많은 부분을 태워 없앴다고 하지만 그럼에도 그녀에게 보낸 275통의 편지가 남아 있다.[8] 다음은 그 가운데 일부이다.

> 토요일 밤, [크루아세, 1852년 4월 24일]
> 내가 당신의 슬프고 기운 없어 보이는 편지에 더 일찍 답

장을 하지 못했던 건 일 속에 빠져 있기 때문이었어. 그저께는 새벽 5시에 잤고 어제는 3시에 잤어. 지난 월요일부터 모든 걸 제쳐두고 일주일 내내 내 보바리에 땀을 쏟았어. 너무도 느린 진척에 불평을 하면서. 이젠 너무 지쳤고, 다음 월요일에 다시 시작할 거야. 좀 나아졌으면 좋겠어. 지난번 당신이 나를 만나고 나서 모두 25페이지를 썼어.(6주에 25페이지네.) 힘들었어. 내일 나는 쓴 걸 부이예에게 읽어주게 되겠지. 나로서는 무척 많이 힘을 썼고, 다시 쓰고, 바꾸고, 조정해보고 했어. 당분간은 조금도 건드릴 수 없을 것 같아. 그렇지만 그 글들은 일어설 거야. 당신은 당신의 절망에 대해 이야기했지. 당신이 내 절망을 볼 수 있다면! 가끔 나는 이렇게 피곤한데 왜 내 팔이 몸에서 떨어져나가지 않는지, 왜 내 뇌가 녹아서 사라져버리지 않는지 이해가 안 돼. 나는 외적인 즐거움이라고는 없는 딱한 존재로 살아가고 있어. 가끔은 나를 무기력으로 눈물짓게 만들지만 결코 줄어들지 않는 영원한 분노에 의해 지탱되면서 말이야. 나는 내 일을 사랑해. 마치 고행자가 자신의 배를 할퀴는 거친 옷을 사랑하는 것 같은 광적이고 도착적인 사랑이지. 때로 자신이 텅 비어버렸음을 발견할 때, 도무지 표현이 되지 않을 때, 긴 페이지들을 끄적였는데도 단 한 문장도 쓰지 못했다는 것을 발견할 때, 나는 소파에 쓰러져 절망의 늪에 빠져. 그리고 내가 이 광적인 오만 때문에 환상을 좇아 헐떡이는 것을 스스로 비난하지. 그러나 15분 후에는 완전히 변하는 거야. 기쁨으로 심장이 뛰어. 지난 수요일에는 일어나서 손

> 수건을 가져와야 했어. 눈물이 얼굴에 흘러내리고 있었어.
> 내가 쓴 글에 나 자신이 감동해버린 거야. 나는 그걸 만들
> 어낸 구절을, 그 구절을 발견해낸 만족감을 느꼈어. 이 모든
> 것은 내게 가장 아름다운 즐거움을 경험하도록 했어.[9]

상당히 긴 분량이지만 이것은 이날 편지의 앞부분 절반 정도에 해당된다. 그런데 이 연인들의 편지는 이상하다. 내용은 전부 자신들의 글쓰기에 대한 것이다. 인용에 담기지 않은 이날 편지의 후반부 역시 그 이야기이다.[10] 그러니까 여기에서 우리는 '광적이고 도착적인' 글쓰기에 매달리고 있는 한 인간을 보고 있다. 만약 그의 삶을 원심 분리할 수 있다면 소설과 편지 두 가지 성분의 언어가 층을 나누고 있는 상태가 드러나리라. 그의 삶에는 일상의 사건은 보이지 않는 대신 글쓰기에 대한 자의식과 그것이 힘겹게 낳은 이야기만이 존재한다. 그렇기에 그의 소설은 그의 삶이 반영된 이야기가 아니라 글쓰기의 자의식으로부터 힘겹게 한 방울씩 추출된 단어와 문장으로 구축된 언어의 세계가 담겨 있다. 운율과 음악성은 이 원심 분리의 과정에서 추출된 부산물의 성분일 것이다.[11]

이런 소설의 상태는 플로베르가 《마담 보바리》를 쓰기 시작할 무렵 마음에 품고 있던 목표이기도 했다.

> 내게 아름답게 보이는 것은, 그러니까 내가 쓰고 싶은 것
> 은, 아무것도 아닌 것에 대한 책이야. 외적인 어떤 것에도

의존하지 않는 책, 그러니까 마치 지구가 그것을 지탱하기 위해 외적인 어떤 것에도 의지하지 않고 공중에 떠 있는 것처럼 그 문체의 힘에 의해 결합된 책. 거의 주제를 갖지 않는 책, 만일 그런 게 가능하다면 말이지. 가장 훌륭한 작품이란 가장 재료를 덜 포함하는 것들이야. 사유에 표현이 밀착될수록, 표현은 사유와 겹치게 되고 마침내 그것과 하나가 되면서 더 훌륭한 결과가 나오게 되지. 나는 이런 방향에 예술의 미래가 놓여 있다고 믿어.[12]

현실을 언어로 반영하는 리얼리즘과는 다른 《마담 보바리》의 미학이 바로 이곳에 있다. 플로베르가 했다는 "마담 보바리는 나다!"[13]라는 말은 이런 연금술적 작업의 맥락에서 이해될 필요가 있다. 그리고 바로 그 점은 자전적 성격이 상당 부분 혼합되어 있는 《감정 교육》과 《마담 보바리》의 차이점이기도 하다. 1979년의 한 대담에서 장 폴 사르트르는 "《감정 교육》은 《마담 보바리》의 10분의 1에도 미치지 못한다"[14]고 평가하고 있는데, 구체적으로 설명하고 있지는 않지만 사르트르의 직관적 판단에는 바로 이런 문제가 작용하고 있는 것은 아닌가 생각해볼 수 있다. 그가 플로베르의 편지에 대해서 "스스로 아름답다고 생각했던, 그러나 실은 한심한 편지들"[15]이라고 가혹한 평가를 했던 것도 이런 맥락에서 생각하면 이해가 되기도 한다.[16]

물론 《마담 보바리》에서도 플로베르 자신의 모습이 투영된 부분을 발견할 수 없는 것은 아니다. 알베르 티보데는 소설 속 남성들의 비겁한 모습에서 루이즈 콜레와의 관계에 대한 기억의 반영을 읽어내는 한편,[17] 에마에 대한 쥐스탱의 순정에서 십대 중반 여행지에서 만난 연상의 여인(슐레쟁제 부인)에 대한 플로베르의 청소년기의 기억을 엿보고 있다.[18] 하지만 그럼에도 《마담 보바리》는 "세간에 알려진 자신의 일부분, 즉 솔직한 개인의 의식이 아닌, 순응주의와 허영심과 거짓에 의해 변조된 사회적 의식이 반영된 자신의 일부만을 자신의 작품에 투영"[19]한 그런 작품은 아니다.

1856년 10월 잡지 《르뷔 드 파리》에 《마담 보바리》가 발표되자 구독자의 항의가 쏟아졌다. 잡지의 공동 편집장이자 플로베르의 친구였던 막심 뒤 캉은 나중에 당시의 대중들의 반응에 대해 "구독자들은 소설의 앞부분이 발표되자마자 분노하면서 스캔들과 부도덕을 외쳤다"고 전했다. 잘 알려진 바와 같이, 미풍양속과 종교를 해쳤다는 이유로 피소되어 재판을 받기도 했는데 결국 무죄로 판결이 되었다. 1857년 단행본으로 출간되자 대중적인 성공을 거두었지만, 비평가들은 대체로 비판적이었다.[20] 그렇지만 이 글에서 살펴온 플로베르의 관점에서 보자면 이런 모든 일들은 그다지 중요한 것이 아닐지도 모른다.

《마담 보바리》는 그 이후에도 각자가 바라보는 관점에 따라 다르게 읽혀왔다. 영화는 일찍부터, 가령 1934년 Jean Renoir 감독의 〈Madame Bovary〉부터 에마 보바리에 보다 뚜렷한 프레임을 맞추고 있었다. 1949년 헐리우드에서 제작된 Vincente Minnelli 감독의 영화는 지금 보면 너무나도 충실하게 할리우드의 코드를 따르고 있어서 다소 코믹하게 느껴질 정도이다. 여기에서는 특이하게도 재판을 받고 있는 플로베르가 내레이터로 등장하는데, 마지막 장면에서는 "거의 한 세기 전 귀스타브 플로베르의 무죄판결은 자유로운 정신의 역사에서 승리의 순간이었다. 그의 걸작 《마담 보바리》는 진실 그 자체가 그렇듯이 영원히 우리 유산의 일부가 되었다"는, 역시 할리우드 이데올로기를 드러내는 자막이 흐른다. 약제사 가정에서 자란 누벨 바그의 대표 감독 가운데 한 사람인 Claude Chabrol 연출의 〈Madame Bovary〉(1991)는 "원작 소설에 엄격하게 충실할 것"[21]을 기본적인 원칙으로 삼았지만, 소설의 처음과 끝부분까지 담기지는 않았다.

지금은 여성의 욕망과 심리적 메커니즘을 중심에 둔 남성 작가의 소설 자체가 무리한 시도처럼 보이기도 하는 상황이다. Sophie Barthes 감독의 2014년 〈Madame Bovary〉에서 에마 보바리는 수녀원에서 나오자마자 아버지가 정해놓은 상대와 결혼을 하는 것으로 설정되어 있다. 운명의 파트너이기를 바라는 문과적 성향의 에마의 바람과는 달리 하필이면 남편 샤를은 철저하게 이과적 성향을 가진 인물이다. 에마 보바리의 일탈이 비교적 현실적인 근거를 갖게 되는 방향으로 각색이 이루어지고 있는 것이다. 거기에 더해 남성 인물들의 공간이 현저하게 축소된다. 무엇보다 《마담 보바리》를 원작으로 하면서도 로돌프가 없는 이야기인 것이다(후작이 로돌프의 역할까지 함께 수행하고 있다). 한편 Anne Fontaine 감독의 〈Gemma Bovery〉(2014)는 Posy Simmonds의 동명의 그래픽 노블(1999)을 각색한 것으로, 여기에서는 주간지를 읽는 에마 보바리의 욕망이 《마담 보바리》에 중독된 남성 인물(마르탱 주베르)에게로 전치되어 코미디 버전의 '마담 보바리'가 탄생했다.

  여러 형식이 혼합된 독특한 포스트모던 스타일의 소설《플로베르의 앵무새》(1984)를 썼던 줄리언 반스는 플로베르가 일생 동안 남긴 것들을 다음과 같이 정리하고 있다. "여섯 권의 책(한 권은 미완성), 4000편쯤 되는 편지, 2만 페이지의 육필 초고, 몇 개의 실패한 희곡들, 그가 죽자 곧 허물어진 한 채의 집, (그의 작가로서의 지위를 생각하면 놀랄 만큼 적은) 약간의 소유물, 크루아세에 일부 남은 서재, 여섯 개의 사진, 루앙 묘지에 묻힌 한 구의 시신."[22] 평생을 독신으로 살면서 편지와 소설을 통해 수행한 혼신의 글쓰기의 대가로서는 너무나도 초라한 것인가? 그렇지 않을 것이다. 지금까지 살펴본 것만 하더라도 플로베르는 그의 글쓰기로부터 눈에 보이지 않는 거대한 세계를 이루어놓고 있기 때문이다. (2021. 07)

주

1 제임스 우드, 《소설은 어떻게 작동하는가》, 설준규·설연지 옮김, 창비, 2011, 50쪽.
2 같은 책, 52쪽.
3 같은 책, 193~194쪽.
4 문제는 이 형식적 측면은 좀처럼 다른 언어로 옮겨지지 않는다는 점에 있다. 해당 문장을 영어로 옮겼을 때 그와 같은 문체적 특징은 남아 있지 않다. 폴 드 만의 번역에서는 그 문장을 "The idea of having be gotten a child delighted him"(Gustave Flaubert, *Madame Bovary: Backgrounds and Sources, Essays in Criticism*, Edited with a substantially new translation by Paul de Man, W. W. Norton & Company, 1965, p. 62)으로 옮기고 있는데 여기에서는 대구를 통해 얼마간의 리듬을 만들어내고 있다. 프랑스어의 번역에서는 음악성까지 옮기지는 못하지만 영어 소설의 문장에서도 플로베르가 고심하여 선정하고 배열한 언어의 음악적 특징이 소설의 작동 원리 가운데 하나로 유효한 것이다.(《소설은 어떻게 작동하는가》의 '언어' 장에서 제임스 우드가 보여주고 있는 사례들이 그것이다. 2008년 가을 학기에 Harvard University에서 제임스 우드의 강의를 청강한 적이 있는데, 그는 매시간 특유의 영국식 발음으로 강독 소설 속의 문장들을 리드미컬하게 낭독하면서 문장의 음악성을 강조하며 그것이 소설 작동의 주요 요소라는 것을 인상적으로 실연했다.) 한국어 번역의 경우에는 "어린애가 생겼다는 생각을 하면 기뻐서 견딜 수가 없었다"(귀스타브 플로베르, 《마담 보바리》, 김화영 옮김, 민음사, 2000, 131쪽)나 "아기가 태어난다는 생각을 하면 그는 너무 기뻤다"(귀스타브 플로베르, 《마담 보바리》, 진인혜 옮김, 을유문화사, 141쪽)에서 보듯 단어의 형태적 측면과 관련된 부분은 고려되고 있지 않다. 번역은 언어의 차이로 인한 근본적인 한계가 있다고 해도, 주제 중심의 독서에 치중된 한국 소설은 문체, 그러니까 이 경우 언어의 음악성의 측면에서 플로베르 소설의 유산을 상대적으로 덜 물려받고 있다고 할 수 있을 듯하다.
5 Laurence M. Porter·Eugene F. Gray, *Gustave Flaubert's Madame Bovary—A Reference Guide*, Greenwood Press, 2002, pp. 26~29의 내용을 요약, 정리한 것이다.
6 알베르 티보데, 《귀스타브 플로베르》, 박명숙 옮김, 플로베르, 2018, 46쪽.
7 같은 책, 181쪽.
8 "A Note on the Text", *The Selected Letters of Gustave Flaubert*, translated

and edited by Francis Steegmuller, Farrar, Straus and Young, 1953.
9　*Ibid.*, pp. 129~130.
10　한 연구자는 플로베르의 편지가 다른 사람의 일기처럼 쓰였고 "스스로 선택한 고립에도 조용하고 친밀한 대화나 아니면 통제되지 않는 날것 그대로의 감정의 분출 혹은 부르주아와 공화주의자, 그 밖에 그의 열정을 불러일으키는 자들을 향한 비난의 감각을 만들어냈다"고 하면서 "소설에서는 삼켰을 어떤 것이 그의 편지에는 강하게 담겨 있다"(Rosemary Lloyd, "Flaubert's Correspondence", *The Cambridge Companion to Flaubert*, edited by Timothy Unwin, Cambridge University Press, 2004, p. 68)고 분석했다. 특히 이 시기의 플로베르의 편지는 그의 삶을 언어로 녹였다가 소설로 정제하기 위한 짙고 걸쭉한 원액 같은 의식을 담고 있다고 하겠다.
11　형식적인 특징들도 그렇지만 더 근본적으로는 그런 특징들을 낳은 문학적인 자의식이야말로 이후 소설가들이 플로베르에게 지고 있는 근원적인 빚이라고 할 수 있다. "리얼리스트는, 이것이 제대로 잘 써졌는가,라고 묻는 듯한 플로베르의 숨결을 목덜미에서 느낀다. 그러나 형식주의자나 포스트모더니스트 또한 아무것도 다루지 않는 책, 오직 문체만으로 높이 날아오르는 책에 대한 꿈을 플로베르에게 빚지고 있다(제임스 우드, 앞의 책, 192쪽)"는 언급처럼 플로베르로부터 후대로 계승된 문체에 대한 자의식은 비단 리얼리즘의 계열에 국한되지 않고 심지어 그와 대척되는 지점까지 멀리 뻗어나갔다고 볼 수 있다.
12　1852년 1월 16일 루이즈 콜레에게 보낸 편지의 일부. *The Selected Letters of Gustave Flaubert*, p. 126.
13　알베르 티보데를 참조하면, 편지나 노트 등 알려진 플로베르의 어떤 문서에서도 발견되지 않는 이 말의 출처는 르네 데샤름의 저서 《1857년 이전의 플로베르》이다. 데샤름은 플로베르의 편지 상대였던 아멜리 보스케 양이 《마담 보바리》의 모델에 대해 질문하자 플로베르가 매우 분명하게 여러 번 "마담 보바리는 나입니다. 내가 그 모델입니다"라고 반복해서 대답했다는 말을 보스케 양과 아주 가까운 사람으로부터 들었다고 기록했다. 알베르 티보데, 앞의 책, 178쪽 참조.
14　「장 폴 사르트르와의 대담」, 《플로베르》, 방미경 엮음, 문학과지성사, 1996, 174쪽.
15　같은 글, 179쪽.
16　오히려 이해하기 어려운 것은 그러면서도 "내 관심을 끈 것은 뚱뚱하고 키가 큰 그 둔한 인간과 그의 그 걸작(《마담 보바리》) 사이의 대조"(같은 글, 180쪽)라고 하면서 플로베르를 대상으로 한 유례를 떠올리기 어려운 방대한 분량의 작가론인 《집안의 천치》를 쓰는 데 바쳤던 사르트르의 무모함이

다. "한 인간에 대해 얻을 수 있는 모든 정보를 '총체화'하겠다는 야심을 가지고, 집필 당시였던 1960~70년대에 사용 가능한 모든 인문학적 지식들(자신의 실존철학은 물론, 정신분석학, 역사학, 마르크스주의 사회학, 문헌학, 구조주의 등)을 총동원하여 타자로서의 한 인간에 대한 연구를 시도"(지영래, 《집안의 천치: 사르트르의 플로베르론》, 고려대학교출판부, 2009, 48쪽)한 이 기획은 1971년 1권, 2권(2136쪽), 그리고 1972년에 3권(665쪽)이 간행되면서 부분적으로는 실현되었지만 1973년 사르트르의 시력 상실로 결국 중단되어 미완성으로 남았다. 이 저서에 대해 줄리언 반스는 "사르트르 자신의 표현을 빌려 말하자면 '존경할 만하지만 미친 것'이다"(Julian Barnes, *Something to Declare: Essays on France and French Culture*, Picador, 2002, p. 194)라고 했다. 그렇지만 사르트르 역시 자신의 존재를 표현하기 위한 여러 개의 거울이 필요했을 것이라고 생각하면 이해가 되지 않은 것도 아니다. 《방법의 문제》(1957)와 《변증법적 이성 비판》(1960) 등의 사상, 그리고 자서전 《말(Les Mots)》(1963)로서도 채워지지 않는 부분이 있었던 것이다.(지영래, 앞의 책, 48~49쪽 참조)

17 알베르 티보데, 앞의 책, 206~207쪽.
18 같은 책, 207~208쪽.
19 같은 책, 172쪽. 이런 맥락에서 알베르 티보데는 "자서전은 예술가가 아닌 이들의 예술이며, 소설가가 아닌 이들의 소설이다"(같은 곳)라고까지 말하고 있다.
20 《마담 보바리》의 출간 이후의 상황에 대해서는 같은 책, 219~225쪽 참조.
21 Mary Donaldson-Evans, *Madame Bovary at the Movies: Adaptation, Ideology, Context*, Rodopi, 2009, p. 106.
22 Julian Barnes, *Op. cit.*, p. 309.

잘못 쓴 원고를
버리지 못하는 마음으로 쓴 이야기

아쿠타가와 류노스케

라쇼몬

　지금의 상황에서 아쿠타가와 류노스케(芥川龍之介)는 소설도 소설이지만, 오히려 구로자와 아키라 감독의 영화 〈라쇼몬〉(1950)의 원작자 혹은 아쿠타가와상으로 더 익숙한 이름인 듯하다. 〈라쇼몬〉이 아쿠타가와의 〈라쇼몬(羅生門)〉(1915)과 〈덤불 속(藪の中)〉(1922)에서 각각 그 배경과 스토리를 가져왔다는 사실은 잘 알려져 있는 바이고, 1935년 제정된 이래 1년에 두 차례 주요 문예지에 실린 신인 소설을 대상으로 수여되는 아쿠타가와상은 일본의 대표적인 문학상이다. 이제 유튜브에서는 생전의 아쿠타가와의 모습을 영상으로 볼 수도 있다.[1] 1927년 봄에 촬영한 그 영상 속에서 아쿠타가와는 밝은 표정으로 어린 자식들과 어울리고 있는 삼십대 중반의 가장의 면모를 보여주고 있어, 몇 달 후 스스로 목숨을 버리고 세상을 떠날 사람으로는 전혀 보이지 않는다.

영상에서는 그의 유명한 사진들에서 볼 수 있는 요절한 천재 작가의 아우라도 느끼기가 어려운데, 그런 다소 신화화된 이미지를 걷어내고 다시 읽는 아쿠타가와의 소설은 큰 스케일이나 심각한 주제의식의 대작이라는 인상과는 거리가 멀고 오히려 젊은 의욕으로 가득 차 있고 소설 자체로 재미있고 공들여 쓴 글이라는 실속 있는 감상을 준다. 생각해보면 그럴 수밖에 없는 것이, 나중에 유명해져서 그렇지 작가가 이십대와 삼십대 초반에 걸쳐 쓴 소설들이 아닌가.

1919년 1월에 쓴 글에서 아쿠타가와는 〈라쇼몬〉을 쓸 무렵을 이렇게 회고(4~5년 전쯤이니 회고라고 하기에는 좀 짧지만 그의 길지 않은 삶을 고려하지 않을 수 없다)하고 있다.

> 그때 처음 쓴 단편이 〈노년〉이었다. 그래도 아직 작가가 되겠다고 결심한 것은 아니었다. 그 무렵 구메가 쓴 소설과 희곡을 읽고 이런 거라면 나도 쓸 수 있겠다는 생각이 들었다. 구메도 내게 어서 글을 써보라고 부추기기에 써본 것이 〈훗토코〉와 〈라쇼몬〉이다. 내가 글을 쓰게 된 건 구메의 부추김에 힘입은 부분이 크다. 〈훗토코〉나 〈라쇼몬〉 모두 《제국문학》에 발표했다. 물론 둘 다 아무런 주목도 받지 못했다. 완전히 무시당했다. 실제로 〈라쇼몬〉 같은 작품은 요즘 가깝게 지내는 아카기 코헤이도 묵살했다.[2]

1914년에 쓴 〈노년〉이나 〈훗토코〉 등 아쿠타가와의 습작 시절의 소설들은 지금 읽어보면 지나치게 평범해서 그의 이름이 무색할 정도이다. 그리고 뜻밖에도 지금은 그의 대표작으로 평가받는 〈라쇼몬〉 또한 당시에는 친한 친구들에게조차 무시를 당했다는 사실을 위의 회고에서 확인할 수 있다. 하지만 새로운 서구의 근대적 조류를 왕성하게 수용하던 당시의 대학생에게 1000년도 전의 옛 왕조 시대의 이야기라니 그런 반응이 그리 이상할 것도 아니다.

그러나 어떤 활활 타오르는 불꽃도 처음 불씨가 지펴질 때는 성냥과 그것을 당겨 그을 수 있는 또 다른 화약, 그리고 그 둘 사이의 마찰력이 필요한 법이다. 위의 장면에서 우리는 그런 화학 작용에 상응하는 문학적 작업이 이루어지고 있는 상황을 목격하고 있는 것이니, 말하자면 구메 마사오(나중에 아쿠타가와는 그의 앞으로 다섯 편의 유서 가운데 한 편을 남긴다)와 아쿠타가와는 서로에게 부추김과 비판을, 그러니까 문학적 불씨를 위한 화약과 마찰력을 제공했던 셈이다. 그런 과정을 거치면서 그 전에 발표한 몇 편과는 달리 바야흐로 〈라쇼몬〉을 통해 아쿠타가와의 색깔이라고 할 만한 것이 나타나기 시작한다.[3]

〈라쇼몬〉은 헤이안 시대의 퇴락한 도시 교토 외곽의 쓰러져가는 '라쇼몬' 밑에서 비를 피하고 있는 한 하인의 모습을 비추면서 시작된다. 구로자와 아키라의 영화 〈라쇼몬〉에서는 이 배경적 상황만 차용하고 바로 〈덤불 속〉의 스토리로 넘어가지만, 소설 〈라쇼몬〉에서 이 하인은 이 상황에서 한 가지 사건을 겪게 된다. 그런데 그에 앞서 길지 않은 이 이야기에서 다음과 같은 서사 상황이 발생한다.

작가는 조금 전 '하인이 비를 긋고 있었다'라고 썼다. 하지만 하인은 비가 그친다 한들 특별히 할 일도 없었다. 평소 같았으면 물론 주인집으로 돌아가야 했으리라. 그런데 그 주인이 사나흘 전에 그를 내보내고 말았다. 앞에서도 썼듯이 당시 교토는 심상치 않을 만큼 쇠퇴하고 있었다. 지금 이 하인이 오랫동안 일하던 주인집에서 나가게 된 것도 실은 이 쇠퇴의 작은 여파에 다름 아니었다. 그러니 '하인이 비를 긋고 있었다'라고 하기보다는 '비를 만난 하인이 갈 데가 없어서 어쩔 줄 모르고 있었다'라고 하는 편이 맞을 것이다. 게다가 그날 날씨도 이 헤이안 시대 하인의 센티멘털리즘에 적잖은 영향을 주었다. 신시가 지나면서 퍼붓기 시작한 비는 여전히 갤 기미가 없었다. 그래서 하인은 다른 건 다 관두고라도 당장 내일부터 어떻게든 수를 내야 할 텐데 하고, 말하자면 어떻게도 할 수 없는 일을 어떻게든 해보려고, 부질없는 생각들을 해가며 아까부터 스자쿠 대로에 내리는 빗소리를 무심코 듣고 있었던 것이다.[4]

3인칭의 전지적 시점처럼 보였던 서술자의 자리에 작가가 들어서면서 이야기의 상황은 급격하게 변모된다. 작가가 이야기 속에 개입하게 되면서 1000년의 시간적 간격이 순간적으로 소거되고 두 세계, 그러니까 현재의 서술 세계와 과거의 스토리 세계가 하나의 서사적 평면에 놓이게 되는 효과가 발생하게 된 것이다. 그리하여 역사소설처럼 과거의 장면을 서술하던 이야기 세계 속으로 '센티멘털리즘'과 같은 근대의 기표가 등장하면서 풍경의 질감이 변화하고 텍스트에 돌연 긴장이 일어나고 있다. 서사적인 용어로 '메타제시(metalepsis)'라고 부를 만한 포스트모던 스타일의 서사 구조가 그저 아무렇지 않은 듯 담담하게 제시되고 있는 것이다. 그러면서 이 이야기 세계의 지반은 언제든지 수정 가능한 유동성에 노출되게 된다. 이런 특징은 아쿠타가와 특유의 세계관을 반영하고 있다.

> 《곤자쿠모노가타리(今昔物語)》의 작가는 사실을 묘사할 때는 조금도 적당히 쓰지 않았다. 이는 우리 인간들의 심리를 묘사할 때도 마찬가지다. 《곤자쿠모노가타리》의 속의 인물은 모든 전설 속의 인물들과 같이 복잡다단한 심리의 소유자들은 아니다. 그들의 심리는 꾸밈이 없는 원색적 표현으로만 그려내고 있다.
> 그러나 오늘날의 우리들의 심리에도 어느 정도는 그들의 심리 속에 투영되었던 색을 지니고 있을 것이다. 번화한 긴자는 물론 스자쿠 대로는 아니다. 그렇지만 유행의 첨단을 걷던 개화기의 모던 보이나 모던 걸들도 실제 그들의 내면을 들여다보면 별로 다를 게 없이(아이러니하게도) 역시 《곤자쿠모노가타리》 속의 젊은 하급 무사들이나 하급 궁녀들의 모습을 연상시킨다.[5]

〈라쇼몬〉을 비롯, 〈코〉(1916), 〈마죽(芋粥)〉(1916) 등 아쿠타가와가 본격적으로 소설가가 되는 발판이 되었던 초기 대표작과 또 다른 그의 대표작인 〈덤불 속〉은 12세기 전반에 편찬된 고전 민담집 《곤자쿠모노가타리》에서 취한 소재를 소설적으로 변형시킨 것이다. 그런데 이 사실보다 더 중요한 것은 아쿠타가와가 그 오래된 일본의 민담 속에서 과거와 더불어 현재의 인간을 발견하고 있다는 점이다. 그는 "아름답거나 아름답지 않은 것과는 관계없이, 이 '생생함'이 《곤자쿠모노가타리》의 예술적 생명이라고 말해도 지장이 없다"[6]고 이야기했는데, 그 '생생함'은 옛 텍스트에 있다기보다 그것을 바라보는 아쿠타가와의 시선에 담겨 있다고 생각된다. "400자 원고용지 1장 반 정도"[7]의 원본을 하나의 단편으로 확장시킨 근거 역시 바로 이 시선이다. 그런 맥락에서 작가가 이야기 속에 등장하는 〈라쇼몬〉의 서사 상황은 과거를 바라보는 이러한 아쿠타가와의 시선 혹은 세계관이 서사 구조의 형태로 구현된 것이라고 할 수 있다.

다시 〈라쇼몬〉의 이야기로 돌아가보면, 그래서 단지 비를 피하고 있는 것이 아니라 사실 갈 곳을 잃고 헤매고 있다고 재설정된 하인은 이제 굶어죽지 않기 위해 도적질이라도 해야 하나 생각한다. 하지만 아직까지는 그의 도덕적 양심이 그런 요청을 꽤 완강히 거부하고 있다. 그러던 중 불빛을 따라 접근한 라쇼몬의 누각 위 시체더미 속에서 한 노파를 발견한다.

> 하인은 노파를 밀쳐내더니 느닷없이 칼집에서 칼을 뽑아 새하얀 칼날을 그 눈앞에 들이댔다. 하지만 노파는 말이 없

었다. 양손을 부들부들 떨면서 어깨를 들썩이며 숨을 몰아쉬고 눈알이 밖으로 튀어나올 만큼 눈을 치뜨고는 벙어리처럼 고집스럽게 침묵했다. 그걸 보고 하인은 처음으로 명백하게 이 노파의 생사가 완전히 자신의 의지에 달려 있다는 사실을 의식했다. 그리고 그 의식은 지금까지 요란하게 타오르던 증오심을 어느 틈에 식혀놓았다. 뒤에 남은 것은 그저, 어떤 일을 했는데 그것이 원만하게 성취되었을 때 느끼는 편안한 자신감과 만족감뿐이었다.[8]

시체의 머리카락을 뽑고 있는 노파를 발견한 직후에 하인이 느꼈던 감정은, 아직 분명하지는 않지만 어쨌든 악이라고 추정되는 행위에 대한 충동적인 증오심이었다. 하지만 직접 노파를 대면하고 칼을 쥐고 있는 그의 우위가 확인되자 자신감과 만족감으로 감정의 전이가 일어난다. 그 이전 주인집에서 쫓겨난 막막함과 낯선 불빛과 인적에서 느꼈던 공포심이 노파에 대한 증오심으로, 그리고 그것을 매개해 자신감으로 바뀌어가는 심리의 상태 변화가 그야말로 '생생함'을 동반하며 드러나 있다. 방금 전까지만 해도 도둑이 될 생각까지 했던 인물이 노파의 행위에서 어떤 부도덕을 감지하고 요란한 증오심에 타오를 수 있다는 것은, 논리로는 이해할 수 없어도 삶의 실제 상황에서는 얼마든지 일어날 수 있는 일이다. 10페이지 정도 분량의 소설에서 이런 무쌍한 심리의 변화가 이토록 차분하고 자연스럽게 그려질 수 있다는 사실을 발견하는 독서는 놀랍고 즐겁지 않을 수 없다.

갑자기 정의의 사도가 된 하인은 노파를 추궁하여 그녀가 가발을 만들어 팔기 위해 여자 시체의 머리카락을 뽑고 있었다는 자백을 받아낸다.

> 하인은 노파의 답변이 의외로 평범한 것에 실망했다. 그리고 실망과 동시에, 조금 전의 증오가 차가운 경멸과 함께 마음속으로 되돌아왔다. 그러자 그러한 낌새를 상대방도 알아챈 것이리라. 노파는 한 손에 여전히 시체의 머리에서 뽑아낸 기다란 머리카락을 든 채 두꺼비가 그렁대는 듯한, 기어들어가는 소리로 이렇게 말했다.[9]

이제 심리 변화는 두 인물의 관계 위에서 발생한다. 하인과 노파는 서로를 관찰하면서 자신의 상황을 본능적으로 직감한다. 생존을 앞두고 발생하는 그 동물적인 직감과 반응은 이성이나 도덕을 앞선다. 여기에는 만만한 인간도, 나쁜 인간도 없다. 노파는 시체가 된 여자가 뱀을 말려 병졸들에게 팔았는데 그렇지 않았으면 굶어 죽었을 테니 나쁘다고 할 수 없다고 이야기하며 자신의 행위 역시 그런 맥락에서 변호될 수 있다고 말한다. 그런데 이 노파의 이야기가 하인에게는 다음과 같은 심리적 반응을 다시 불러일으킨다.

> 하인은 칼을 칼집에 집어넣고 칼자루를 왼손에 잡은 채 차갑게 가라앉아 이야기를 듣고 있었다. 물론 오른손으로는

뺨 위에 벌겋게 고름이 고인, 큼직한 여드름을 매만지며 들었다. 하지만 그 이야기를 듣고 있자니 하인의 마음속에 어떤 용기가 생기기 시작했다. 그것은 아까 문 아래 서 있을 때에는 찾아볼 수 없었던 용기였다. 또한 아까 이 문 위로 올라와 노파를 붙잡았을 때의 용기와는 완전히 반대 방향으로 향하는 용기이기도 했다. 하인은 굶어 죽을지 도둑이 될지에 대한 고민만 없앤 것이 아니었다. 그때 이 남자의 마음이 어땠는가 하면, 굶어 죽는다는 선택지는 거의 떠오르지조차 않을 정도로 의식 저 너머에 밀려나 있었다.[10]

이제 하인에게는 '용기'라고 할 만한 것까지 생긴다. 하인은 노파의 옷을 벗겨 달아난다. 노파의 변명은 오히려 하인의 행동에 분명한 근거를 제공했던 것이다. 이제 그에게서 도덕적인 갈등 따위는 찾아볼 수 없다. 소설은 "하인의 행방은 아무도 모른다"[11]는 문장으로 끝나고 있는데, 이는 "하인은 이미 비를 무릅쓰고, 교토 마을로 강도짓하려고 서두르고 있었다"[12]고 되어 있던, 처음 문예지에 발표될 때의 상태와 비교하여 이야기의 결말을 더 멀리 열어두는 효과를 발휘한다. 여자에서 노파로, 그리고 노파에서 하인으로 이어지는 생존 경쟁의 배턴 터치는 그 뒤로도 계속, 어쩌면 그 순환의 고리가 지금까지 이어지고 있는 것일지도 모른다.

이 순환의 구조가 〈덤불 속〉에서는 병치 구조로 전환된다. 소설은 살인 사건을 심문하는 '게비이시(檢非違使)'[13]를 앞에 두고 일곱 명의 인물이 차례로 증언하는 방식으로 전개된다. 앞부분에서는 나무꾼, 유랑 승려, 호멘(放免)[14], 노파 등 목격자 혹은 관계자들의 증언이 이어지면서 사건의 개요가 점차적으로 밝혀진다. 병치 구조이지만 그럼에도 서사는 전개와 결말을 향해 조금씩 진전되는 것이다. 그러다가 후반부에서는 도적 다조마루의 자백, 살해된 사무라이 아내의 참회, 그리고 마지막에는 무녀의 입을 빌린 남편의 혼백의 이야기 등이 서로 엇갈리며 경합하는 구조로 되어 있다. 도적과 아내, 그리고 남편이 모두 자신이 칼을 찔렀다고 주장하는 가운데 진실을 가려낼 근거는 없다.

하나의 기법처럼 받아들여지고 있는, 이와 같은 이른바 '라쇼몬 효과' 역시 아쿠타가와의 세계관이 투영된 것으로 볼 수 있다. 〈라쇼몬〉에서와 마찬가지로 〈덤불 속〉에서도, 아쿠타가와가 바라보는 인간은 계층과 세대를 초월하여 각자의 생존을 도모하는, 그가 남긴 〈어느 옛 벗에게 보내는 수기(或舊友へ送る手記)〉의 용어를 사용하자면, '살기 위해 살아가고 있는(生きる爲に生きている)' '인간수(人間獸)'들이다. 그런데 아쿠타가와에게 인간이라는 동물은 풍자의 대상이 아니라 그가 맞서서 넘어서야 하는 자기 한계이다. 일반적으로 동물과 차별되는 인간을 생각할 때 사람들이 떠올리는 것은 도덕적 동물의 가능성이다. 그러니까 자기 속의 동물성을 극복하고 도덕적 인간의 자리에 도달하는 것이다.

그런데 아쿠타가와의 소설을 보면 그는 이 가능성을 믿지 않는 듯하다. 물론 그렇다고 개별적인 인간들 사이의 도덕성의 차이를 부정하는 것과는 다른 이야기이다. 하지만 그런 차이는 때에 따라, 그리고 상황에 따라 얼마든지 다를 수 있는 것이기 때문에 그 자체로는 그렇게 신뢰할 만한, 그렇기 때문에 추구할 만한 가치 기준이 아닌 것이다. 이런 맥락에서 아쿠타가와는 "나는 오래된 술을 사랑하는 것처럼 오래된 쾌락설을 사랑한다. 우리들의 행위를 결정하는 것은 선도 아니고 악도 아니다. 다만 우리들의 좋고 싫음의 문제이다. 혹은 우리들의 쾌불쾌(快不快)의 문제이다. 나는 그렇게밖에 생각이 안 든다"[15]라고 이야기하고 있다.

> "저 사람을 죽여주세요." 이 말은 지금도 여전히 마치 폭풍처럼 까마득한 암흑의 심연으로 나를 거꾸로 떨어뜨릴 것만 같다. 일찍이 이렇게 독살스러운 말이 사람의 입에서 나온 적이 있을까? 일찍이 이처럼 저주스러운 말이 인간의 귀에 들린 적이 있을까? 일찍이 이렇게……(갑자기 터져나오는 듯한 조소.) 그 말을 들었을 때는 도둑놈조차 지그시 아내를 보기만 할 뿐 죽이겠다고도 살리겠다고도 대답을 하지 않는다. 다음 순간, 아내는 댓잎 위로 단 한 방에 걷어차여 쓰러졌다.(또다시 터져나오는 듯한 조소.) 도둑놈은 조용히 팔짱을 끼더니 내 모습을 바라보았다. "저 여자를 어떻게 할까? 죽일까 아니면 살려줄까? 고개만 끄덕이면 돼. 죽일까?" 나는 이 말 한마디만으로도 도둑놈의 죄를 용서해주고 싶었다.(다시 긴 침묵.)[16]

무녀의 입을 빌린 남편의 이야기 가운데 한 부분이다. 도적과 함께 떠나면서 남편을 죽여달라는 아내의 말에 절망한 사내의 절규인데 이 또한 자신의 시선으로 사태를 바라본 한 가지 관점이 만들어낸 일종의 허구라 하겠다. 이처럼 저마다의 '에고이즘'이 교차하는 세계가 있다면, 그 세계를 멀리서 바라보는 다른 시선이 존재한다. 대사 사이 괄호 안에 담겨 제시된 지문이 그것이다. 그것은 마치 배우의 연기를 지시하는 감독처럼, 서술의 내용보다 그 표현을 주시하는 것으로 바로 이야기를 만드는 자의 시선이다. 아쿠타가와의 용어로 하자면 '생활욕'에 대비되는 '제작욕'의 시선이다.[17]

〈라쇼몬〉에서는 이 제작의 시선이 서술의 과정에 개입하는 메타제시의 방식으로 나타났다면, 〈덤불 속〉에서는 그것이 지문의 형식으로 이야기를 가로지르면서 간헐적으로 등장하고 있는데, 그 빈도와 분포를 통해 하나의 음악적 리듬을 구축하는 경지를 보여주고 있다. 소설을 읽어보면 그 내용의 심각함과는 상관없이 이 세련되게 구조화된 리듬이야말로 〈덤불 속〉의 독서에서 무엇보다 유쾌하고 매력적인 감상의 포인트라는 것을 느낄 수 있다.[18]

> 예술가는 무엇보다 작품에 완벽을 기해야 한다. 그렇지 않으면 예술에 봉사하는 일이 무의미해진다. 아무리 인도적 차원에서 감동이 있는 작품이라 해도 그것만 추구한다면 설교를 듣는 일과 무엇이 다르겠는가. 예술에 봉사하는 이

상 우리가 작품에 가장 우선적으로 부여할 것은 예술적 감격이다. 이를 위해 우리가 할 수 있는 일은 오직 작품에 완벽을 기하는 것뿐이다.[19]

1919년 10월에 쓴 글이니 아쿠타가와는 글쓰기를 시작할 때부터 이런 제작의 관점이 뚜렷했다고 볼 수 있다. 그리고 이런 태도는 '사치스럽게도 미적 혐오' 때문에 목을 매는 '액사(縊死)' 대신 약물을 자살의 수단으로 선택한 그의 마지막 퍼포먼스에서도 관철되고 있다.[20] 이상(李箱)이 유고로 남긴 〈종생기〉(1937)에는 자살을 앞둔 서술자가 "열세 벌의 遺書가 거이 完成해가는 것이었다. 그렇나 그 어느 것을 집어내보아도 다같이 서른 여섯 살에 自殊한 어느 '天才'가 머리맡에 놓고 간 蓋世의 逸品의 亞流에서 一步를 나스지 못했다. 내게 요만한 재조밖에는 없느냐는 것이 다시 없이 분하고 억울한 事情이었고 또 焦燥의 根元이었다"[21]고 진술하는 부분이 나오는데, 그 역시 아쿠타가와의 죽음의 방식에서 어떤 '완벽'을 감지했던 것이리라.

이렇게 써서 아쿠타가와가 남긴 소설은 140여 편이라고 말해진다. 그가 소설을 쓴 햇수를 기준으로 계산해보면 단편이라고 해도 거의 한 달에 한 편을 쓴 셈이다. 이 정도면 소설 쓰는 일이 그의 삶의 전부였다고 해도 과언이 아닐 것이다.

다 쓰고 나면 언제나 녹초가 된다. 이제 쓰는 일만큼은 당분간 사양하자 생각한다. 하지만 아무것도 안 쓰고 일주일 쯤 지나면 허전해서 견딜 수가 없다. 뭐라도 쓰고 싶어진다. 그렇게 또 앞의 순서를 반복한다. 죽을 때까지 지고 갈 업보구나 싶다. 쓴 글이 활자로 찍혀 나온 걸 보면 대체로 기분이 좋지 않다. 글을 쓰는 방식보다 세상을 보는 방식이 이래서야 희망이 없다는 뼈아픈 자책에 빠진다. 글 쓰는 순간보다 평소 생활 자체에 감정을 쏟아내고 싶다. 시간이 흘러 나중에 다시 읽으면 생각보다 나을 때도 있고 점점 나빠질 때도 있는데, 이건 그때그때 다르다.[22]

1917년 7월에 쓴 글이니 그가 소설을 쓰기 시작한 지 얼마 되지 않은 시점이다. 그는 이 과정을 그 이후로도 더 높은 강도로 10년 동안 반복했다. 글을 쓰는 일이 '죽을 때까지 지고 갈 업보'라고 느낀 그의 예감은 그대로 실현되었다.

구로자와 아키라의 영화로 인해 〈라쇼몬〉과 〈덤불 속〉에 아쿠타가와가 오히려 제한되는 경향이 있지만, 그의 소설 세계는 생존욕이 경쟁하는 역사적 공간을 배경으로 제작욕을 실험하는 그런 스타일에 한정된 것만은 결코 아니다. 누군가의 집에 식모살이를 하러 가는 소녀가 기차에서 창밖의 동생들에게 밀감을 던지는 장면을 목격하는 〈밀감〉(1919)이나 박해받던 천주교에 귀의한 양부모와 딸의 감동적인 배교를 담고 있는 〈오긴〉(1922)의 인간은 에고이즘에서 벗어나 이타적 본성을 실현하는 인물들이다. 해군학교 시절의 기억을 허구화한 〈문장〉(1924)이나 생모와 누나, 아버지 등 죽은 가족의 이야기를 담고 있는 〈점귀부〉(1926)는 자전적인 이야기라 해도 고백에 그치지 않는 소설적 풍모를 품고 있다. 아쿠타가와식 《걸리버 여행기》라고 할 만한 〈갓파〉(1927)는 흥미진진하면서도 가슴 아픈, 전혀 관념적이지 않은 환상의 이야기이다. 이런 다양한 경향의 이야기들은 아쿠타가와의 제작욕의 세계를 한층 다채로우면서도 복잡하게 만들고 있다.

이처럼 아쿠타가와는 소설을 통해 넓은 세계를 꿈꾸었지만 그 꿈을 견고한 이야기로 완성시키기 위해 원고에 묶여 있어야 했다. 아쿠타가와와 한 동네에 살면서 친분이 있었던 한 작가는 다음과 같은 기록을 남겼다.

> 아쿠타가와의 원고는 잇대어 붙인 부분, 글자를 고치거나 지우거나 끼워넣은 흔적으로 가득했다. 원고지 위에서 싸움이라도 벌인 것처럼 장렬한 느낌이 물씬 풍겼다. 붓 가는 대로 술술 써내려가지 못한 탓에 몇 장이나 고쳐 쓴 부분도 있었다. 잘못 쓴 원고는 완성된 원고보다 매수가 훨씬 많았다. 아쿠타가와는 그걸 찢어서 없애지 않고 다시 책상 가장자리에 놓아두었다. 나쓰메 소세키 선생도 잘못 쓴 원고를 버리지 않고 간직했던 모양이니, 그에게 배웠는지도 모른다.[25]

'싸움이라도 벌인 것처럼 장렬한 느낌이 물씬 풍기는 원고지'만큼 작가의 삶을 구체적으로 보여주는 것은 없다.

그것은 무용수나 축구선수의 발을 보는 것과 비슷하지 않을까. 잘못 쓴 원고를 버리지 않는, 혹은 버리지 못하는 마음을 아쿠타가와는 나쓰메 소세키에게서 보고 배웠을 것이다. 아쿠타가와의 소설과 삶을 겹쳐 읽으며 그 마음에 다가가본다. (2022. 09)

주

1 '芥川龍之介 生前の映像 昭和2年(1927)'이라는 제목의 1분 18초 분량의 영상이다.(https://www.youtube.com/watch?v=_LJmKpHyIrg&t=12s)
2 아쿠타가와 류노스케, 「소설을 쓰기 시작한 건 친구의 부추김 덕분」, 《문예적인, 너무나 문예적인: 아쿠타가와 류노스케 문예론》, 정수윤 옮김, 한빛비즈, 2016, 19~20쪽.
3 〈라쇼몬〉에 뒤이어 발표한 〈코〉가 그 무렵 아쿠타가와가 사숙하기 시작한 나쓰메 소세키의 칭찬을 받은 것 또한 이런 맥락에서 새로운 세계에 발을 들여놓는 젊은 영혼에게 너무나도 절실했던 한 계기가 되는 사건이었다고 할 수 있다. 이를테면 타오르려고 하는 불꽃에 격려라는 바람을 불어넣어주는 일.
4 아쿠타가와 류노스케, 《라쇼몬》, 서은혜 옮김, 민음사, 2014, 47~48쪽.
5 아쿠타가와 류노스케, 「곤자쿠모노가타리(今昔物語)에 대하여」, 《아쿠타가와 류노스케 전집 7》, 제이앤씨, 2017, 236쪽.
6 같은 글, 233~234쪽.
7 세키구치 야스요시, 《재조명 아쿠타가와 류노스케》, 신영언·조사옥 옮김, 제이앤씨, 2012, 100쪽.
8 《라쇼몬》, 53쪽.
9 같은 책, 54쪽.
10 같은 책, 54~55쪽.
11 같은 책, 56쪽.
12 윤상현, 《신이 되고자 했던 바보 아쿠타가와 류노스케》, 지식과교양, 2011, 69쪽 참조.
13 헤이안 시대 교토에서 범죄 등을 단속하고 재판을 관장하던, 현재의 경찰관과 재판관을 겸하는 관직으로 〈라쇼몬〉에도 등장한다. 《라쇼몬》, 53쪽 각주 36번 참조. 번역본 가운데에는 '포청'(《지옥변》, 양윤옥 옮김, 시공사, 2011, 124쪽)으로 번안(?)하는 경우도 있다.
14 "경범죄를 저질렀으나 방면되어, 죄인의 추포나 호송에 협력하는 검비위사의 하수인"(《라쇼몬》, 208쪽 각주 88번)으로, 《지옥변》에서는 '나졸'(125쪽)로 번역했다.
15 「난쟁이의 말」, 《아쿠타가와 류노스케 전집 7》, 제이앤씨, 2017, 131쪽.
16 〈덤불 속〉, 《라쇼몬》, 219~220쪽.

17 이 제작욕의 범주에서는 다른 곳에서라면 큰 의미를 지닐 수도 있는 민족 같은 것은 그렇게 중요하게 생각되지 않는다. 그런 맥락에서 임진왜란을 배경으로 조선의 장군 김응서의 설화를 소재로 취한 〈김장군〉(1924)에서 "역사를 거짓으로 꾸미는 것은 꼭 조선만은 아니다. 일본 역시 아이에게 가르치는 역사는, 또는 아이와 큰 차이가 없는 일본 남아에게 가르치는 역사는 이런 전설로 가득 차 있다. 예컨대 일본의 역사 교과서는 한 번도 이런 패전의 기록을 실은 적이 없지 않을까"(〈김장군〉, 《아쿠타가와 류노스케 선집》, 송태욱 옮김, 서커스, 2019, 618쪽)라고 적었던 아쿠타가와의 태도를 이해할 수 있다.
18 구로자와 아키라의 영화 〈라쇼몬〉에서는 이 제작의 시선이라는 형식적 장치가 담겨 있지 않은 대신, 뒷부분에 단검을 갖기 위해 재판에서 허위로 증언했던 나무꾼의 또 다른 이야기가 덧붙여져 있다. 그리고 더 혼란스러워진 이 상황을 갑작스럽게 출현한 어린아이를 처리하는 문제를 통해 인간에 대한 기대를 제시하는 것으로 결말을 맺고 있다. 이 글의 맥락에서는 상당히 다른 이야기로 흐른 셈이다.
19 「예술 그리고 그 밖의 것」, 《문예적인, 너무나 문예적인: 아쿠타가와 류노스케 문예론》, 21쪽.
20 아쿠타가와의 죽음과 유서에 대해서는 김수안, 「자살의 자격, 소설 쓰기 방법으로서의 종생: 아쿠타가와의 「어느 옛 벗에게 보내는 수기(或舊友へ送る手記)」를 통한 이상의 〈종생기〉 재독」(《비교문학》 86, 2022) 참조.
21 이상, 〈종생기〉, 《조광》, 1937. 5, 351쪽.
22 아쿠타가와 류노스케, 「나와 창작」, 《문예적인, 너무나 문예적인: 아쿠타가와 류노스케 문예론》, 10쪽.
23 무로 사이세이, 「아쿠타가와의 원고」, 나쓰메 소세키 외, 《작가의 마감》, 안은미 편역, 정은문고, 2021, 236쪽. 참고로 이 글은 1954년에 발표된 것이다.

애거사 크리스티의 두 얼굴

애거사 크리스티
♦
오리엔트 특급 살인

애거사 크리스티(1890~1976)는 지금까지 가장 많이 번역된 저자로 기네스북에 올라 있다.[1] 그만큼 그녀의 많은 작품들이 널리, 오랫동안 읽혀왔다는 증거일 것이다. 애거사 크리스티의 홈페이지에는 그녀가 50년이 넘는 기간 동안 66편의 장편과 150편의 단편 추리소설, 그리고 6편의 (추리소설 아닌) 소설[2]을 남겼으며, 모두 합하면 20억 부 이상 출간되어 그 판매부수가 성경과 셰익스피어 다음이라고 적혀 있다.[3]

이런 애거사이지만 당연하게도 그녀의 삶이 밝기만 했던 것은 아니다. 몇 가지 예를 들 수 있다. 가령 그녀가 시도한 첫 번째 추리소설이 여섯 차례나 거절당한 사건도 그 한 가지 사례가 될 수 있다. 하지만 당시로서는 절망적이었겠으나 그 사건은 자신의 자서전에 자세히 적을 만큼 성공한 처지에서 보면 오히려 명예로운 것일 수도 있다.

좀 더 어두운 사건으로는 열한 살 때 아버지를 잃고 특별한 감정적 관계를 나눠온 어머니까지 여읜 일을 떠올릴 수 있다. 1926년, 그녀가 삼십대 중반을 지나던 때의 일이었다. 그런 상황에서 그녀를 더 비참하게 만든 것은 12년 동안 비교적 순탄한 결혼 생활을 이어오던 남편 아치볼드 크리스티의 외도, 그리고 이혼 요구였다. 이 상황을 애거사 크리스티는 그녀의 자서전(애거사 크리스티는 1950년부터 자서전을 쓰기 시작하여 1965년에 완성한다. 15년이 걸린 이 책은 그녀가 사망한 이후 1977년 출간된다)에서 다음과 같이 간략하게만 적고 있다.

> 그리하여 병에 이어 슬픔과 절망과 비통이 찾아왔다. 이에 대해 구구절절 늘어놓아보아야 무슨 소용이겠는가. 나는 그가 달라지기를 희망하며 1년을 버티었지만 그는 달라지지 않았다.
> 결국 그렇게 해서 나의 첫 번째 결혼은 끝이 났다.[4]

이렇게 담담하게 정리하고 있지만 열정적인 사랑으로 구축되었던 관계가 해체되는 과정과 그 여파가 실상은 그렇게 간단할 수가 없다. 그 무렵 일어난 소설 밖의 미스터리가 바로 그 유명한 '11일간의 실종 사건'이다. 이 사건을 간략하게 요약하면 다음과 같다.

남편과 심하게 다툰 1926년 12월 3일 저녁, 딸이 잠든 사이 애거사는 비서에게 요크셔로 간다는 편지를 남기고 집을 나간다. 다음날 집에서 차로 한 시간쯤 거리에 있는 서레이의 길드포드 근처 길가에서 그녀의 차가 발견되지만 정작 애거사는 보이지 않는다. 경찰이 투입되어 유명 추리소설 작가의 행적을 쫓지만 전혀 성과가 없다. 현상금이 걸리고 남편이 용의자로 의심받는 상황이 된다. 15,000명에 이르는 지원자들이 그녀의 차가 발견된 일대를 수색하고, 사건의 상황을 추측하는 도로시 세이어스(Dorothy L. Sayers), 애드거 윌리스(Edgar Wallace), 아서 코난 도일(Arthur Conan Doyle) 같은 당대의 추리 작가들의 기고가 신문에 실린다. 애거사 크리스티는 실종된 지 11일째 되는 12월 14일 그녀의 차가 발견된 곳으로부터 350킬로미터 떨어진 요크셔주에 있는 휴양지의 호텔에서 마침내 발견되지만 정작 그녀는 그동안의 일을 전혀 기억하지 못한다.

영국을 떠들썩하게 만들었던 이 사건이 정작 애거사 크리스티의 자서전에는 단 한 줄도 적혀 있지 않다.[5] 그런데 흥미로운 것은 방대한 분량의 자서전에도 기록하지 않은 이 사건이 메리 웨스트매콧이라는 필명으로 발표한 여섯 편의 소설 가운에 하나인 《미완의 초상(Unfinished Portrait)》(1934)에 중심사건으로 등장하고 있다는 사실이다.

《미완의 초상》은 초상화가 래러비가 작가인 메리에게 보내는 편지로 시작되는데, 거기에서 그는 자살을 하려던 한 여인(셀리아)을 구하고 그로부터 들은 사연을 글로 써서 보낸다고 밝히고 있다. 그런데 셀리아에 초점을 맞추고 진행되는 이야기를 읽다 보면 어딘가 낯익은 장면들을 발견하게 된다.

> 셀리아는 여전히 혼자서 많은 시간을 보냈다. 메이틀랜드 가나 파인가의 아이들과 차를 마시거나 어울렸지만 그들은 '소녀들'만큼 현실적이지 않았다.
> '소녀들'은 셀리아가 상상해낸 인물들이었다. 셀리아는 그들이 어떻게 생기고 어떤 옷을 입고 무엇을 느끼고 생각하는지 전부 잘 알았다.[6]

주변의 또래들과는 잘 어울리지 못하고 오히려 자신의 상상 속에서 만들어낸 '소녀들'과의 관계에서 현실성을 느끼는 주인공 셀리아의 유년 시절의 모습이 위에 드러나 있는데, 애거사 크리스티의 자서전을 읽었다면 이 장면이 그렇게 낯설지 않다.

> '소녀들'은 나와 긴 세월을 함께했다. 내가 성숙해짐에 따라 소녀들의 성격 또한 자연스레 변화했다. 음악을 익히고, 오페라를 공연하고, 연극이나 뮤지컬 희극에서 역을 맡았다. 심지어 어른이 된 후에도 나는 이따금씩 그들을 생각하고는, 내 옷장에 있던 다양한 드레스를 나눠주었다. 또한 마음속으로 '소녀들'이 입을 드레스를 디자인하기도 했다.[7]

소설과 자서전을 비교해보면 실상 동일한 경험을 이야기하고 있다는 것을 알 수 있다. 이 대목뿐만이 아니라 《미완의 초상》의 내용 전체가 한참 후에 출간될 자서전을 거의 그대로 예비하고 있다고 볼 수 있다. 어떻게 이런 일이 가능한가. 그 점을 설명하기 위해서는 자서전의 한 대목을 더 살펴볼 필요가 있을 듯하다.

> 수 드 베르트는 묘하게도 별 특징이 없었다. 연한 푸른색 눈에 금발 머리라는 외모뿐만 아니라 성격에서도 마찬가지였다. 어째서인지 나는 수를 보거나 느낄 수가 없었다. 수와 엘라는 단짝이었지만, 엘라는 내 손바닥 보듯 훤히 알 수 있었어도 수는 안개처럼 모호했다. 아마도 이것은 수가 사실은 '나 자신'이었기 때문이 아닌가 싶다. 다른 아이들과 대화할 때면 나는 언제나 애거사가 아니라 수였다. 따라서 수와 애거사는 같은 사람의 두 얼굴이었다. 수는 극적인 인물이 아니라 관찰자였다.[8]

수 드 베르트는 어린 애거사가 상상 속에서 함께 지낸 '소녀들' 가운데 한 명이다. 그런데 다른 소녀들과 달리 애거사는 수를 보거나 느낄 수 없다. 그 이유를 그녀는 "수가 사실은 '나 자신'이었기 때문"이라고 생각한다. '소녀들'의 세계 속에서 애거사는 '수'였던 것이다. 그와 같은 논리에 따라 그녀는 "수와 애거사는 같은 사람의 두 얼굴"이라고 생각한다. 그리고 그런 논리라면 우리는 애거사(소설 밖의 '나')와 셀리아(소설 속의 '그녀') 역시, 그리고 더 나아가 자서전(역사)과 소설(허구) 역시 '같은 사람의 두 얼굴'이라고 말할 수 있다.

《미완의 초상》은 작가 애거사 크리스티와 소설 속 인물 셀리아 사이를 필명인 메리 웨스트매콧과 래러비라는 남성 인물이 소설의 안과 밖에서 이중적으로 매개하고 있는 서술 구조를 취하고 있지만, 그러니까 작가의 삶과 소설이 직접 대응되지 않도록 여러 겹의 장치를 마련하고 있지만, 그런 장치는 실상 투명한 망토와도 같은 것이어서 삶의 모습이 거의 그대로 드러나 있다. 아니, 어떤 장면에서는 허구에 의해 가려져 있다는 착각 때문에 자서전에도 기록할 수 없었던 사건들이 오히려 선명하게 비치고 있다.

> 셀리아의 이야기는 거기서 끝났다.
> 그 후에 일어난 일은 전혀 중요하지 않은 듯했다. 즉결 재판…… 그녀를 강에서 구해낸 런던 출신의 청년…… 즉결 재판 판사의 견책이 있었다. 언론의 보도들, 더멋의 분노, 후드의 충직함. 침대에 앉은 셀리아는 꿈속에서 벌어진 일이라도 되는 듯 담담하게 전부 털어놓았다.
> 그녀는 다시 자살을 생각하지 않았다.[9]

소설 속에서 애거사의 실종 사건은 셀리아가 강에 뛰어든 일로 치환되어 있지만 언론의 보도와 남편의 분노 등은 다만 소설 속에 한정되는 사실로만 느껴지지는 않는 정황을 환기시키고 있다. 이런 맥락에서《미완의 초상》을 "그녀가 '실종'된 해인 1926년에 크리스티에게 일어났던 사건에 대한 가장 결정적인 증거를 제공"해주는, "존재하는 애거사 크리스티의 가장 훌륭한 초상"[10]이라고 보는 시각도 있다.

> 나는 그렇게 생각했다.
> 셀리아는 새로운 출발을 위해 세상으로 돌아간 거라고 나는 굳게 믿고 있다……
> 그녀는 서른아홉 살에 돌아갔다…… 성장하기 위해……
> 내게 이야기와 공포를 맡겨두고 갔다……
> 나는 그녀가 어디로 갔는지 모른다. 그녀의 이름조차 모른다. 내가 그녀를 셀리아라고 한 것은 그 이름이 어울리는 것 같았기 때문이다. 호텔에 물어보면 그녀의 이름을 알 수 있을 것이다. 하지만 난 그럴 수 없다…… 그녀를 만날 일은 두 번 다시 없을 테니까……[11]

이런 결말을 두고 생각해보면, 메리 웨스트매콧이라는 이름으로 수행한 글쓰기 행위는 애거사 크리스티 자신의 이야기와 공포를 외부로 밀어내기 위한 것이었다고 할 수 있다. "익명으로 된 소설을 쓰는 일은 크리스티에게 일종의 카타르시스, 하나의 성공적인 치료 형식이었던 듯하다"[12]라는 의견 역시 같은 관점에서 나온 것으로 보인다. 그렇기 때문에 애거사는 한참 뒤의 자서전에서 다음과 같이 담담하게 이야기할 수 있었던 것이 아니었을까.

> 결국 이것으로 끝이 났다. 나는 변호사에게 편지를 보내고 논의하러 갔다. 물건들은 짐을 꾸려 기차로 부쳤고 남은 일은 없었다. 이제 앞으로 나 홀로 어떻게 할 것인가만 정하면 되었다. 로잘린드는 기숙사 학교에 다니고 있고, 카를로와 펑키 언니가 자주 찾아가볼 것이었다. 크리스마스 휴일까지 시간이 있었으므로 햇살이 따뜻한 곳을 찾아 떠나고 싶었다. 서인도제도와 자메이카로 가기로 결정하고, 쿡 여행사로 가서 표를 예약했다. 모든 것이 준비되었다.[13]

이혼의 충격으로부터 벗어나 어느 정도 마음을 정리한 애거사 크리스티는 그 과정을 마무리짓기 위해 처음으로 혼자만의 여행을 시도한다. 애초에 그 목적지는 대서양 너머 남미의 해안이었다. 그런데 그곳으로 떠나기 이틀 전 저녁 그녀에게 어떤 운명이 찾아온다.

> 다들 바그다드라고 하면 끔찍하다고 하는데 그들 부부는 깊이 매혹되어 있었다. 나는 그들의 말을 들으면 들을수록 점점 더 빠져들었다. 그러다 그곳으로 가려면 배를 타야 하느냐고 물었다.
> "기차로도 갈 수 있어요. 오리엔트 특급을 타고 가면 돼요."
> "오리엔트 특급요?"
> 나는 평생토록 오리엔트 특급 열차를 꼭 타보고 싶었더랬다. 프랑스나 스페인이나 이탈리아로 여행을 갈 때면 종종 칼레에 오리엔트 특급 열차가 서 있는 것을 보곤 했다. 얼

마나 그 열차에 오르고 싶었던가. 심플론 오리엔트 특급, 밀라노, 베오그라드, 이스탄불…….
나는 마음을 굳혔다.[14]

애거사 크리스티는 그날 저녁 만찬 자리에서 페르시아만에 주둔했던 젊은 군인 부부로부터 바그다드의 이야기, 그리고 더 결정적으로는 '오리엔트 특급' 열차 이야기를 듣고 바로 다음날 여행지를 변경한다. 그러니까 이 운명의 순간이 없었더라면 《오리엔트 특급 살인(Murder in the Orient Express)》(1934)도, 그녀의 두 번째 결혼도, 지금의 애거사 크리스티도 없었을지 모른다.[15]

물론 이 추리소설이 발생하게 된 또 다른 중요한 맥락은 소설의 주인공인 명탐정 '에르퀼 푸아로'로 상징되는 애거사 크리스티 추리소설 자체의 전개로부터 생성되었을 것이며(이 작품은 에르퀼 푸아로가 등장하는 여덟 번째이자 애거사 크리스티의 열네 번째 장편 추리소설이다), 여기에 더하여 이 작품의 경우 처음으로 대서양을 횡단한 비행사 찰스 린드버그 아들의 유괴 사건이 그 외부로부터 발생의 근거를 제공하기도 했다.[16] 하지만 결정적으로는 여기에 오리엔트 특급 열차와 메소포타미아의 경험이 합류하여 《미완의 초상》이 발표된 해 애거사 크리스티 자신의 이름으로 된 한 편의 추리소설이 탄생하게 된 것이다.

《오리엔트 특급 살인》은 제목 그대로 오리엔트 특급 열차에서 일어난 한 살인 사건의 이야기이다. 이스탄불을 출발하여 칼레로 향하다가 폭설로 인해 멈춰선 이 열차 칸에는 여러 국적의 다양한 인물들이 타고 있었는데, 그 가운데에는 메소포타미아에서 모종의 사건을 훌륭하게 해결하고 또 다른 사건으로 인해 호출을 받고 급하게 런던으로 가고 있는 벨기에 출신의 세계적인 명성의 탐정 에르퀼 푸아로도 포함되어 있다. 한 사람씩 탑승객을 심문해나가던 푸아로는 마침내 범인을 밝혀낸다. 하지만 이 이야기의 경우 다른 추리소설에서와는 달리 애써 밝혀낸 사건의 복잡한 맥락이 덮이고 단순한 해결책이 대신 제시된다.(스포일러를 피하기 위해 자세한 얘기는 생략한다.) 이 점에 대해 일본의 한 미스터리 평론가는 다음과 같은 분석을 내놓은 바 있다.

> 그런데 이 작품은 '해결'이 보통 수수께끼 풀이 추리소설과는 다르다.
> 추리소설이란 '모순/괴이/수수께끼를 내포한 사건'이라는 '이야기A'를 합리적인 해결을 덧붙인 '이야기A''로 바꾸어 말함으로써 세계의 질서를 되찾는 소설이라고 생각한다. 그런데 이 작품에서 합리적인 '이야기A'—이른바 '진상'—를 말해도 세계의 합리적인 질서를 되찾지는 못한다. 이는 새로운 불합리를 낳는다. 그래서 푸아로는 세계의 질서를 되찾기 위한 '이야기A'''를 제시한다. '진상'은 열차를 탄 사람들만 알고 있으며, 열차 밖에 있는 대다수의 사람들에게는 열차에서 발신된 '진상이라는 이야기'가 '진실'이 된다.[17]

"범죄자보다 희생자에게 더 많은 관심을 가지는"[18] 애거사 크리스티의 성향이 반영된 결말이라고 할 수 있을 텐데, 이와 같은 이중적 구조를 통해 단순한 퍼즐 게임을 넘어서 세계의 질서를 추구하는 인간의 본원적 욕망이 극적으로 실현된 추리소설의 한 가지 전범이 마련될 수 있었다.

그런데《오리엔트 특급 살인》과《미완의 초상》이 발표되고 10년이 지난 뒤 애거사 크리스티는 메리 웨스트매콧의 이름으로 또 한 편의 소설을 쓴다. 공교롭게도 이 소설《봄에 나는 없었다(Absent in the Spring)》(1944)의 주인공 조앤 스쿠다모어 또한 오리엔트 특급 열차를 타고 런던으로 가기 위해 바그다드로부터 이스탄불을 향하고 있다. 그녀는 딸과 사위 부부가 살고 있는 바그다드를 방문했다가 남편 로드니가 기다리고 있는 집으로 되돌아가고 있는 중이다.《오리엔트 특급 살인》에서 에르퀼 푸아로의 여정을 멈춰 세운 것이 폭설이었다면,《봄에 나는 없었다》의 경우 그것은 폭우이다. 예정하지 않은 상황으로 인해 사막의 숙소에서 며칠을 아무 할 일도 없이 보내게 된 조앤. 혼자 있는 순간 떠오르는 상념들은 비교적 순탄하고 성실하게 살아왔다고 생각했던 자신의 삶을 다시 돌아보게 만들고 급기야 조앤은 모든 것이 불분명한 혼란스러운 상황을 맞이하기에 이른다.

> 이곳에서는 그런 일이 일어나지 않았다. 그녀가 이곳에서 만날 수 있는 사람은 딱 하나였고, 그 사람은 바로 조앤 스

쿠다모어였다.

우스운 일이다! 조앤 스쿠다모어를 소개합니다. 만나서 반갑습니다, 스쿠다모어 부인.

정말 흥미롭다……

자신을 만나다니……

자신을 만나다…… 맙소사. 그녀는 두려웠다……

소름 끼치도록 두려웠다……[19]

《오리엔트 특급 살인》에서 특급 열차 안에(on the Orient Express) 살인 사건(Murder)이 있다면《봄에 나는 없었다》에서 봄에(in the Spring) '나'는 없다(Absent).[20] 에르퀼 푸아로가 사건을 해결하고 있다면, 그러니까 스스로의 힘으로 세상의 혼란을 정리해내고 있다면, 조앤 스쿠다모어는 혼란 속에서 자신의 부재, 그러니까 자기의 불투명한 정체성과 대면하고 있는 것이다. 그리하여《오리엔트 특급 살인》이 인간에 내재된 어떤 보편적 욕망의 상징적인 표현이라면《봄에 나는 없었다》는 인간이라면 누구도 피할 수 없는 어떤 냉혹한 현실과 대면한 의식의 서술이라고 할 수 있다.

앞서 한 사람의 삶을 이야기하기 위해 자서전과 소설이 함께 필요한 상황에 대해 살펴보았다. 폴 리쾨르의 논의를 빌려 이야기하자면, 한 인간의 정체성의 구성은 역사와 허구가 각자의 기능을 갖고 함께 작용해야 성립될 수 있는 것이다. 애거사 크리스티가 자신을 이야기하기 위해 메리 웨스트매콧이라는 자기 속의 다른 존재가 필요했던 것도 그 때문일 것이다. 그런데《오리엔트 특급 살인》과《봄에 나는 없었다》를 두고 이야기하자면 서로 다른 허구 이야기들 역시 그와 같은 목표를 위해 협력하고 있다고 할 수 있지 않을까. 그러니까 에르퀼 푸아로와 조앤 스쿠다모어 또한 그런 목적을 위해 필요했던 애거사 크리스티의 또 다른 얼굴들이 아니었을까.

근래 영국의 시인이자 소설가 소피 한나는《The Monogram Murders》(2014),《Closed Casket》(2016),《The Mystery of Three Quarters》(2018),《The Killing at Kingfisher Hill》(2020) 등 에르퀼 푸아로의 이야기를 이어 쓰는 일련의 작업(continuation novel)을 진행하고 있다. 다시 제작된 영화〈오리엔트 특급 살인〉(2017)에는 애거사 크리스티 생전에 상영되었던 첫 번째 영화(1974)에서와 달리 스페인 출신 필라(소설과 첫 영화에서는 스웨덴 출신 간호사 그레타 올슨)나 마르케즈(소설과 첫 영화에서는 이탈리아계 미국인 운전수 포스카렐리), 그리고 흑인 인물 아르버스넛 박사(소설과 첫 영화에서는 영국인 아르버스넛 대령과 그리스인 의사 콘스탄틴 두 인물로 나눠져 있다)가 등장하여 변화한 시대적 상황을 반영하고 있다. 아동 유괴범에 대한 사적 복수를 기꺼이 묵인했던 원작이나 이전의 영화에서와 달리 이번에는 사건이 해결된 이후 에르퀼 푸아로의 깊은 고뇌가 길게 이어진다. 이런 대목에도 역시 동시대의 윤리적 감수성이 투영되어 있다고 볼 수 있다. 이와 같은 새로운 이야기들을 통해 애거사 크리스티의 또 다른 얼굴들이 새롭게 만들어지고 있다. 코로나 바이러스의 상황이 지나면 중단되었던 〈쥐덫〉의 공연도 다시 시작될 것이고 〈오리엔트 특급 열차〉의 마지막 장면에서 에르퀼 푸아로가 다시 향하던 이집트를 배경으로 한 새로운 영화(〈나일 강의 죽음〉, 2021년 9월 17일 상영 예정)도 이어질 것이다.[21] 그러니 앞으로도 우리는 애거사 크리스티의 더 많은 얼굴들과 마주하게 될 것 같다. (2021. 01)

주

1   기네스북 홈페이지(guinnessworldrecords.com)에 따르면, 기록이 인증된 2017년 3월 7일 당시 모두 7,236편이었다. 기네스북에 등재된 애거사 크리스티의 또 다른 중요한 기록은 '가장 긴 극장 상연'으로 그녀의 작품 〈쥐덫(The Mousetrap)〉은 1952년 11월 25일 초연된 이래 기록 인증일인 2015년 7월 11일까지 총 26,113회 공연되었다.

2   애거사 크리스티는 이 6편의 '추리소설 아닌 소설(non-crime novel)'을 1930년부터 1956년에 걸쳐 메리 웨스트매콧(Mary Westmacott)이라는 필명으로 발표하였는데, 그녀는 적극적으로 이 필명이 자신으로 추측되지 않도록 했다. 애거사 크리스티의 한 전기에 따르면 이 필명이 애거사 크리스티의 것이라는 사실이 밝혀진 것은 1946년 《봄에 나는 없었다(Absent in the Spring)》에 대해 쓴 미국에서의 한 서평을 통해서였다(Janet Morgan, "19 '…a certain amount of fêting…'", *Agatha Christie: A Biography*, HarperCollins, 2017 [Ebook Edition, 인쇄본은 William Collins & Sons, 1984]). 그 이후에도 10년간 이 필명을 계속 사용하여 소설을 썼던 사실을 두고 한 연구자는 "그녀가 독자들이 두 계열의 작품을 연결하여 생각하는 것에 어느 정도 편안해졌다는 것을 의미한다"(Sarah E. Whitney, "A Hidden Body in the Library: Mary Westmacott, Agatha Christie, and Emotional Violence", *CLUES* 29(1), Spring 2011, p. 38)라고 분석했다.

3   http://agathachristie.com/news/2020/100-facts-about-agatha-christie 참조.

4   애거서 크리스티, 《애거서 크리스티 자서전》, 김시현 옮김, 황금가지, 2014, 522~523쪽.

5   애거사 크리스티는 이 사건을 자서전에 쓰지 않았을 뿐만 아니라 이후에도 언급하지 않았는데, 그로 인해 그 동기에 대한 추측이 사건 발생 이후 지속적으로 이어졌고 기억하지 못한다는 애거사 크리스티의 주장에 대한 많은 반론이 제시되기도 했다. 그 가운데에는 애거사 크리스티가 이 사건을 오빠의 아내이자 자신의 친구인 낸 와츠(낸 콘)와 공모한 것이라는 주장(Jared Cade, *Agatha Christie and the Eleven Missing Days: The Revised and Expended 2011 Edition*, Scarab eBooks [인쇄본은 Peter Owen, 1998])도 있다. 실종 사건을 둘러싼 최근까지의 논란에 대해서는 홍한별, 「Gone Girl—애거사 크리스티 실종 사건」(《미스테리아》 32, 2020. 12/2021. 1, 52~63쪽)에 잘 정리되어 있다. 한편 이 실종 사건을 둘러싼 논란은 영화 〈Agatha〉(1979)나 뮤지컬 〈아가사〉(초연

2013~2014)의 모티프가 되기도 했다.
6   애거사 크리스티, 《두 번째 봄》, 공경희 옮김, 포레, 2015, 139쪽. (원제 'Unfinished Portrait'를 한국어 번역본에서는 '두 번째 봄'으로 바꾸었다.)
7   《애거서 크리스티 자서전》, 147~148쪽.
8   같은 책, 147쪽.
9   《두 번째 봄》, 391쪽.
10 Gillian Gill, "Introduction The Hidden Author", *Agatha Christie: The Woman and Her Mysteries*, Pavilion Books, 2016. [전자책, 인쇄본은 Free P., 1990]
11 《두 번째 봄》, 412쪽
12 Gillian Gill, 앞의 글.
13 《애거서 크리스티 자서전》, 534쪽.
14 같은 곳.
15 1928년의 '오리엔트 특급' 탐승이라는 사건은 애거사 크리스티에게 또 하나의 운명적인 삶의 장면을 마련해준다. 그때 이라크의 우르(Ur)에서 만난 울리(Woolley) 부부와의 인연으로 다음해 다시 그곳을 찾은 애거사 크리스티는 나중에 두 번째 남편이 되는 열네 살 연하의 고고학자 맥스 맬로원(Max Mallowan)을 만나게 되기 때문이다. 이와 같은 삶의 흐름을 거슬러올라가면 그 기점에 실종을 꿈꾸며 집을 나서던 1926년 12월 3일 저녁의 한순간이 놓여 있다. 《미완의 초상》은 자서전의 형식 속에는 담길 수 없었던 바로 그 순간에 대한 이야기라고 할 수 있다.
16 소설에는 데이지 암스트롱이라는 소녀의 유괴 사건으로 나온다. 이 모티프와 애거사 크리스티 소설에 등장하는 사적 복수의 문제에 대한 논의는 노정태, 「분노, 쾌락, 그리고 지연된 정의—애거사 크리스티 작품 속 사적 복수에 관하여」(《미스테리아》 32, 84~93쪽) 참조.
17 시모스키 아오이, 《애거사 크리스티 완전 공략》, 김은모 옮김, 한겨레출판, 2017, 44쪽.
18 《애거서 크리스티 자서전》, 653쪽.
19 애거사 크리스티, 《봄에 나는 없었다》, 공경희 옮김, 포레, 2014, 199쪽.
20 애거사 크리스티는 소설의 제목을 "셰익스피어의 어느 소네트 첫 머리에 나온 '나 그대에게 떠나 있었던 것은 봄이었소(From you have I been absent in the spring)'에서 따온 것"(《애거서 크리스티 자서전》, 744쪽)이라고 밝히고 있다.
21 〈쥐덫〉은 2021년 5월 17일 공연이 재개되었고, 〈나일강의 죽음〉의 경우 한국과 프랑스에서는 2022년 2월 9일에, 영국과 미국에서는 이틀 뒤인 11일에 개봉되었다.

기이한 인물 속
평범한 인간의 모습

슈테판 츠바이크

체스 이야기 · 낯선 여인의 편지

 1942년 2월, 슈테판 츠바이크가 그의 두 번째 아내와 함께 베로날을 삼키고 60년 동안 살았던 세상을 떠나기 전 그에게는 몇 가지 쓰고 있는 글들이 있었다. 글 쓰는 일이 곧 휴식이라고 생각했던 그는 항상 쓰고 있거나 아니면 쓰기 위해 읽고 있었다. 전기, 소설, 희곡 등 여러 방면의 글을 썼던 그는 동시에 몇 가지 책의 원고에 몰두해 있기를 좋아했다. 오스트리아 유대인으로 태어나 세계적인 문명을 얻었지만 나치의 위협을 피해 이방을 떠돌다 그 전해 브라질에 온 그는 이전부터 계획했던 회고록 《어제의 세계》를 써서 몇 달 전 출판사에 넘겼다. 그가 요즘 빠져 있는 몽테뉴에 관한 산문은 아직도 손볼 일이 좀 남았다. 거의 다 되어가는 장편은 잠시 놓아둔 상태였다(결국 유고로 남은 《변신의 도취》는 그가 세상을 떠나고 40년 뒤에 출간된다). 필생의 작업이라 생각하는 발자크 평전은 영국에 두고 온 자료가 도착하지 않아 아직 미완성. 체스를 모티프로 쓴 중편은 그 며칠 전 뉴욕으로 부쳤다. 이렇게 해서 〈체스 이야기〉는 슈테판 츠바이크가 완성한 마지막 작품이 되었다.[1]

〈체스 이야기〉의 배경은 뉴욕에서 부에노스아이레스로 가는 여객선이다. 서술자는 뱃사공의 아들로 태어나 체스 세계 챔피언에 오른 "비인간적인 체스 기계"[2] 마르코 첸토비치를 만나게 되고 배 안의 체스꾼들을 모아 그와의 한 판 대국을 꾸민다. 형편없이 패배하기 직전 미지의 조력자가 나타나 게임을 무승부로 만드는 믿을 수 없는 사건이 일어난다. '나'는 동향이라는 이유로 그(B박사)를 만나 사연을 듣게 된다. 나치에 의해 〈올드 보이〉의 한 장면을 떠올리게 하는 호텔 독방에 갇혀 4개월 동안 신문을 받던 그가 우연히 체스 교습서를 손에 넣고 블라인드 체스의 달인이 되기까지의 과정이 긴장 넘치는 속도로 서술된다. 스스로 흑과 백으로 분열되어 홀로 게임을 벌이는 경지까지 이르지만 그 대가로 신경과민의 증세를 갖게 된 그는 노련한 첸토비치와의 이어진 대국에서 결국 '초조한 마음'을 견디지 못하고 자멸한다. 번역자의 해설은 "B박사가 경험한 게슈타포들의 고문방식과 첸토비치의 심리전술을 연결시키면서 이 작품을 시대사적 맥락에서 해석할 수 있는 가능성"[3]을 제시한다.

〈체스 이야기〉의 원제는 'Schachnovelle'로 그 이야기가 '노벨레'라는 것을 제목에 드러내고 있다. "현실적으로 일어날 수 있는 새롭고 신기한 사건을 간결하고 밀도 있게 형상화한 산문 이야기"[4]로 정의되는 '노벨레'는 단편소설과의 경계가 점점 희미해지는 추세에 있기는 하나, 그럼에도 고유한 특성을 가지고 있다고 말해진다. 색다른 서사 상황, 밀도 있는 서술, 간결한 서술 스타일, 단순한 갈등, 결말로 직진하는 구성, 서술자 개입의 제한, 주된 동기(라이트모티프)의 활용 등으로 정리되는 속성으로 인해 대체로 노벨레는 장편만큼 길지 않은 편이다.[5] 함께 실린 〈낯선 여인의 편지〉를 합해도 단행본으로는 무척 가벼우며(부록까지 163페이지이다), 그 이야기들이 우리에게 익숙한 소설에 비해 다소 낯선 인상을 주는 이유를 이런 장르적 특성에서 찾아볼 수도 있다.

작가가 사십대 초반에 쓴 〈낯선 여인의 편지〉(1922) 또한 액자 형식의 노벨레이다. 사십대 초반의 유명 소설가 R에게 스무 장이 넘는, 원고에 가까운 편지가 온다. 낯설고 불안한 여인의 필체로 성급히 써내려간 편지에는 그녀가 열세 살부터 그를 연모하였고 그는 기억도 하지 못할 어느 날 관계를 맺어 생긴 아이를 낳아 키워왔다는 사연이 적혀 있다. 그런데 "저의 소중한 사랑과 당신의 가볍고 방종적이며 무의식적인 애욕 사이에서 태어난"[6] 그 아이가 시방 병으로 죽고 난 뒤 그녀는 세상을 버릴 마음을 품고 마지막 순간 그에게 편지를 보낸 것이다. 떨리는 손으로 편지를 내려놓은 그는 다른 세계로부터 자신의 공간으로 차가운 기류가 밀려오는 것을 느끼고 그 어떤 죽음의 감촉에서 불멸의 사랑을 느낀다.

오늘날의 시대감각과는 거리가 멀어 보이지만 〈낯선 여인의 편지〉는 슈테판 츠바이크의 문학적 성공의 계기가 된 작품이었다. 《어제의 세계》에서 그는 이 이야기가 "보통 같으면 장편소설에만 허락될 정도의 인기를 얻었다"[7]고 적었다.[8] 이렇게 시작된 그의 성공은 "어느 날 나는 제네바의 국제연맹의 '지적 협력 위원회'의 통계에서 내가 현재 세계에서 가장 많이 번역되어 있는 저자라는 기사를 읽은 적이 있다"[9]는 상황까지 이른다. 그는 "6000만 부가 팔린 작가"이자 "러시아어, 중국어, 산스크리트어를 포함해 30여 개 언어로 번역된 작가"[10]였다. 그는 "이따금 나는 의식적으로 성공을 피하려고 했다. 그러나 성공은 놀랍게도 급속도로 나를 쫓아왔다"[11]고도 했다.[12]

슈테판 츠바이크는 자서전 《어제의 세계》를 구상하면서 원래 '세 개의 삶(Drei Leben)'이라는 제목을 생각했었다고 한다.[13] 그가 방직공장 주인의 둘째아들로 태어나 1차 세계대전에 이르기까지의 첫 번째 삶이 부유한 부르주아 계급의 안정된 세계였다면, 첫 결혼 이후 잘츠부르크에 정착하여 세계에서 가장 널리 읽히는 작가가 되기까지의 시기가 그의 두 번째 삶의 국면에 해당된다. 그런데 나치의 침공에 의해 조국이 사라지고 그의 작품 또한 태워져 망명의 길을 떠돌게 되는 1930년대 중반 이후, 어두운 그의 세 번째 삶이 시작된다.[14] 영국과 미국을 거쳐 브라질까지 이른 그 길은 결국 이 글의 서두에서 언급한 운명으로 종료된다.

슈테판 츠바이크가 이런 운명으로 삶을 마치게 된 데

는 물론 시대적 상황이 크게 작용했을 것이다. 그렇지만 그런 선택이 외적인 원인에 의해서만 이루어질 리는 없다. 한 연구자는 "츠바이크는 물질적 궁핍을 느낀 적도 없었고, 앞으로도 그럴 가능성이 없었으며, 남들이 모두 부러워하는 성공을 거두었지만, 행복해지는 데 실패했다는 사실은 정말 놀라운 일이다"[15]라고 했다. 또 한 연구자는 그가 아내와 동반자살을 실행한 날 아침 쓴 유서를 두고 "그가 쓴 다른 글처럼 매우 매끄럽고 잘 정돈되어 어딘가 모르게 가공된 느낌(실제로 유서보다는 오스카상 수상 연설에 더 가깝다)을 주기 때문에 읽으면 도중에 살짝 지루하다고 느끼게 되며 그의 진심이 거기에 없다는 걸 알아차리게 된다"[16]고 하기도 했다.

이 지점에서 그가 전기를 쓰기도 했던 하인리히 폰 클라이스트(1777~1811)의 죽음을 떠올려볼 수 있다.[17] 파괴적 열정으로 방랑의 삶을 살았던 그는 서른넷에 불치병을 앓고 있던 여성(헨리에테 포겔)과 동반자살을 감행했다. 권총으로 파트너의 심장을 쏜 후 자신의 입속에 한 발을 더 쏘았다. 그가 쓴 《나의 내면의 역사》는 행방불명되었고, 친척이자 마음의 연인이었던 마리 폰 클라이스트와 누나 울리케에게 보낸 짧은 편지만 남았다. 츠바이크는 "스스로의 의사에 의한 때 이른 죽음은 그의 작품 《홈부르크》와 마찬가지로 그의 걸작인 것"[18]이라고 썼다.

이에 비하면 슈테판 츠바이크의 동반자살은 갑작스럽기는 하지만 흥분의 강도가 훨씬 약하다. 그는 자서전을 써두었고 삶의 마지막 날 아침 유서와 함께 첫 아내에게 보내는 편지도 썼으며,[19] 가정부의 월급까지 챙겼다. 그렇지만 그보다 한참 뒤에 아내와 함께 약물을 주사하여 삶을 마친 앙드레 고르(Andre Gorz, 1923~2007)에 비하면 상대적으로 거칠고 성급해 보이기도 한다.

츠바이크와 마찬가지로 오스트리아 빈의 유대인 가정에서 태어난 앙드레 고르(Gerhart Hirsch가 그의 본명이었다)는 나치를 피해 떠난 스위스 로잔에서 영국 여성 도린을 만나다. 앙드레 고르가 프랑스에서 기자로, 그리고 사회 운동가와 이론가(그는 '기본소득'이라는 개념을 정립한 인물이기도 하다)로 성장하는 동안 옆에는 그의 아내가 동지로 함께 있었다. 그러던 중 도린이 거미막염으로 회복 불가능한 상태가 되자 그는 20년간 일했던 신문사를 그만두고 시골로 이주하여 아내를 돌보며 남은 생을 살았다. 《D에게 보내는 편지》는 아내에게 보내는 연서의 형식으로 자신의 삶을 정리한 앙드레 고르의 일종의 유서이다. 거기에서 그는 "우리가 처음 만났을 때처럼 나는 내 앞에 있는 당신에게 온 주의를 기울입니다. 그리고 그걸 당신이 느끼게 해주고 싶습니다. 당신은 내게 당신의 삶 전부와 당신의 전부를 주었습니다. 우리에게 남은 시간 동안 나도 당신에게 내 전부를 줄 수 있으면 좋겠습니다"[20]라고 적었다. "우리는 둘 다, 한 사람이 죽고 나서 혼자 남아 살아가는 일이 없기를 바랍니다"[21]라고도 했다.

슈테판 츠바이크가 생각한 '어제의 세계' 저편에 클라

이스트가 있다면, 그가 절망한 시대의 고비를 넘어 앙드레 고르가 있다고 하겠다. 삶의 마지막 순간을 선택하는 유사하지만 또 다르기도 한 세 가지 방식에서 시대의 차이를 뚜렷하게 감지할 수 있다. 어떻게 보면 누구나 어제와 내일 사이에서 오늘의 삶을 살아가고 있다. 지나간 시간은 아련하고 앞으로 올 시간은 아득하며 지금의 시간은 아찔하다. 슈테판 츠바이크는 프랑스 혁명의 단두대에서 처형된 루이 16세의 왕비 마리 앙투아네트의 초상을 글로써 그려내며 '평범한 여인의 초상'이라는 부제를 붙였다. 그런 시각으로 보면 〈체스 이야기〉에서 B박사의 분열과 〈낯선 여인의 편지〉에서 소설가 R의 양면성은 슈테판 츠바이크의 투영이면서 동시에 우리들 평범한 인간의 모습이기도 할 것이다.

(2022. 03)

주

1 슈테판 츠바이크의 마지막 순간은 자서전 《어제의 세계》의 영문판(*The World of Yesterday*, University of Nebraska, 1943)에 실린 'Publisher's Postscript'와 장편 《크리스티네, 변신에 도취하다》(남기철 옮김, 이숲에올빼미, 2011)의 '옮긴이 글', 《츠바이크의 발자크 평전》(안인희 옮김, 푸른숲, 1998)의 '프리덴탈의 후기', 로랑 세크직의 《슈테판 츠바이크의 마지막 나날》(이세진 옮김, 현대문학, 2011) 등을 토대로 재구성한 것이다.
2 슈테판 츠바이크, 《체스 이야기·낯선 여인의 편지》, 김연수 옮김, 문학동네, 2010, 29쪽.
3 「역사와 인간 심리에 대한 통찰력과 상상력」, 《체스 이야기·낯선 여인의 편지》, 156쪽
4 김병옥 외 엮음, 《도이치문학 용어사전》, 서울대학교출판부, 2001, 307쪽. 이 사전은 노벨레 양식을 유럽의 낭만주의 및 사실주의 사조와 영향 관계에 의해 발전된 양식으로 보면서도 "베르겐그루엔, 베르펠, 츠바이크 등의 작가들에서 보이는 복고적 의미에서든, 또는 토마스 만, 되블린, 카프카, 무질, 아나 제거스, 그라스, 발저 등의 작가들에서처럼 완전히 독자적인 표현형식으로든 간에 단편소설(노벨레-인용자)을 전대적 서술방법으로 부활시키고 계속 발전시켜왔다"(310쪽)고 설명하여 그 고유성을 제한적으로 인정하는 입장을 취한다. 이 사전의 출처로 제시된 *Metzler Literatur Lexikon: Begriffe und Definitionen*(Günther Schweikle, Irmgard Schweikle eds., J.B. Metzler, 1990)의 'Novelle' 항목 또한 novel이나 short story와의 구분에 적극적이지 않은 편이며, 이후 판본인 *Metzler Lexikon Literatur: Begriffe und Definitionen*(Dieter Burdorf, Christoph Fasbender, Burkhard Moennighoff eds., J.B. Metzler, 2007)에서는 이런 경향이 더 진전되어 있다.
5 노벨레의 고유한 속성에 대해서는, Inhaltsangabe.de〉Literaturwissen(문학 지식)〉Literarische Gattungen und Textsorten(문학 장르와 텍스트 타입)〉Novelle 참조. 이 항목의 서술에 의하면 슈테판 츠바이크는 아르투어 슈니츨러, 토마스 만과 함께 20세기 전반을 대표하는 노벨레 작가의 한 사람으로 18세기의 괴테와 클라이스트, 낭만주의 시대의 아이헨도르프와 호프만, 19세기의 스톰, 켈러, 하우프트만의 계보를 잇고 있다.
6 《체스 이야기·낯선 여인의 편지》, 124쪽
7 슈테판 츠바이크, 《어제의 세계》, 곽복록 옮김, 지식공작소, 1995, 390쪽.

8   막스 오퓔스(Max Ophüls)의 연출로 영화화된 〈Letter from an Unknown Woman〉(1948)은 영화사에 기록될 만큼 중요한 작품으로 인정받고 있고, 한국에서도 〈모르는 여인의 편지〉(김응천 연출, 1969)와 〈Y의 체험〉(이장호 연출, 1987)으로 각색된 바 있다.(안시환, 「불가능한 사랑의 치명적 매력-〈미지의 여인에게서 온 편지〉」, 홍성남 외, 《막스 오퓔스》, 한나래, 2006. 이윤종, 「어느 할리우드 키드의 분열적 오마주-이장호의 〈Y의 체험〉으로 보는 1980년대 한국에서 할리우드의 의미」, 《대중서사연구》 22(1), 2016 참조) 2000년대 들어서도 중국(2004)과 몽골(2011)에서 각각 Xu Jinglei와 Naranbaatar 연출로 제작되었다.

한편 〈체스 이야기〉 역시 1960년 Gerd Oswald 연출로 영화화된 바 있고, 최근(2021년 9월)에도 Philipp Stözl 연출의 동명의 영화가 개봉되었다. 슈테판 츠바이크의 작품에서 영감을 받았다고 밝힌 웨스 앤더스 감독의 〈그랜드 부다페스트 호텔〉(2014)까지 생각하면 대중문화 영역에서의 여전한 슈테판 츠바이크의 인기를 실감할 수 있다.

9   《어제의 세계》, 394쪽. 그 당시 저널에서도 이 사실을 확인할 수 있다. "최근 국제연맹이 현대문학에 관해 실시한 조사에서 츠바이크의 인기가 드러났다. 그는 오늘날 계단의 정상에 서 있다. 그는 가장 널리 번역되고 가장 널리 읽힌 생존 작가이다."(Thomas Quinn Curtiss, "Stefan Zweig", *Books Abroad*, Vol. 13, No. 4, Autumn, 1939, p. 427)

10   로랑 세크직, 《슈테판 츠바이크의 마지막 나날》, 26쪽.

11   《어제의 세계》, 391쪽.

12   비교적 최근 출간된 슈테판 츠바이크의 전기인 George Prochnik의 《The Impossible Exile》(Other Press, 2014)에 의하면 유럽에서 슈테판 츠바이크의 작업은 여전히 새로운 판본으로 풍부하게 제공된다고 한다. 저자는 "프랑스에서 그의 소설은 정기적으로 재발행되며 거의 예외 없이 베스트셀러 목록에 다시 올라간다. 츠바이크의 책은 상점 창고 공항 수화물 컨베이어를 채우고 있다. 그는 이탈리아와 스페인에서 인기가 있으며 독일과 오스트리아에도 그의 팬이 있다"("Introduction")고 전한다. 그런데 영어권, 특히 미국에서 한동안 슈테판 츠바이크가 거의 사라졌고 그 자신 또한 문학을 공부하면서 츠바이크의 작품을 본 적이 없었다고 한다. "1940년대 초까지 북미에서도 그가 얼마나 널리 읽혔는지 이해하기 시작하면서 그의 실종에 대한 전체적인 내용은 나를 당혹스럽고 흥미롭게 만들었다"(같은 곳)고 하면서 그 또한 오스트리아 유대인 이민자 가정에서 자란 저자가 슈테판 츠바이크 연구를 시작하게 된 동기를 밝히고 있다. 우리 역시 이런 영향 속에 있었던 것이 아닐까 짐작된다.

13   Oliver Matuschek, "Introduction: Three Lives in Retrospect", *Three Lives: A Biography of Stefan Zweig*, translated by Allan Blunden,

Pushkin Press, 2011. 하지만 슈테판 츠바이크는 자서전을 써가면서 자신의 기록이 개인적 삶의 이야기라기보다 시대의 파노라마를 그려 보이는 작업이라는 사실을 인식하고 제목을 '어제의 세계(Die Welt von Gestern)'로 변경하게 된다. 그런 이유로 그의 자서전에는 두 아내를 비롯한 사생활은 거의 언급되지 않는다.
14　이 무렵 슈테판 츠바이크는 첫 부인 프리데리케와 이혼하고 그의 비서였던 로테 알트만과 두 번째 결혼을 한다.
15　이사벨 오쎄, 「슈테판 츠바이크의 생애와 작품」, 《이별여행》, 배정희·남기철 옮김, 이숲에올빼미, 2011, 178쪽.
16　Michael Hofmann, "Vermicular Dither", *LRB*, Vol. 32 No. 2, 28 January 2010.
17　로랑 세크직의 《슈테판 츠바이크의 마지막 나날》에도 슈테판 츠바이크의 선택이 클라이스트에 이끌린 것이었을 가능성이 암시되어 있다.
18　슈테판 츠바이크, 「클라이스트」, 《천재와 광기》, 이기식 옮김, 책세상, 1993, 340쪽. 하인리히 폰 클라이스트의 죽음과 관련된 사실 또한 이 글을 참조한 것이다.
19　앞서 인용한 Oliver Matuschek의 전기는 슈테판 츠바이크가 첫 아내에게 영어로 쓴 이 편지로 끝맺고 있다.
20　앙드레 고르, 《D에게 보내는 편지》, 임희근 옮김, 학고재, 2007, 89쪽.
21　같은 책, 90쪽.

'남자 없는 여자들'의 시선으로 본 헤밍웨이

어니스트 헤밍웨이

노인과 바다

어니스트 헤밍웨이(1899~1961)가 생전에 마지막으로 출간한 소설 《노인과 바다》(1952)는 그가 1954년 노벨문학상 수상자로 선정되는 데 결정적인 역할을 했다.[1] 《누구를 위하여 종은 울리나》(1940) 이후 10년 만에 발표한 《강을 건너 숲속으로》(1950)가 평단으로부터 처참한 평가를 받은 직후의 일이었다. 그는 시상식에 참석하지 못했는데, 네 번째 부인과 떠난 아프리카 수렵 여행 중 비행기 추락 사고로 입은 부상 때문이었고, 사고 당시 헤밍웨이 부부의 사망 기사가 나기도 했었다. 이런 에피소드에서 보듯 그의 소설도 소설이지만 그 이전에 그의 삶 자체가 파란만장이라는 말에 더할 나위 없이 어울리는 것이었다. 헤밍웨이의 행적을 톺고 그 기록을 책으로 냈던 한 소설가는 "어떻게 그는 그 많은 글을 쓰고, 그 많은 책을 읽고, 그 많은 사고를 당하고, 그 많은 병을 앓고, 그 많은 여행과 이사를 다니고, 그 많은 연애를 하고, 그 많은 전장을 쫓아다닐 수 있었을까"라고 물음을 던지면서 "헤밍웨이의 이러한 삶의 기록들을 볼 때 노벨상 수상은 그다지 인상적이지 않을 정도다"[2]라고 적은 바 있다.

 이런 남다른 스케일의 삶을 살았던 헤밍웨이는 삶을 시작한 지 60년을 겨우 넘기고 쫓기듯 스스로 목숨을 끊었다. 왜 그랬던 것일까? 1948년《Cosmopolitan》잡지의 인터뷰를 위해 아바나에서 헤밍웨이를 처음 만나 그가 사망할 때까지 14년간 가까운 친구로 지냈던 A. E. Hotchner 또한 회고록에서 같은 질문을 한 바 있다.

> 많은 비평가들이 세기의 가장 위대한 작가라고 부르는 작가이자 천재적 재능만큼이나 삶과 모험에 대한 열정을 가졌던 남자, 노벨상과 퓰리처상의 수상자이면서 아이다호 소투스산의 집(거기에서 그는 겨울에 사냥을 할 수 있었다), 뉴욕의 아파트, 걸프만에서 낚시할 수 있는 요트, 파리 리츠와 베니스 그리티의 아파트 등을 가졌고 견고한 결혼 생활을 유지하며 심각한 신체적 질병도 없고 어디에나 좋은 친구들이 있는 용병 같은 모험가로, 다른 사람들의 부러움의 대상이었던 그 남자가 1961년 7월 2일 그의 머리에 총을 겨누어 스스로 목숨을 끊었다.
> 이런 일이 어떻게 일어났는가? 왜?[3]

결혼 생활이 견고하다거나 심각한 신체적 질병이 없었

다는 것은 사실과 다소 거리가 있지만, 어쨌든 작가로서의 명성이나 경제적인 부의 측면에서 당시의 헤밍웨이는 남들이 부러워할 만한 성취를 이뤘던 것이 사실이다. 그런 그가 엽총으로 자신의 머리를 날려버리는 일이 일어났던 것인데, 그 이유에 대한 A. E. Hotchner의 대답은 "나는 그의 삶, 그러니까 이 복잡하고, 독특하고, 유머러스하며, 강렬하고, 놀기 좋아하는 사람, 즉 어니스트 헤밍웨이의 모험, 대화, 꿈과 환상, 성공과 실패를 알지만 왜 그가 그랬는지는 당신에게 이야기해줄 수 없다. 누구도 그럴 수 없다"[4]는 것이었다.

아마도 그럴 것이다. 멀리서 바라보면 대상과 관련된 한두 가지 연관성을 매개로 논리적인 설명이 가능할지도 모르지만,[5] 오히려 가까이 다가갈수록 그 여러 원인들은 서로 뒤엉켜 그들 사이의 관계를 정리하는 것조차 불가능해진다. 그렇기 때문에 결정적인 선택이라는 것은 논리적인 추론의 과정을 통해 도출되는 것이라기보다 어떤 극단적인 압력 속에서 실존적인 기투의 형태로 이루어지는 법이다. 헤밍웨이의 선택 또한 그런 혼란스러운 의식의 도가니 속에서 격발된 것이었을 터이다.

헤밍웨이의 다른 소설과 달리 자전적 성격이 옅은, 인물이라고는 노인(산티아고)과 소년(마놀린) 정도만이 등장하는 《노인과 바다》는 오히려 그런 특징으로 인해 그 시기 헤밍웨이의 의식 한 편을 채색하고 있던 내면의 풍경을 우회적으로, 그렇지만 복잡한 과정 없이 투명하게 보여주는 텍스트라고 할 수 있다. 그런 맥락에서 바라보면 84일째 고기를 잡지 못하고 있는 소설 속의 인물 산티아고 노인에는 그 당시의 글쓰기와 관련된 헤밍웨이의 자기 인식이 알레고리의 방식으로 투영되어 있다고 볼 수도 있다.

한편 헤밍웨이의 현실에서는 늘 아내와 연인이 있었지만,《노인과 바다》에는 여성이 부재한다. 그 내적 의식의 풍경 속에 여성은 등장하지 않지만 그럼에도 다음과 같은 방식으로 여성적인 것은 존재한다.

> 노인은 바다를 늘 '라 마르'라고 생각했는데, 이는 이곳 사람들이 애정을 가지고 바다를 부를 때 사용하는 스페인 말이었다. 물론 바다를 사랑하는 사람들도 바다를 나쁘게 말할 때가 있지만, 그럴 때조차 바다를 언제나 여자인 것처럼 불렀다. 젊은 어부들 가운데 몇몇, 낚싯줄에 찌 대신 부표를 사용하고 상어 간을 팔아 번 큰돈으로 모터보트를 사들인 부류들은 바다를 '엘 마르'라고 남성형으로 부르기도 했다. 그들은 바다를 두고 경쟁자, 일터, 심지어 적대자인 것처럼 불렀다. 그러나 노인은 늘 바다를 여성으로 생각했으며, 큰 은혜를 베풀어주기도 하고 빼앗기도 하는 무엇이라고 말했다.[6]

《노인과 바다》에서는 현실 속의 구체적인 남녀 관계는 사라지는 대신 위에서처럼 그것이 다만 상징 혹은 이미지의 방식으로 추상화되어 있다. 이렇듯 추상화된 존재로서의 여성은 적대적이지 않으며, 심지어 적대적인 경우에도 이해하고 공존할 수 있는 대상이다. 그런데 어쩌면 현실 속의 모습과 반드시 일치하지 않는 이 허구의 세계야말로 외면으로 드러나지 않는 주체의 내적 상태를 더 잘 보여줄 수 있는 역설적인 매개라고 할 수 있지 않을까. 그것은 객관적인 자신의 모습과는 거리가 있을지라도 스스로가 자신이라고 믿고 싶어 하는 존재의 이면을 드러내고 있다.

이런 점에서 《노인과 바다》는 《태양은 다시 뜬다》(1926), 《무기여 잘 있거라》(1929), 《누구를 위하여 종은 울리나》와 같은 사실주의적 성향의 이전의 헤밍웨이의 다른 소설들과 스타일이 다를 뿐만 아니라, 남성 주인공의 성격에서도 결정적인 차이를 보인다. 여성 인물과의 관계에서 발생하는 성적 긴장이 부재하는 상황에서 《노인과 바다》의 남성 주인공은 자신과의 고독한 대결을 펼치게 되는데, 이 대결의 성격을 잘 보여주는 대목이 바로 "인간은 파멸당할 수는 있을지 몰라도 패배할 수는 없어"[7]라는 산티아고 노인의 독백일 것이다.

헤밍웨이는 마지막으로 했던 인터뷰에서 《노인과 바다》에 대해 "한 여자를 위해 썼습니다. 그 여자는 내 안에 그런 게 남아 있다고 생각하지 않았죠. 그 여자한테 보여줬다고 생각해요. 그러길 바라고. 내 모든 책들 뒤에는 여자가 있었어요."[8]라고 이야기한 바 있었는데, 적어도 그의 의도 속에는 특정 여성과의 대결 의식이 분명하게 자리 잡고 있었다는 사실을 확인할 수 있다. 그렇지만 그와 같은 의도는

《노인과 바다》에서는 사실적인 방식으로 드러나지 않았고 그렇기 때문에 오히려 독서의 차원에서는 보편적인 맥락에서 받아들여질 수 있었던 것이 아닌가 생각해볼 수 있다. 소설 속의 산티아고 노인에 대해 "꿋꿋한 인내와 용기로 고난과 역경에 맞서는 한 고독한 사내의 영웅적 인간상을 보여준다"[9]고 이해하거나 "결과보다는 과정, 목표보다는 수단과 방법에 무게를 싣는 인물"로, 그러니까 "패배를 좀처럼 인정하지 않고 자신의 목표를 향해 나아가는 백절불굴의 정신"[10]의 화신으로 설명하는 해석에서 《노인과 바다》의 남성성은 여성과의 갈등 없이 그대로 보편성을 획득하고 있다.

어떤 의미에서는 이전의 헤밍웨이의 소설들과 구분되는 《노인과 바다》의 이런 특징이 쇠퇴해가던 작가의 작품 세계에 우연하고도 예외적인 활력을 부여했던 것은 아닐까 생각되기도 한다. 다음에 인용하는 글 또한 그런 관점에 근거하고 있는 듯 보인다.

> 1940년대, 그는 새벽 4시 30분에 일어나 "즉시 술을 마시기 시작하면서 선 채로 글을 썼다. 한 손에는 연필이, 다른 손에는 술이 있었다." 누구나 예상할 수 있듯이, 그 결과로 나온 작품은 비참했다. 숙련된 편집자는 알코올의 도움을 받아 창작된 작품을 언제나 알아볼 수 있다. 상대가 아무리 재능 있는 작가라고 해도 말이다. 헤밍웨이는 출판할 수 없는 작품들, 또는 스스로 설정한 최소기준에 미달된다고 느끼는 작품들을 다량 써내기 시작했다. 그럼에도 불구하고

일부 작품은 출판이 됐고, B급이라는 평가를, 심지어는 초기작의 패러디라는 평가를 받았다. 한두 가지 예외는 있었다. 대표적인 경우가 《노인과 바다》였다. 그 작품 안에도 자기 패러디적인 요소가 있기는 했지만 말이다. 아무튼 일반적인 수준은 저하됐고, 곤두박질쳤다. 재능을 발전시키기는커녕 그 재능을 다시 포착할 수도 없다는 깨달음은 우울증과 술로 이뤄진 악순환을 가속시켰다. 헤밍웨이는 그 자신의 예술에 의해 살해당한 사람이다. 그리고 그의 삶에는 모든 지식인들이 반드시 배워야 할 교훈이 담겨 있다. 예술만으로는 충분치 않다는 교훈이.[11]

헤밍웨이를 바라보는 이 저자(폴 존슨)의 비판적 관점은 전반적으로 가혹하다 싶을 정도로 신랄하기 짝이 없는데, 그런 비참한 몰락 가운데에 《노인과 바다》가 예외적으로 부각되어 있다. 그렇지만 이 경우에도 '자기 패러디적 요소(an element of self-parody)'가 있다는 단서가 붙은 제한적인 의미가 부여되고 있다. 여기에서 《노인과 바다》의 자기패러디적 대상이 되는 전작은 그의 두 번째 소설집(《Men without Women》, 1927)의 제목이기도 한 '여자 없는 남자들'의 세계가 아닐까 짐작된다.

봤지, 이 개새끼들아! 마누엘은 뭔가 말하려고 했지만, 기침이 나기 시작했다. 그것은 뜨거웠고 숨이 막혔다. 그는 아래를 보며 물레타를 찾았다. 그는 대회장 쪽으로 가서 인사를 해야 했다. 제길, 대회장 따위 알 게 뭐야! 그는 쓰러지듯 앉아 뭔가를 봤다. 그가 보는 건 황소였다. 놈은 네 발을 공중으로 들어올린 채 두꺼운 혀를 빼물고 있었다. 뭔가가 황소의 배와 다리 밑에서 흘러내리고 있었다. 털이 듬성한 곳에 흘러내렸다. 황소는 죽었다. 빌어먹을 놈의 황소! 저 개새끼들도 다 지옥에나 가라! 그는 일어서면서 기침을 하기 시작했다. 그는 다시 주저앉아 콜록거렸다. 누군가가 다가와 그를 일으켜 세웠다.[12]

위의 인용을 읽어보면 〈패배를 거부하는 남자〉에서의 한때 잘나갔지만 지금은 겨우 명색만 남은 투우사 마누엘의 자리에 《노인과 바다》의 어부 산티아고 노인이 놓여 있다는 것을, 그리고 전자의 황소가 후자에서는 청새치로 치환되어 있다는 것을 느낄 수 있다. 무엇보다 "인간은 파멸당할 수는 있을지 몰라도 패배할 수는 없어(A man can be destroyed but not defeated)"라는 후자의 문장이 전자에서는 제목(The Undefeated)에 드러나 있다.

백민석은 〈늙은 내 아버지〉나 〈패배를 거부하는 남자〉를 비롯한 《여자 없는 남자들》의 남성 인물들을 《노인과 바다》의 산티아고 노인과 같은 범주에 묶고 그 성격에 대해 다음과 같이 분석한 바 있다.

목숨이 위태로운 상황에서, 아니 오히려 목숨을 위태롭게 해서라도 승부욕을 만족시키려는 인물들은, 누구도 패배시

킬 수 없는 불굴의 의지를 가진 인물이면서 사실상 도박중독자나 다름없는 행태를 보인다. 불굴의 의지의 이면은 도박중독인 것이다. 그런 패배를 모르는 승부사이자 도박사로서의 남성들은 헤밍웨이가 실제 삶에서든 소설 속에서든 두드러지게 보여주었던 남성상이었다.[13]

 헤밍웨이 소설 속 남성 인물들에게서 그들이 추구하는 의지만이 아니라 그 이면에 놓인 불안과 긴장, 그리고 그것을 잠재우기 위한 강력한 중독에의 탐닉을 읽어내는 이런 시선이 보다 입체적이라고 할 것이다. 그 점에서 그들은 전형적인 오디세우스의 후예들이다. 이렇게 보면 헤밍웨이의 소설에서 여자는 없는 것이 아니라 남성에 의해 고착된 것이며, 그 과정에서 결국 남성 자신 또한 고착될 수밖에 없다. 이런 관점을 문체에 적용하면 "하드보일드는 여성에게 고착된 역할밖에 주어지지 않은 세계에서 울려나오는 남성의 목소리"[14]라는 해석도 도출될 수 있다.
 헤밍웨이와 그의 작품의 남성성에 대한 이와 같은 비판적 맥락을 배경으로 헤밍웨이와 여성의 관계를 여성의 관점에서 전도시키고 있는 최근의 경향을 살펴볼 수 있다. 이전의 시각에서 헤밍웨이 주변의 여성은 "애그니스는《무기여 잘 있거라》에, 더프 트와이즈던은《해는 또다시 떠오른다》에, 폴린 파이퍼는《아프리카의 푸른 언덕》에, 제인 메이슨은《프랜시스 매코머의 짧고 행복한 생애》에, 마사 겔혼은《누구를 위해 종은 울리나》에, 아드리아나 이반치

크는 《강 건너 숲속으로》에, 해들리 리처드슨은 《이동 축제일》에 정서적인 영감을 주었다"[15]와 같은 서술에서 보듯 그의 작품에 영감을 주는 존재로 설명되어왔다. 그렇지만 당연하게도 그 여성들 또한 각자의 삶의 국면에서 헤밍웨이와 만나고 헤어졌고 서로에게 영향을 주고받았을 것이다. 이런 상호적 관계를 대비되는 두 극으로 단순화하여 남성(예술가)과 여성(뮤즈)으로 구성된 젠더 구도 위에 배치하는 방식 자체가 남성적인 것이라고 할 수 있다.

Paula McLain의 《The Paris Wife》(2011)는 파리 시절의 헤밍웨이를 그의 첫 번째 아내 해들리 리처드슨의 시점으로 다시 쓴다. 헤밍웨이를 중심에 놓고 바라보면 해들리는 그가 폴린 파이퍼와 재혼하면서 떠난 인물일 수도 있을 텐데, 그런 시각에 대한 교정적 관점이 소설 결말의 다음 대목에서 해들리의 목소리를 통해 제시되고 있다.

> 따지고 보면 어니스트는 사랑에 관한 한 나만큼 운이 따라주지 않았다. 폴린과의 사이에 아들을 둘 낳은 뒤 다른 여자한테로 떠났고, 그 뒤 또 다른 여자한테로 떠났으니. 그러니까 모두 합쳐서 아내가 넷이었고, 애인은 아주 많았다. 그의 족적에 관심이 있는 사람들이 보기에 나는 그저 첫 번째 아내, 파리 생활을 함께한 아내에 불과할지 모른다는 생각이 들면 가끔은 가슴이 아프다. 하지만 그것도 길게 늘어선 여자들 중에서 주목받고 싶은 허영심에 불과할지 모른다. 사실은 다른 사람들 생각은 중요하지 않았다. 우리 두

사람이 무엇을 누렸고 그것이 어떤 의미인지 알고 있었으니 그 뒤로 우리에게 수많은 일들이 벌어졌을지 몰라도 전후 파리에서 보낸 이 시간들은 그 무엇과도 비교할 수 없었다. 하루하루가 가슴이 저밀 만큼 순수하고 소박하고 행복했고, 어니스트도 그때가 인간적으로 가장 훌륭했다. 내가 그의 가장 좋았던 시절을 함께했던 셈이다. 우리 둘이 서로 가장 좋았던 시절을 함께했던 셈이다.[16]

헤밍웨이와의 이혼 이후 해들리 리처드슨은 역시 기자이자 작가인 Paul Mowrer를 만나 1971년 그가 사망할 때까지 함께 살았다. 엽총으로 자살하기 전 헤밍웨이는 파리에서 해들리 리처드슨과 함께 지낸 시간을 돌아보는 회고록 《The Moveable Feast》를 쓰고 있었고, 그 책은 헤밍웨이 사후(1964)에 출간된다. 두 사람은 모두 삶의 마지막 장면에서 함께했던 순간을 행복하게 기억하고 있지만 그럼에도 그 시선에는 미묘하게 대비되는 면이 있다.

한편 다섯 차례 그래미상을 수상한 미국의 싱어 송 라이터 Mary Chapin Carpenter의 11번째 앨범 《The Age of Miracles》(2010)에 수록된 〈Mrs. Hemingway〉 역시 헤밍웨이의 첫 번째 아내 해들리가 파리 시절을 회상하는 내용의 가사를 담은 노래인데, 여기에서도 후렴구("And now I can say I was lucky most days/ And throw a rose into the Seine")에서 보듯 지나간 관계에 대한 그녀의 긍정적인 관점과 태도가 바탕에 깔려 있다.

영국 작가 Naomi Wood의 《Mrs. Hemingway》(2014)는 헤밍웨이의 네 명의 부인 해들리, 폴린 파이퍼, 마사 겔혼, 메리 웰쉬의 시점이 병치된 구성의 소설이다. 이들 가운데 특히 세 번째 부인 마사 겔혼은 그 성격과 헤밍웨이와의 관계의 측면에서 다른 세 여성과 차별되며, 그래서 이 맥락에서 더 자주 조명된다. Lauren Elkin의 《Flâneuse: Women Walk the City in Paris, New York, Tokyo, Venice, and London》(2018)가 제시하는 도시를 산책하는 대표적인 여성의 계보도에는 헤밍웨이의 세 번째 부인 마사 겔혼도 있다.

> 겔혼은 생의 마지막 기간에 런던에서 살았다. 그렇게 여러 차례 보금자리를 꾸리려고 애쓴 끝에, 드디어 최종적으로 정착할 만한 곳을 찾았다기보다는 이제야 겨우 충분히 보았다 싶었던 것 같다. 런던은 다른 곳으로 떠나기에 이상적인 곳이기도 하다. 거의 모든 항로가 히스로 공항을 거쳐간다. 겔혼은 1998년, 내가 처음 파리에 가기 한 해 전에 세상을 떴다. 여든아홉 살이었는데 자연사가 아니었다. 앞이 거의 보이지 않고 여러 암이 겹쳐 심각하게 아픈 상태에서 스스로 목숨을 끊었다. 겔혼은 언제 어떻게 '떠날지'를 스스로 결정했다. 죽음도 다음 기착지일 뿐이라는 듯이.[17]

여기에는 헤밍웨이의 세 번째 부인이 아니라 평생 세계의 분쟁 지역을 자신의 집처럼 여겼던 종군기자 마사 겔혼이 있다. 이 경우 헤밍웨이는 로버트 카파를 비롯한 마사 겔혼의 여러 남자들 가운데 한 사람이다. 마사 겔혼은 여든이 넘어서까지 현역 종군기자로 활동하다가 마침내 정착하여 역시 스스로 목숨을 끊었지만 위의 서술을 보면 삶을 마감하는 방식과 태도에서 헤밍웨이의 그것과는 차이가 있다는 것을 느낄 수 있다.

HBO 시리즈 〈Hemingway & Gellhorn〉(2012)은 밀란 쿤데라의 《참을 수 없는 존재의 가벼움》을 원작으로 한 동명의 영화(우리에게는 '프라하의 봄'이라는 제목으로 소개)로 알려진 필립 카우프만 감독 연출의 드라마로, 마사 겔혼의 시점에서 두 사람의 결혼 생활을 회상하는 구조로 되어 있다. 그렇기는 하지만 여기에서 그녀는 글 쓰는 일과 관련하여 헤밍웨이에 대해 열등의식을 가지고 있는 인물로 설정되어 있고, 또 니콜 키드먼이 맡은 마사 겔혼은 극 내에서 빈번하게 성적으로 대상화되고 있기도 하다.

Heather McRobie가 쓴 「Martha without Ernest」(2013)는 제목부터 헤밍웨이의 책 제목 'Men without Women'을 젠더의 관점에서 전도시킨 형식을 취하고 있는데, 그런 관점에서 보면 마사 겔혼을 유명 작가의 아내로서 주로 묘사하고 있는 위의 드라마는 비판의 대상이 되지 않기 어렵다. 서두에서 그 전해에 방영된 〈Hemingway & Gellhorn〉을 비판하면서 시작된 이 기사는 마사 겔혼의 《In A Stricken Field》(1940), 《Liana》(1944), 《Point of No Return》(1948, 원제 'The Wine of Astonishment') 등의 장편소설과 《The Trouble I've Seen》(1936), 《The Honeyed Peace》(1953), 《Two by Two》(1958), 《The Weather in Africa》(1978) 등의 소설집을 하나씩 분석하는 내용으로 전개되는데, 그 분석을 정리하면서 다음과 같은 결론에 이르고 있다.

> 겔혼의 글을 이런 식으로, 그러니까 그녀가 주로 자신의 픽션 중심으로 읽히기를 원했던 대로 그녀의 픽션을 읽고 평론하다 보면, 왜 이 작품들이 지금 잘 읽히지 않는지 이해하기가 어렵다. 헤밍웨이의 작품은 여전히 독자들에게 인기가 있고 몇 작품은 비평적으로도 호평을 받는데 말이다. 단순한 페미니즘적인 결론으로 비약하는 것은 솔깃한 일이긴 하다. 그러면 겔혼은 그 심볼이 되고, 헤밍웨이가 그 이야기를 하는 사람이 될 것이다. 그러나 이 역시 전체적인 그림은 아니다. 겔혼이 그녀 자신을 하나의 심볼(종군기자의 아이콘)로 만드는 데 참여했을 뿐만 아니라 마사 겔혼 저널리즘상의 권위가 입증하듯 그녀의 저널리즘으로 널리 읽히고 알려졌기 때문이기도 하다. 그녀가 지난 세기의 가장 중요한 기자 중 한 명이라고 해서, 그녀가 이야기를 만들어낸다고 생각하고 싶어 하지 않는 것인가? 저널리즘의 객관성은 "넌센스"라고 주장한 것은 겔혼 자신이었는데도 말이다. 이유가 무엇이든, 겔혼의 저널리즘의 힘은 그녀의 소설과 잘 어울리며, 무엇보다 작가로 기억되기를 바라는 그녀의 바람을 충분히 뒷받침하고 있다.[18]

이와 같은 견해는 제목 그대로 헤밍웨이의 그림자 없이, 페미니즘이라는 유행에 편승하지도 않고 마사 겔혼의 삶과 글을 독립적으로 바라보자는 제안을 담고 있다. 그리고 이런 생각의 방향을 따라가다 보면, 좋은 소설은 과연 어떤 것인지 다시 혼란스러워진다. 하지만 그 혼란과 더불어 헤밍웨이의 삶과 문학 또한 새로운 시각으로 조명되리라 기대된다.[19] (2022. 01)

주

1 노벨문학상은 특정 작품에 수여되는 것이 아님에도 헤밍웨이의 경우에는 예외적으로 그 선정 이유에 "가장 최근에는 《노인과 바다》에서 입증된 내러티브 기술에 대한 그의 숙달과 그가 현대 스타일에 미친 영향(for his mastery of the art of narrative, most recently demonstrated in The Old Man and the Sea, and for the influence that he has exerted on contemporary style)"(https://www.nobelprize.org/prizes/literature/1954/hemingway/facts/)과 같이 《노인과 바다》의 기여가 구체적으로 적시되어 있다.
2 백민석, 《헤밍웨이―20세기 최초의 코즈모폴리턴 작가》, arte, 2018, 13쪽.
3 A. E. Hotchner, *Papa Hemingway: A Personal Memoir*, Carroll & Graf, 1999, p. xxv. 이 책은 1966년 Random House에서 출간된 초판의 헤밍웨이 탄생 100주년 기념판으로, 저자의 새로운 서문을 싣고 있다.
4 같은 곳.
5 가령 조이스 캐럴 오츠의 단편 〈Papa at Ketchum〉(1961)(《소녀 수집하는 노인》, 아고라, 2009에는 '아이다호에서 보낸 헤밍웨이의 마지막 나날들'이라는 제목으로 수록)은 전기적 자료에 바탕한 허구적 상상력을 통해 헤밍웨이의 마지막 순간을 그려내고 있다. A. E. Hotchner 또한 위의 책의 새로운 서문에서 만년의 헤밍웨이 부부의 불화 장면들을 기술하면서 그 순간의 맥락을 추가하는가 하면, "내 견해로는, 노벨상 수상이 아프리카에서의 비행기 추락 사고보다 어니스트의 몰락에 더 큰 영향을 미쳤다"(p. xxiii)고 보면서 그의 명성이 오히려 그의 삶에는 부정적으로 작용한 점을 부각하기도 했다.
6 어니스트 헤밍웨이, 《노인과 바다》, 김욱동 옮김, 민음사, 2012. 31쪽.
7 같은 책, 104쪽.
8 「오후의 삶―마지막 인터뷰」, 《헤밍웨이의 말》, 권진아 옮김, 마음산책, 2017, 140쪽. 이 인터뷰는 로버트 에밋 지나(Robert Emmett Ginna)에 의해 1958년 5월 이루어졌고 1962년 5월 《에스콰이어》에 처음 수록되었다.
9 「인간 존엄에 대한 감동적 서사―해설」, 《노인과 바다》, 이인규 옮김, 문학동네, 2012, 141쪽.
10 「작품 해설」, 《노인과 바다》, 민음사, 156쪽.
11 폴 존슨, 《지식인의 두 얼굴》(윤철희 옮김, 을유문화사, 2020)의 6장 「어니스트 헤밍웨이: 위선과 허위의 바다」. 원서에서 이 장의 제목은 'The Deep Waters of Earnest Hemingway'이다.

12 어니스트 헤밍웨이, 〈패배를 거부하는 남자〉, 《여자 없는 남자들》, 이종인 옮김, 문예출판사, 2018, 51쪽.
13 백민석, 앞의 책, 122쪽.
14 같은 책, 124쪽.
15 제프리 마이어스, 《헤밍웨이: 삶과 죽음의 경계에 선 자유인》, 이진준 옮김, 책세상, 2002, 79~80쪽.
16 폴라 매클레인, 《헤밍웨이와 파리의 아내》, 이은선 옮김, 21세기북스, 2012, 492쪽.
17 로런 엘킨, 《도시를 걷는 여자들》, 홍한별 옮김, 반비, 2020, 390~391쪽.
18 Heather McRobie, "Martha without Ernest", *Times Literary Supplement*, 16 January 2013.
19 Ken Burns와 Lynn Novick이 함께 연출하여 PBS에서 방영(2021. 4. 5)된 다큐멘터리 〈Hemingway〉를 이런 맥락에서 살펴볼 수 있다. 헤밍웨이의 일생을 'A Writer(1899-1929)', 'The Avatar(1929-1944)', 'The Blank Page(1944-1961)' 등의 세 에피소드로 나눠 제작한 여섯 시간 가까운 분량의 이 프로그램은 신화 뒤에 감춰진 헤밍웨이의 진실을 담겠다는 의도를 밝힌 바 있다. 헤밍웨이의 손녀 Mariel Hemingway가 내레이터로 등장하며 당시 그녀의 남편이었던 Stephen Chrisman이 연출을 맡았던 A&E's Biography Series의 〈Ernest Hemingway: Wrestling with Life〉(1998, 1시간 39분)와 제작 의도를 비롯한 여러 면에서 비교하여 볼 수 있다. 그때 인터뷰에 등장했던 Jack, Gregory 두 아들, 그리고 A. E. Hotchner, Clara Spiegel, Charles Scribner Jr. 등 친구들은 세상을 떠났고(둘째 아들 Patrick Hemingway만이 남아 이번 인터뷰에 참여했다), 이번 다큐멘터리에서는 그 자리를 (인터뷰 당시는 생존해 있었던 John McCain 상원의원 같은 예외적인 경우도 있지만) Edna O'Brien, Michael Katai, Amanda Vaill, Abraham Verghese, Mario Vargas Llosa, Leonardo Padura 등의 작가, Susan Beegel, Mary Dearborn 같은 연구자, 전기작가 들이 주로 채웠다. 이런 상황의 변화 또한 헤밍웨이를 평가하는 시각에 영향을 미치고 있다고 하겠다.

겨울

인간의 고뇌로 빚은 시대의 초상

이상한 가역반응으로
빚어진 미메시스

찰스 디킨스

위대한 유산

《위대한 유산》의 후반부를 읽어가다가 잠깐 멈추고 지나간 페이지를 다시 들춰보게 만드는 장면이 있었다. 바로 다음 대목이다.

> 모든 게 끝장났고, 모든 게 사라졌다! 너무나 많은 것이 끝장나고 사라져서 내가 대문 밖으로 나왔을 때 햇빛조차 내가 그 집에 들어갔을 때보다 더 어두운 색을 띠고 있는 것처럼 보였다. 얼마 동안 나는 외딴 소로와 샛길로 들어가 사람들 눈을 피했다. 그런 다음 나는 런던까지 내내 걸어가기로 마음먹었다. 왜냐하면 그때쯤 나는 어느 정도 정신을 차려서, 여관에 돌아가 드러믈을 만날 수 없다는 것과, 마차를 타고 가며 사람들과 이야기하게 되는 것을 견딜 수 없으리라는 것, 그리고 나 자신을 지치게 만드는 것만큼 나에게 좋은 일은 없으리라는 것 등을 생각해낼 수 있었기 때문이다.[1]

자신이 상속받기로 된 '막대한 유산'[2]의 시혜자가 처음 예상했던 미스 해비셤이 아니라 탈주범인 매그위치라는 사실을 알게 된 핍은 아침 첫 마차를 타고 런던을 출발하여 새티스 하우스(미스 해비셤과 그녀의 양녀 에스텔러가 살고 있던 곳)를 다시 찾아간다. 미스 해비셤을 만나 그녀가 자신에게 유산을 상속한 장본인이 아니라는 사실을 확인한 핍은 마침 집에 와 있던 에스텔러에게 사랑의 마음을 고백하지만 그녀로부터 포악한 상류층 청년 벤틀리 드러믈과 곧 결혼하게 될 것이라는 차가운 대답을 듣게 된다. 절망에 빠진 채 그곳을 나오는 핍의 모습이 바로 위의 장면 속에 그려져 있다.

자못 심각한 장면인데, 엉뚱하게도 내 눈길을 강하게 끌어당긴 것은 바로 핍이 거기에서부터 런던까지 걸어가는 대목이다. 그 거리가 걸어갈 수 있을 정도로 가까운 거리였나 의아한 마음이 들었기 때문이다. 다시 앞 페이지들을 더듬어보니, 누나 부부와 함께 살고 있던 집으로 찾아온 변호사 재거스로부터 유산을 상속받게 되었다는 사실을 통보받고 핍이 처음 런던으로 떠나던 때 "우리 읍내에서 수도인 런던까지는 약 다섯 시간 가량 걸리는 여행길이었다"[3]고 서술된 부분을 찾을 수 있었다. 그러니까 이 장면에서 핍은 드러믈을 비롯한 사람들과 만나고 싶지 않아서, 그리고 자학적으로 자신을 지치게 만들겠다는 이유로 역마차로 다섯 시간이 걸리는 길을 걸어갔던 셈인데, 그 대목을 읽으면서 나는 이런 생각을 했던 것이다. 걸어가기에는 너무 먼 거리가 아닐까.

그런데 소설 속 인물인 핍이 걸어갔던 이 길을 작가인 찰스 디킨스가 앞서 직접 걸어갔었다는 기록을 확인할 수 있다. 《위대한 유산》을 연재하기 직전에 발표한 산문에서 디킨스는 "최근에는 고단한 하루를 보내고 새벽 2시에 일어나 시골까지 30마일을 걸어가서 아침을 먹었다"[4]라고 적었다. 규칙적으로 한 시간에 4마일의 속도로 걷는다고 스스로 밝히고 있으니 계산대로라면 7시간 반 정도 걸렸을 것이다. 30마일이면 50킬로미터 가까운 거리인데, 디킨스는 왜 이 먼 거리를, 그것도 한밤중에 홀로 걸어갔던 것일까.

디킨스(1812~1870)가 이 소설을 자신이 절대적인 지분을 갖고 발행하던 주간지(《All The Year Round》)에 연재(1860. 12~1861. 8)하던 시기는 그가 곧 나이 쉰을 앞두고 있던 때였다. 이십대 중반에 이미 유명 작가로 입신하여 사십대에 들어서는 거의 세계적인 명성을 갖게 되었지만, 그의 생활은 오히려 갈수록 복잡해졌다. 런던에서 30마일 떨어진 고향에 있는 저택을 구입하고(1856), 거의 딸뻘 되는 십대 후반의 여배우 엘렌 터넌과 스캔들을 일으키는가 하면(1857), 그동안 열 명의 자녀를 두고 20년 넘게 살아온 아내 캐서린과 이혼하는(1858) 등의 일련의 사건은 이런 그의 상황과 맞물려 있는 것이었다.[5] 불면증에 시달리던 디킨스의 밤 산책이 이어지던 것은 이 무렵이었고, 그런 가운데 나중에 핍이 소설 속에서 걸어갈 그 길을 디킨스가 걷게 되는 사건도 일어났을 것이다. 그리고 그 걷기의 과정에서 떠오른 생각들이 《위대한 유산》을 낳는 모태가 되었으리라 짐작해볼 수 있는데, 템즈강을 따라 이어진 이 길이 바로 소설의 주된 무대를 이루고 있기 때문이다.

그런데 흥미로운 것은 이 이야기의 방향이 정작 이야기를 만들어낸 찰스 디킨스의 상황과는 아이러니한 대조를 보이고 있다는 점이다. 소설 속의 다음 장면에서부터 그 갈림길을 따라가보기로 하자.

> 내 작은 방에 들어갔을 때 나는 의자에 앉아, 방을 오랫동안 둘러보았다. 이제 곧 높은 신분이 되어 내가 영원히 떠나가게 될, 보잘것없는 작은 방이었다. 하지만 어린 시절의 기억들이 생생하게 배어 있는 방이기도 했으므로, 바로 그 순간조차 나는 그 방과 앞으로 내가 가게 될 더 좋은 방들 사이에서 혼란스러운 마음의 갈등을 느꼈다. 대장간과 미스 해비셤의 집 사이에서, 그리고 비디와 에스텔러 사이에서 내가 그토록 자주 느끼곤 했던 혼란스러운 갈등과 아주 똑같은 것을 말이다.[6]

어느 날 큰 유산의 상속자가 되어 신사가 되기 위해 런던으로 떠나기 직전의 핍. 그의 양편에는 서로 다른 세계가 놓여 있다. 과거와 미래, 대장간의 도제와 런던의 신사. 그렇지만 너무도 자명해 보이는 이 선택 앞에서 핍은 혼란스러워한다. 그 이전에 이미 그에게는 비슷한 경험이 있었다. 대장간과 미스 해비셤의 저택, 그리고 비디와 에스텔러. 갑작스러운 운명은 이 순간 매형 조와 비디의 초라한 대장간으로부터 핍을 꺼내어 화려한 도시 속으로 옮겨놓지만 그는 자신이 떠나온 이 유년의 기억과 그 속의 순박한 인물들에 대한 향수로부터 언제까지나 벗어나지 못한다. 그는 런던에서 새로운 운명을 살아가게 되지만 소설은 결국 핍을 다시 고향으로 돌아오게 만든다. 유산도, 에스텔러도 그의 몫이 아니었던 것이다. 피터 브룩스는 이와 같은 《위대한 유산》의 플롯을 두고 "모든 회귀들을 보면, 핍의 공식 플롯들은 발전, 상승, 그리고 욕망의 만족에 대해 말하지만 사실은 그의 인생 방향에 진정한 결정 요소가 되는 그리고 여전히 지배하지 못한 과거의 반복 과정에 종속되어 있다"[7]라고 분석했다.

그런데 앞서 언급한 바와 같이 이 시기 디킨스는 소설 속의 핍과 달리 소설의 바깥에서 자신의 욕망을 실현하는 방향으로 삶을 변화시켜나가고 있었다. 열두 살 무렵 빚 때문에 채무자 형무소에 투옥되어 있는 가족의 생계를 위해 하루 열 시간 이상 구두약을 단지에 담고 상표를 붙이는 힘겨운 노동을 경험하기도 했던 그는 이제 어린 시절 그가 꿈꾸었던 저택을 소유하게 되었다. 소설뿐만 아니라 자신의 소설을 낭독하는 순회공연이 큰 인기를 얻으면서 작가로서의 그의 명성은 더 높아가고 있었다. 20년 넘게 함께 살아온 아내와 이혼하고 젊은 연인과의 새로운 관계를 꿈꾸고 있기도 했다.

그런 상황에서 디킨스는 자신이 만든 이야기 속 주인

공을 그와 반대되는 운명 속으로 몰아놓고 있었던 것이다. 어쩌면 현실 속에서 그가 외면했던 삶을 이야기 속에서 살고 있었던 것은 아니었을까. 밤을 새워 걷는 일, 그리고 그러면서 떠올린 생각들로 이야기를 만드는 일을 통해 찰스 디킨스는 현실에서 잃은 것에 대한 심리적 보상을 얻으면서 균형을 찾고 있었던 것은 아닐까. 그렇게 볼 수 있다면, 피터 브룩스가 핍의 존재 상황을 두고 제시했던 "과거는 현재 안에 과거로서 편입될 필요가 있다. 반복으로부터 탈출하기 위해, 그리고 차이, 변화, 발전이 있기 위해 과거는 반복의 유희를 거치며 다스릴 필요가 있다"[8]라는 설명은 오히려 그 인물을 만들어낸 찰스 디킨스에게 더 적절한 것일 수도 있다. 자신의 삶을 이야기하기 위해 이미 올리버 트위스트와 데이비드 카퍼필드의 이야기를 썼던 그에게 그 순간 또 하나의 존재가, 그러니까 현실 속의 그와는 다른 운명을 향해 가는 핍이라는 새로운 인물이 필요했던 것이다.

이런 맥락에서 생각하면 근대 소설이 전개된 어느 시점에서 발생한 귀향이라는 형식은 개인의 욕망의 추구에 대한 근본적인 반성을 내포하고 있다고 볼 수 있다. 그렇다면 '큰 기대'나 '큰 희망' 혹은 '원대한 앞날'이나 '위대한 유산'이라는 제목들은 오히려 그와 같은 좌절에 대한 역설적 표현이라고 해야 할 것이다. 그리고 그렇게 보면 《위대한 유산》의 마지막에서 새티스 하우스를 다시 찾아간 핍이 우연하게도 에스텔러를 만나 새로운 미래를 기약하는 듯 보이는 장면은 불필요한 사족이 아닐까.[9] 아니면 "한때 거만

했던 그 시선에 담긴 슬픈 듯하고 부드러워진 눈빛"과 "한때 무정했던 그 손길에 담긴 다정한 느낌"[10]을 갖게 된 에스텔러마저 핍의 귀향에 동반하고 있는 것으로 봐야 할까.[11]

한편 《위대한 유산》은 원작의 인기를 바탕으로 여러 차례 다른 형식으로 각색된 바 있다. 특히 여러 차례 영화와 드라마로 제작되었는데 이 판본들에서는 대체로 핍과 에스텔러의 로맨스를 부각시키는 방향으로 이야기가 전개된다. 대중들의 욕망 속에서 《위대한 유산》은 매순간 새롭게 다시 쓰이고 있는 셈인데, 특히 알폰소 쿠아론 감독의 연출로 제작된 영화 〈Great Expectations〉(1998)는 원작 속의 1830년대의 켄트와 런던을 1980년대의 플로리다와 뉴욕으로 옮겨놓고 있다는 점에서 파격적인 면모를 보여주고 있다. 이 리뷰의 텍스트로 선택한 민음사 판본의 《위대한 유산》의 표지는 뉴욕에서 다시 만난 핀(소설의 핍에 대응되는 영화 속의 인물로 에단 호크가 역할을 맡았다)과 에스텔러가 어린 시절 'Paradiso Perduto'(이탈리아어로 실낙원을 의미하며 소설의 새티스 하우스에 해당되는 곳)에서의 입맞춤을 재현하는 영화 속 장면을 담고 있기도 하다.

그런가 하면 Kathy Acker의 《Great Expectations》(1982)나 Sue Roe의 《Estella: Her Expectations》(1982)와 같이 젠더의 관점에서 원작을 다시 쓰거나, Peter Carey의 《Jack Maggs》(1997)나 Lloyd Jones의 《Mister Pip》(2006)처럼 《위대한 유산》을 모티프로 하여 탈식민주의의 관점에서 새로운 이야기로 쓴 소설적 사례들도 볼 수 있다.[12] 작가

찰스 디킨스의 내면에서 일어난 '이상한 가역반응'으로 빚어진 미메시스는 바야흐로 다른 시간과 문화 속에서 새로운 현실을 비추는 거울 역할을 하고 있다. (2020. 11)

주

1 찰스 디킨스, 《위대한 유산 2》, 이인규 옮김, 민음사, 2009, 207쪽.
2 원래 제목 'Great Expectations'는 "'막대한 유산' 혹은 '막대한 유산 상속에 대한 기대(감)'이란 뜻"(이재호, 《문화의 오역》, 동인, 2005, 64쪽)이기 때문에 '위대한 유산'이라는 번역은 오역이라는 주장이 꾸준히 제기되어왔다. 그에 대해 원제와의 의미상의 차이를 인정하면서도 "소설의 주인공 핍은 물질적인 유산을 받는 데는 실패하지만 그 대신 도덕적 각성과 인간성의 회복이라는 훌륭한 정신적 '유산'을 얻는다고 말할 수 있는데, 이런 점에서 '위대한 유산'은 작품해석에 바탕을 두고 주체적으로 붙인 문학적 번역제목으로 인정해줄 수 있는 것"(이인규, 「《위대한 유산》인가 《막대한 유산》인가?」, 《안과밖》 31, 2011 하반기, 336쪽)이라는 설명도 있다. 이 제목을 유럽에서는 독일처럼 '큰 기대'(Große Erwartungen)나 프랑스(Les Grandes Espérances), 스페인(Grandes esperanzas), 포르투갈(Grandes Esperanças), 이탈리아(Grandi Speranze)처럼 '큰 희망'을 의미하는 단어로 대체로 직역하는 반면, 일본과 중국의 번역은 각각 '大いなる遺産'(위대한 유산), '远大前程'(원대한 앞날) 등으로 상징적인 의미를 함축하는 방향에서 이루어지는 경향을 보인다. 이런 상황에서 우리의 경우 학계에서는 '막대한 유산'이라는 제목이 선호되지만, 상업적 출판의 경우에는 여전히 '위대한 유산'이라는 선택이 고수되고 있는 듯하다.
3 찰스 디킨스, 《위대한 유산 1》, 이인규 옮김, 민음사, 2009, 297쪽.
4 Charles Dickens, "Shy Neighbourhoods", *The Uncommercial Traveller and Pictures from Italy: The Writings of Charles Dickens Vol. 27*, Houghton, Mifflin & Co., 1894, p. 93.
5 이 부분을 포함하여 찰스 디킨스의 전기적 사실에 대해서는 헤스케드 피어슨, 《찰스 디킨스—런던의 열정》(김일기 옮김, 펜데데로, 2017), Michael Slater, *Charles Dickens: A Life Defined by Writing*(Yale University Press, 2009) 등 참조.
6 《위대한 유산 1》, 269쪽.
7 피터 브룩스, 《플롯 찾아 읽기》, 박혜란 옮김, 강, 2011, 199쪽.
8 같은 책, 210쪽.
9 마지막 연재를 앞둔 디킨스가 피카딜리 광장에서 핍과 에스텔러가 우연히 만나 헤어지는 장면으로 되어 있던 원래의 결말을 동료 소설가 Edward Bulwer-Lytton의 권유에 따라 두 사람이 새티스 하우스에서 재회하면서

새로운 미래가 암시되는 듯한 지금의 결말로 바꿨다는 사실이 그의 전기 작가 John Forster에 의해 밝혀졌고, 그 두 개의 결말을 둘러싸고 오랜 논쟁이 이어지고 있다. 결말을 둘러싼 논쟁에 대해서는 이인규, 「《위대한 유산》의 결말 논쟁 재론」(《영미문학연구》 25, 2013)에 정리되어 있는데, 여기에 핍이 매그위치를 인정하고 수용하면서 이미 윤리적 대단원이 이루어졌다고 보는 피터 브룩스의 논의(앞의 책, 212~215쪽)를 덧붙여둔다. 이 글의 맥락에서 이런 두 개의 결말은 내적 세계의 추구에 충실하고자 하는 태도와 현실적인 상황 사이에서 다시금 분열되어 선택을 강요받고 있는 디킨스의 상태를 재연하고 있는 것처럼 보인다.

10 《위대한 유산 2》, 424쪽.

11 매그위치 역시 핍의 미래를 이끌었던 인물이었으나 유산 상속이 좌절되면서 핍이 몰락한 이후에는 오히려 조, 비디 쪽에 속하게 된다.

12 《Great Expectations》와 《Estella: Her Expectations》에 대해서는 Ankhi Mukherjee의 "Repetition, Rewriting, and Contemporary Returns to Charles Dickens's Great Expectations"(*Contemporary Literature*, Vol. 46, No. 1, Spring, 2005), 《Mister Pip》에 대해서는 차희정의 「원주민 소녀, 백인 소년을 만나다: 성장, 상상력 그리고 폭력의 기억이라는 관점에서 로이드 존스의 《미스터 핍》 읽기」(《미래영어영문학회 학술대회 자료집》, 2013. 6), 《Jack Maggs》에 대해서는 성은애의 「매그위치의 귀환: 《막대한 유산》과 《잭 맥스》」(《안과밖》 16, 2004)와 앞의 Ankhi Mukherjee의 글 참조. Ankhi Mukherjee의 글은 알폰소 쿠아론 감독의 영화도 비교하여 다루고 있는데 세 편의 소설에 대해서는 해체론과 정신분석학에 근거하여 젠더와 탈식민주의 관점에서 적극적인 의미를 부여하고 있는 반면, 영화에 대해서는 "기술을 이용하여 디킨스의 강력한 서사를 MTV 형식에 담아 영화적으로 다시 생각했다는 사실 이상의 동기를 가지고 있지 않는 듯 보인다"(p. 111)고 혹평을 가하고 있다.

삶으로부터 이야기가
탄생하는 특별한 방식

표도르 도스토옙스키

죄와 벌

2021년은 표도르 도스토옙스키(1821~1881) 탄생 200주년이 되는 해이니 《죄와 벌》이 잡지에 발표되던 1866년이면 그가 사십대 중반을 이미 넘어섰을 때다. 그때까지 도스토옙스키의 인생은 그다지 잘 풀리지 않았다. 아니, 오히려 불운의 연속이었다고 보는 편이 실상에 가깝다. 명목상으로는 귀족 계급이라고 하나 그다지 풍족하지 못한데다 엄격한 가정에서 자란 그는 십대에 어머니와 아버지를 차례로 여읜다. 어머니는 병으로 떠나보냈지만 아버지는 자신의 영지에 속해 있던 농노에 의해 살해되는 참사를 통해서였다. 그리고 이십대 후반에는 혁명적인 사상 그룹에 참여했다가 체포되어 사형을 선고받고 처형대에 오르는 사건을 겪는다. 다행히 이 사형 집행은 저항적인 젊은 지식인들을 훈육하기 위한 황제의 트릭이었고, 집행 직전에 취소되어 4년은 시베리아의 형무소에서의 복역으로, 그리고 또 4년은 사병 복무로(도스토옙스키는 젊은 시절 이미 장교로 군복무를 한 적이 있었다) 모두 8년의 유형 생활을 하게 된다. 원만하다고는 할 수 없지만 어쨌든 유부녀를 사랑하여 첫 결혼을 하고 다시 도시로 돌아와 소설을 쓰고 형 미하일과 함께 잡지를 간행하는 등 일상으로 복귀한 듯했으나 1864년 아내가 사망하고 그나마 뜻이 통했던 형 또한 세상을 떠나고 만다. 그 이후 몇 번에 걸친 재혼 시도는 모두 실패로 돌아가고 도박으로, 아내와 형 가족의 부양으로 감당할 수 없는 빚만 늘어가고 있었다.

그런데 《죄와 벌》을 연재하면서 그에게 운이 따르기 시작한다. 연재가 시작된 1월에는 고리대금업자와 그의 하녀가 대학생에 의해 살해되고 금품이 강탈당하는 사건이, 그리고 4월에는 황제 암살 계획이 발각되는 사건이 일어난다. 소설과 나란히 일어난 현실 속의 살인, 혹은 살인 모의 사건과 그에 대한 재판과 판결이 이어지면서 도스토옙스키와 그의 소설은 일약 당대의 사회적, 문학적 관심의 중심에 놓이게 된다. 《죄와 벌》을 연재하느라 계약 기한을 넘길 상황에 놓인 다른 소설 《도박꾼》을 서둘러 쓰기 위해 고용한 속기사 안나를 만난 것도 그해 10월의 일이다. 두 사람은 《도박꾼》을 한 달 만에 성공적으로 마감하고 함께 작업하여 《죄와 벌》의 남은 부분도 마무리한다. 그리고 다음해 2월 결혼에 이르는데, 이때 안나는 21세, 표도르는 46세였다.[1]

상황이 이러하니, 도스토옙스키 연구들에서 이 해가

특별하게 기록되어 있는 것도 이상한 일이 아니다.

> 45세가 되었을 때 운명의 바퀴는 다시 한번 바뀌어 성년 초기의 뜨거운 격정과 문학적 실험에서 벗어나 그는 충실한 남편으로 그의 위치를 확립한 소설가가 되었다—이것은 매우 우연한 것일 뿐이지 그의 의지적인 행동이나 계산에서 이뤄진 것도 아니다. 수슬로바와의 로맨스가 끝났던 1865년 11월부터 안나 그리고리예브나와 결혼한 1867년 2월까지의 기간은 그의 생애에서 전환점이라고 불러 마땅하다.[2]

E. H. 카는 1866년을 '경이의 해(annus mirabilis)'라고 지칭했으며, 조셉 프랭크는 그의 다섯 권의 도스토옙스키 연구서 가운데 1865년에서 1871년에 걸친 시기를 다룬 네 번째 책에 '기적의 시절(the miraculous years)'이라는 제목을 붙였다. 이처럼 도스토옙스키의 인생의 변곡점에 위치한 작품 《죄와 벌》은 그 내용에서도 그의 삶의 극적인 굴곡이 특이한 방식으로 투영된 이야기로 읽어볼 수 있다.

우선 이 소설은 (물론 《카라마조프가의 형제들》보다는 짧지만) 꽤 긴 편으로, 6부에 더해 에필로그까지 포함하고 있다. 법대생이었지만 가난과 무기력으로 학업을 중단한 라스콜니코프가 전당포 노파 자매를 살해한 이후 겪게 되는 정신적인 압박과 신경증적 증상이 이야기의 전반부를 이룬다면, 그가 가족의 생계를 위해 자신의 몸을 파는 소냐와의 만남을 통해 결국 자신의 죄를 자백하게 되는 과정이 후반부에 담겨 있다. 그리고 그에 이어진 에필로그는 시베리아 유형지에서 새로운 삶을 맞는 라스콜니코프와 소냐의 모습을 보여주고 있다. 주요 사건 중심으로 뼈대만 추리면 이처럼 간단하고 정연하지만 실제로 읽어보면 그렇게 유기적으로 통일된 이야기가 아니다. 무엇보다 라스콜니코프가 일관된 의지, 아니 일관된 의식조차 갖지 못한 인물이기 때문이다.

> 온몸이 땀에 흠뻑 젖고 머리카락마저 축축해진 채 숨을 헐떡이면서 잠에서 깬 그는 공포에 사로잡혀 몸을 일으켰다.
> "다행이다, 그냥 꿈이었구나!" 나무 밑에 앉아 숨을 깊이 들이쉬며 그가 말했다. "하지만 대체 왜 이럴까? 열병이 나는 건 아닐까. 무슨 꿈이 이렇게 추하담!"
> 그는 온몸이 만신창이가 된 느낌이었다. 마음은 심란하고 어두웠다. 그는 팔꿈치를 무릎에 올려놓고 양손으로 머리를 감쌌다.
> "맙소사!" 그가 부르짖었다. "설마, 설마 내가 정말로 도끼를 들고 사람의 머리를 내리치게 될까, 설마 그 두개골을 박살 내려는 걸까…… 끈적끈적하고 따뜻한 피 위로 미끄러지며 자물쇠를 부수고 도둑질을 하고 벌벌 떨 것인가, 온통 피범벅이 된 몸을 감춘 채…… 도끼를 들고……, 맙소사, 설마?"
> 이 말을 하며 그는 사시나무 떨듯 벌벌 떨었다.[3]

거리에서 술에 취한 청년들이 채찍으로, 쇠 지렛대로 말을 내려쳐서 결국 숨을 끊는 장면을 꿈에서 본 라스콜니코프는 그것을 자신이 마음속으로 떠올린 어떤 생각을 실현하게 될 계시처럼 받아들인다. 마치 신탁이 지시하는 운명에 휘말리지 않을 수 없는 신화 속의 인물들처럼 라스콜니코프 역시 노파를 살해하게 되리라는 자기 내부의 목소리를 거부하지 못한다. 줄거리만으로는 전당포 여주인 알료나를 살해하고 우발적으로 그 이복 여동생 리자베타까지 살해했다고 말해지지만, 사실은 알료나를 살해한 것 또한 이처럼 라스콜니코프의 의지와는 거리가 있다. 독자들은 예심판사 포르피리를 통해 나중에야 그가 비범한 사람에게 범죄의 권리를 허용할 수 있다는 요지의 논문을 쓴 사실을 전해 듣는다. 하지만 그는 자신의 이념이나 의지에 의거해서가 아니라 "꼭 옷자락이 기계 바퀴에 휘말려 그도 함께 기계 속으로 빨려들어가기 시작한 것 같은"[4] 기분으로 살인을 저지른 것이었다. "라스콜니코프의 사상과 그의 범행 사이에 아무 관계도 없다고 말할 수는 없으나 사상의 실행으로서 살인이 이루어진 것은 아니다"[5]라는 한 학자의 언급 또한 그의 행동의 수동적 성격을 확인하고 있다.[6]

도스토옙스키는 애초에 이 소설을 젊은 청년의 고백을 담은 1인칭의 이야기로 썼다. 그랬다면 이 소설보다 조금 앞서 쓴 《지하로부터의 수기》(1864) 같은 이야기가 되었을 가능성이 크다. 그런데 발표를 앞두고 작가는 3인칭 형식의 새로운 구상을 떠올리게 되고 그에 따라 그가 《술주

정꾼》이라는 제목으로 따로 구상했던 이야기가 결합되어 소냐의 가족 등 좀 더 넓은 범위의 인물들이 등장하는 보다 큰 스케일의 이야기가 마련된다.[7] 그렇지만 주인공의 의식에 밀착된 서술의 특징은 뚜렷하게 남아 있다. 그렇기 때문에 긴 분량에 비해 이야기에 담긴 시간은 13일에 불과하며 공간 또한 에필로그의 시베리아를 별도로 치면 라스콜니코프가 살고 있는 집 부근의 반경을 거의 벗어나지 않는다. 1860년대 러시아의 상트 페테르스부르크라는 구체적인 시공간적 배경이 제시되어 있기는 하지만, 《죄와 벌》은 어떤 개성을 지닌 한 인물의 이야기를 전해주고 있다기보다 자기 내부의 환상과 맞서 싸우는 인간의 어떤 본성적 측면을 자극하고 있다. 특정의 시대나 문화를 조건으로 삼아 성립하는 이야기라기보다 '인간은 과연 자기 행위의 주체인가?'라는, 인간이라면 한 번쯤 고민해보지 않을 수 없는 보편적인 문제를 건드리고 있는 것이다. 그렇기 때문에 이 소설을 읽는 동안 독자는 자기 내부의 어두운 지점이 계속 활성화되는 상태를 경험하게 된다.

그럼에도 이 새로운 형식으로 인해 한 인물의 내적 세계가 현실 속에서 객관화될 계기를 얻게 되는 것 또한 사실이다. 한 연구자에 따르면 《죄와 벌》의 라스콜니코프는 투르게네프의 소설 속 인물에 대한 태도를 둘러싸고 일어난 당대 러시아의 급진적 이념 논쟁에서 결정적인 모델을 얻었다고 설명된다.[8]

그런데 다른 한편으로 라스콜니코프에는 도스토옙스

키 자신의 모습이 투영되고 있기도 하다. 자수한 라스콜니코프가 재판에서 (도스토옙스키 자신처럼) 8년형을 받고 시베리아에서 유형 생활을 보내게 되는 사실에서도 그 점을 유추해볼 수 있다. 그런데《죄와 벌》을 쓰고 있는 사십대 후반의 도스토옙스키는 한때 자신도 가졌던 그와 같은 급진적인 이념으로부터 한참 멀어져 오히려 그 반대편에 서 있는 상황이었다.

> 도스토옙스키가 육체적 고통과 모욕이 인간의 도덕을 증진시킨다는 생각에 광적으로 집착한 것은 개인적 비극에 원인이 있을 수도 있다. 시베리아 유형으로 인해 그는 내면에 있던 자유 애호가, 반역자, 개인주의자로서의 모습이 어느 정도 사라져버렸고, 그 자연스러움이 상실되었음을 감지했지만, 그는 자신이 '더 나은 사람'이 되어 돌아왔노라고 고집스럽게 주장했다.[9]

도스토옙스키에 대한 가장 비판적인 평가는 공교롭게도 그 자신이 러시아에서 태어나 유럽을 거쳐 미국으로 망명한《롤리타》(1955)의 작가 나보코프로부터 나왔다. 나보코프의 의견처럼 유형 이후 도스토옙스키는 이전과는 대비되는 세계관을 갖게 되었던 듯하다. 그렇지만 그런 이유로《죄와 벌》이 그와 같은 이념의 산물이라고 간단하게 규정할 수는 없다. 소설의 장르적 가치는 그것이 작가의 의도로 단순하게 환원되지 않는 복합적인 서사구조물이라는 점에서 찾을 수 있기 때문이다. 그 결과 소설 속에는 여러 자아들이 충돌하고 소설 바깥의 자아와도 다층적인, 때로는 모순적인 관계를 맺기도 한다. 인간 자체가 불안정한 존재라는 전제를 작가와 주인공이 공유하고 있는 듯한《죄와 벌》같은 작품이라면 그런 면모가 더 두드러질 수밖에 없다. 그러니까《죄와 벌》에는 이런 분열이, 그 분열의 극적인 봉합이 담겨 있는 것이다. 거기에는 도스토옙스키의 삶이 담겨 있되 단순한 반영이 아닌 매우 특별한 방식으로, 그러니까 그만의 소설적 방식으로 투영, 혹은 재창조되어 있는 셈이다. 아마도 훨씬 나중의 바흐친에게는 도스토옙스키 소설의 이런 면모가 다성적인 목소리를 담고 있는 독특한 텍스트로 보였던 것이 아닌가 싶다.

이런 여러 목소리와 이념이 혼재된 텍스트의 상태로 인해《죄와 벌》은 바라보는 관점에 따라 매우 다른 면모를 드러내고는 한다.

> 그에게는 실제로 범죄를 일으킬 수 있는 두 가지 심리적인 동기가 있었고 이 두 가지 동기는 범죄자들에게서는 가장 흔히 찾아볼 수 있는 것이기도 하다. 그는 끝이 없는 자아 중심주의에 사로잡혀 있었고 강한 파괴 욕구를 갖고 있었다. 이 두 가지 동기들 사이의 공통점이자 외부로 나타나는 표현의 조건이 되는 것은 사랑의 부재, 즉 다시 말해 다른 인간을 사랑함으로써 사랑의 대상을 가치 있게 여겨야 했는데 이러한 과정이 그에게는 없었던 것이다. 그러나 이

러한 우리의 지적은 그가 사랑받고자 하는 대단한 욕구를 갖고 있었고 또 사랑할 수 있는 엄청난 능력도 소유하고 있었다는 상반된 그의 모습을 즉각적으로 떠올리게 한다. 이러한 사랑의 욕구와 능력은 그가 과도한 선행을 베풀 때 잘 드러난다.[10]

무의식이라는 인간 내부의 새로운 대륙을 발견한 프로이트가 도스토옙스키에게서 윤리주의자가 아닌 범죄자의 모습을 보고 있다는 것은 다소 의외이다. 다만 그런 가운데에서도 도스토옙스키의 사랑에 대한 욕구와 능력을 읽어내고 있는 점에서는 다른 방향의 논의를 향해 열려 있는 의식을 감지해볼 수 있다. 인간 의식에 내재된 역설을 바라보는 그런 시선으로 라스콜니코프와 소냐의 관계, 그리고 궁극적으로는 《죄와 벌》과 도스토옙스키의 관계에 다가가볼 수 있기 때문이다.

한편 2003년 12월 미군의 공습으로 이라크의 대통령이던 사담 후세인이 체포될 당시 그의 허름하고 좁은 지하 은둔지의 침대 곁에는 몇 권의 책이 쌓여 있었다. 꿈 해몽에 관한 한 권의 책과 아랍의 고전 시집들, 그리고 도스토옙스키의 《죄와 벌》이었다.[11] 전쟁 중의 독재자는 신이나 정의와 같은 근본적이고 형이상학적인 문제에 대한 그 나름의 대답을 도스토옙스키의 소설에서 기대하고 있었는지도 모르겠다.

그런가 하면 20세기 초부터 《죄와 벌》을 원작으로 한 많은 영화가 여러 언어를 통해 제작되었는데,[12] 그 가운데 대표적인 것은 1970년 구소련에서 제작된 Lev Kulidzhanov 감독의 영화이다. 221분의 긴 분량의 이 흑백영화는 원작의 스토리를 꽤 충실하게 담아내고 있는데, 그럼에도 마지막은 라스콜니코프가 경찰서를 찾아 자신이 살해범이라는 것을 자백하는 장면으로 끝나고 있다. 그러니까 에필로그 부분이 통째로 빠져 있는 것이다. 또한 원작의 상트 페테르부르크를 1980년대의 핀란드 헬싱키로 옮겨놓은 Aki Kaurismaki 감독의 영화 〈Rikos ja Rangaistus(Crime and Punishment)〉(1983)는 법대생이었지만 도축장에서 일하고 있는 라이카이넨과 상점 판매원으로 일하는 여성 에바(원작의 소냐와 두냐를 합친 인물)를 등장시켜 살인과 도피, 그리고 자수에 이르는 사건의 흐름과 인물의 심리를 극히 충실하게 다른 판본으로 재현해내고 있다. 여기에서는 음주운전으로 인해 약혼녀가 사망했지만 가해자가 처벌받지 않은 사건에 대한 사적인 복수라는 동기를 제시함으로써 주인공의 행위에 도덕적인 정당성을 보충하고 있다. 그런가 하면 필리핀의 Lav Diaz 감독의 〈Norte: Hangganan ng Kasaysayan(The End of History)〉(2013)에서는 원작에서 주인공 대신 노파 살해의 용의자로 지목된 인물을 이야기의 또 다른 축으로 설정함으로써 문제의 윤리적 범위를 계급적으로 확장시키며 사회적인 차원을 강조하고 있다. 한편 런던을 배경으로 한 우디 앨런 감독의 〈매치 포인트〉(2005)가 《죄와 벌》로부터 주로 차용한 것은 주인공의 내적 갈등과 서사의 긴장감이다. 크리스(조나단 라이 메이어스)의 신분 상승의 욕망과 놀라(스칼릿 조핸슨)를 향한 열정은 결국 그를 살인이라는 파괴적 행동으로 이끄는데, 영화는 행운이라는 이름으로 크리스의 범죄를 미해결의 상태로 덮는 납득하기 어려운 방식으로 결말을 맺고 있다.

　이와 같은 《죄와 벌》 수용의 다양한 양상은, 물론 그 수용 주체의 시대적, 문화적 특수성에도 기인하지만 더 근본적으로는 원작 자체에 내포된 다성적인 특징에 그 근거를 두고 있다고 할 수 있다. 앞으로도 더 이어질 새로운 해석들이 《죄와 벌》에 잠재된 목소리를 이끌어내면서 그 다성성의 차원을 한층 더 높여나가게 될 것이라 예감되는 이유이기도 하다. (2021. 03)

주

1 도스또옙스키의 전기적 사실과 관련한 이상의 내용은 E. H. 카의 《도스또예프스끼 평전》(김병익·권영빈 옮김, 열린책들, 2011)과 안나 그리고리예브나 도스토옙스카야의 《도스또예프스끼와 함께한 나날들》(최호정 옮김, 그린비, 2003) 등에 근거하여 재구성한 것이다.
2 E. H. 카, 《도스토예프스키 평전》, 173쪽.
3 표도르 도스토옙스키, 《죄와 벌 1》, 김연경 옮김, 민음사, 2012, 112쪽.
4 같은 책, 131쪽.
5 시미즈 마사시, 《도스또예프스끼가 말하지 않은 것들》, 이은주 옮김, 열린책들, 2011, 146쪽
6 김동인이 한때 톨스토이와 비교하여 "그는 자기가 창조한 인생을 지배하지를 않고, 그만 자기 자신이 그 인생 속에 빠져서 어쩔 줄을 모르고 헤맸다"(「자기의 창조한 세계─톨스토이와 도스토옙스키를 비교하여」, 《창조》, 1920. 7, 52쪽)고 도스토옙스키를 비판했던 것은 이런 맥락 때문이었다고 이해된다. 또한 그는 "《죄와 벌》에서 그는 차차 자기가 빠졌던 자기 인생 가운데서 떠오르다가, 또 맥없이 푹 빠지며 '모든 죄악은 법률로써 해결된다'와 '맑은 사랑이 제일이다'라는 큰 모순된 부르짖음을 당연한 듯이 발하였다"(같은 곳)고도 비판하고 있는데, 이를 두고 생각해보면 김동인 역시 《죄와 벌》의 이념적 다성성의 문제를 다른 각도에서 바라보고 있었던 듯하다.
7 조셉 프랭크는 작가의 편지와 노트에 근거하여 1인칭 형식으로부터 3인칭으로 이행한 과정을 상세하게 분석해놓고 있다. Joseph Frank, *Dostoyevsky : The Miraculous Years, 1865-1871*, Princeton University Press, 1995, pp. 80~95 참조.
8 *Ibid.*, pp. 70~79 참조.
9 블라디미르 나보코프, 《나보코프의 러시아 문학 강의》, 이혜승 옮김, 을유문화사, 2012, 219쪽.
10 지그문트 프로이트, 「도스또예프스끼와 아버지 살해」, 《예술, 문학, 정신분석》, 정장진 옮김, 열린책들, 2003, 521쪽.
11 "What U.S. found in Saddam hideout"(https://www2.ljworld.com/news/2003/dec/16/what_us_found/)
12 위키피디아에 의하면 지금까지 적어도 30편이 넘는 영화가 제작되었다.(https://en.wikipedia.org/wiki/Film_adaptations_of_Crime_and_Punishment)

분석적인 사랑의 심리 속에 새겨진 시대와 작가의 삶

이디스 워튼

◆

순수의 시대

이디스 워튼(1862~1937) 하면 먼저 떠오르는 것은 《순수의 시대》(1920)와 같은 대표작과 함께 여성으로서 처음 퓰리처상을 받은 인물이라는 사실이다. 그런데 1917년 처음 시작된 이 상의 세 번째 수상자로 애초에 심사위원의 추천을 받은 작가는 서른여섯의 신진 싱클레어 루이스(1885~1951)였다. 그렇지만 선정 과정에서 문제작 《메인 스트리트》(1920)의 신랄한 풍자가 일부(구체적으로는 중서부) 지역 사람들의 감정을 상하게 만들 만한 요소가 있다는 이유로 수상에서 배제되면서 1921년 퓰리처상의 영예는 이디스 워튼에게 돌아가게 되었다. 이런 논란에도 불구하고 싱클레어 루이스는 이디스 워튼에게 축하의 편지를 보내고 자신의 두 번째 소설 《배빗(Babbitt)》(1922)을 그녀에게 헌정한다.[1] 이미 작가생활의 막바지에 이른 그녀에게 그 상이 어떤 대단한 의미를 가졌겠는가 싶기도 하고, 1000달러라는 상금 또한 그 당시 이디스 워튼이 《순수의 시대》로 얻은 수입에 비하면 그렇게 큰 금액이 아니었지만,[2] 어쨌든 이 사건의 결과는 퓰리처상이 미국을 대표하는 문학상이 된 지금의 관점에서는 그녀의 상징적인 타이틀이 된 것이다.

그렇다면 여성 최초로 퓰리처상을 받는 계기가 되었던 《순수의 시대》에는 과연 어떤 특별함이 있는 것일까.

> 부인이 팔찌에 달린 작은 금색 담뱃갑을 떼더니 아처에게 내밀고 자기도 한 개비 꺼냈다. 벽난로에 보니 담배에 불붙일 때 쓰는 긴 심지들이 있었다.
> "아, 그럼 서로 도와주면 되겠네요. 하지만 제가 배울 게 훨씬 많아요. 앞으로 어떻게 하면 좋을지 가르쳐주세요."
> 아처는 '보퍼트와 마차 타고 돌아다니는 모습을 사람들에게 보이지 마세요'라고 얘기하고 싶은 마음이 굴뚝같았지만, 그 방의 분위기, 그러니까 부인의 분위기에 빠진 나머지 아무 말도 하지 않았다. 그녀에게 그런 충고를 하는 것은 사마르칸트에서 장미유를 사려는 사람에게 뉴욕의 겨울을 나려면 방한용 방수 덧신을 준비하라고 말하는 거나 진배없었다. 이 순간 뉴욕은 사마르칸트보다 멀어 보였고, 부인은 아처로 하여금 평생 살아온 고향을 객관적으로 보게 함으로써 서로 돕자는 약속을 먼저 지키고 있는 셈이었다. 이렇게 보니, 망원경을 거꾸로 들여다본 것처럼 뉴욕이 당황스러우리만큼 작고 멀어 보였다. 사마르칸트에서 보면 분명 그렇게 보일 것이었다.[3]

우선 《순수의 시대》는 1870년대 초반 뉴욕의 상류사회를 배경으로 삼고 있다. 전통적 질서가 새롭게 밀려드는 물질주의로 대체되는 1870년에서 1890년대까지의 시기를 '도금시대(Gilded Age)'라는 별칭으로 부르기도 하는데, 바로 그 흐름의 초기에 해당되는 국면이라고 할 수 있다. 한 평전을 참고하면 작가는 소설의 초고 단계에서 'Old New York'이라는 제목으로 작업을 했다고 한다.[4] 그만큼 이 소설에서 뉴욕이 갖는 의미는 단순한 배경 이상으로 각별한 것이었던 듯하다.[5]

이 뉴욕의 상류사회의 일원으로 법률회사에서 일하고 있는 청년 뉴런드 아처에 서술의 초점을 두고 소설은 전개된다. 여성 작가가 쓴 소설이지만 남성 인물이 중심에 놓여 있다는 것 또한 특기할 만한 사실이다.[6] 아처는 역시 그곳의 명문가 처녀이자 사교계의 화려한 중심인 메이 웰런드와 결혼을 앞두고 있는데, 그와 유년 시절을 함께 보냈지만 유럽으로 건너갔다가 폴란드의 백작과 결혼한 엘런 올렌스카가 요란한 풍문을 품고 고향으로 돌아오면서 이야기는 시작된다. 메이의 사촌언니이기도 한 올렌스카 부인 역시 뉴욕의 상류 집안 출신이지만 이 집합에서는 뚜렷한 외부를 표상하는 인물이며, 부인의 등장으로 인해 아처에게 뉴욕은 이전과는 조금 다른 새로운 모습으로 바라보인다.

> 아처 부인의 세계를 이루는 작고 미끄러운 피라미드 너머에는 지도에도 거의 나와 있지 않은 세계, 즉 화가, 음악가,

'글쟁이들'의 세계가 있었다. 사방에 흩어져 있는 이 부류들은 사회의 일부가 되려는 욕망이 거의 없는 것 같았다. 이들은 겉으로는 이상해 보이지만 대부분 아주 점잖은 편이고, 그들끼리만 어울리는 경향이 있었다. 메도라 맨슨이 부유하던 시절에 '문학 살롱'을 연 적이 있는데, 작가들이 거의 안 와서 곧 없어지고 말았다.[7]

소설에서 뉴욕의 상류 사회는 사교 모임을 중심으로 자신들의 코드를 강화할 뿐 그 외부에는 별다른 신경을 쓰지 않는 그들만의 폐쇄적인 커뮤니티로 그려져 있다. 바로 그 점이 외면상의 화려함에도 불구하고 유럽과 차이가 나는 그 대도시의 콤플렉스로 자리 잡고 있다. 아처는 그 사회 속에서 큰 문제를 일으키지 않고 무난하게 살아가고 있었지만 '글쟁이들(people who wrote)'에 관심을 갖는 등 내적으로는 다소간 그 사회와 이반된 내적 세계를 마련하고 있는 상황이다. '문학 살롱(literary salon)'을 열었던 메도라 맨슨은 여러 번 결혼한 이력을 가지고 있고 부모를 여읜 조카 엘런을 키워 유럽으로 데려갔던 인물이기도 한데, 여기에서도 아처와 올렌스카 부인의 성향상의 접점이 엿보이고 있다.

그렇다면 어떤 점이 비슷해서 아처는 그날 밤을 되돌아보며 그렇게 가슴 설렜던 걸까? 그건 아마도 매일 겪는 일상을 벗어나 비극적이고도 감동적인 일이 일어날 수 있음을 느끼게 하는 올렌스카 부인의 신비로운 능력 때문인 듯했다. 그런 인상을 줄 만한 말을 한 적은 없지만, 그녀의 신비롭고 이국적인 과거 때문이든, 타고나길 극적이고 열정적인 그녀의 특이한 내면 때문이든 간에, 그러한 능력은 분명 그녀의 일부였다. 평소 아처는 사건을 부르는 성향을 타고나는 사람들이 있고, 그런 성향에 비하면 우연이나 상황은 사람의 운명을 결정하는 데 별 영향을 주지 않는다고 생각했다. 올렌스카 부인을 처음 만났을 때부터 이러한 성향을 감지할 수 있었다. 조용하고 거의 수동적이기까지 한 이 여성은 본인이 아무리 조심하고 그걸 피하려고 애를 써도, 어떤 일이 일어날 수밖에 없는 사람 같았다. 흥미로운 사실은 극적인 일들이 자주 일어나는 환경에서 살아온 터라 그런 일들을 자초하는 그녀의 성향이 눈에 띄지 않았다는 점이다. 그녀가 이상하리만치 어떤 상황에서도 놀라지 않는다는 사실 자체가 그동안 파란만장한 삶을 살아왔음을 보여주었다. 그녀가 당연하게 받아들이는 일들을 보면 그동안 어떤 상황에 맞서왔는지 알 수 있었다.[8]

소설은 사건을 일방적으로 제시하는 것이 아니라 위에서 보는 것처럼 자주 멈춰 서서 아처를 둘러싼 상황을 해부하여 보여준다. 이디스 워튼이 보여주는 묘사는 단순히 자세하고 섬세한 것이 아니라 이처럼 어떤 심층을 건드린다. 만약 상황이나 관계에도 그 심리라고 할 만한 것이 존재한다면, 작가의 시선은 바로 그러한 심층의 이치를 바라보고 있는 것이다. 이디스 워튼이 쓴 《The Writing of Fiction》(1925)을 읽어보면, 그녀는 자신이 추구하는 이와 같은 소설적 방법 혹은 스타일에 확고한 의식을 갖고 있었던 것으로 보인다.

> 단순한 공감과 창조적 상상 사이의 가장 큰 차이점은 후자의 경우 양면적이라는 것, 즉 타인의 마음을 꿰뚫어 보는 힘과 그들로부터 충분히 거리를 두고 떨어져 그 너머를 볼 수 있게 하는 힘을 결합함으로써 단면적으로 제시될 뿐인 그들 삶의 전반과 연관시킨다는 점이다. 이러한 전방위적인 시각은 높이 올라야만 얻을 수 있다. 또한 예술에 있어서 그 높이란, 나머지에 영향을 미치는 특정 문제로부터 상상력의 일면을 분리시키는 예술가의 역량에 비례한다.[9]

이디스 워튼은 창조적 상상력의 근거로 한편으로는 대상의 심층으로 진입하는 시선의 힘과 다른 한편으로는 그로부터 충분히 거리를 두고 그 너머를 바라보는 힘의 결합을 제시하고 있다. 이런 시선은 양면적(two-sided)이라고도, 혹은 전방위적 시각(an all-round view)이라고 불러도 좋겠지만, 어떤 근본적인 모순을 돌파해야 하는 역량과 관련된 문제라는 점에서 보다 입체적인 것이라 하겠다. 그러면서도 당시 유행하던 '의식의 흐름'의 기법처럼 혼란스럽거나 불투명하지 않다는 점에 이 방식의 고유함이 있다. 《순수의 시대》에서는 이와 같은 양면적, 전방위적, 입체적 시선의 사례를 여러 대목에서 발견할 수 있는데, 바로 그 점이 당대에 그녀의 소설이 누렸던 인기의 비결이자 지금에도 이디스 워튼을 읽는 일의 즐거움이자 보람일 것이다.

> 마음속으로 생각한 말을 실제로 입 밖에 낸다면 부인이 뭐라고 할지 궁금했다. 평생 사소한 것들을 완벽하게 관리해오면서 얻게 된 헛된 권위가 깃든, 팽팽하고 평온해 보이는 그 얼굴이 충격으로 일그러지는 모습이 그려졌다. 부인의 얼굴에는 메이가 지닌 싱그러운 미모의 자취가 여기저기 남아 있었다. 아처는 메이의 얼굴 역시 무엇으로도 무너뜨릴 수 없는 순수함을 간직한 이 통통한 중년 부인의 얼굴로 변해갈 운명인지 궁금했다.
> 아, 안 돼, 아처는 메이만은 그런 순수함을 갖지 않기를 바랐다! 상상력을 거부하는 정신과 경험을 배척하는 마음이 만드는 그런 순수함 말이다.[10]

앞에서 아처의 눈에 비친 엘런 올렌스카 부인의 모습이 그려져 있었다면, 위에서는 메이를 바라보는 아처의 마음속 모습을 서술하고 있다. 이 순간 그는 메이와 그녀의 어머니의 닮은 얼굴 모습뿐만 아니라, 그들이 공유하는 삶의 운명을 바라보고 있다.[11] '상상력'과 '경험'(올렌스카 부인이 이 방향을 상징하고 있다)과 대비되는 그 '순수함(innocence)'은 '무너뜨릴 수 없는(invincible)' 것으로, 아처에게는 올렌스카 부인을 향한 위험한 열정도 포기하기 힘든 것이지만 메이의 '순수함' 또한 무시하기 어려울 뿐만 아니라 벗어나기 힘든 현실성을 표상하고 있다. 이런 입체적 시선의 서술로 인해 메이와 아처와 올렌스카 부인이 이루는 삼각관계의 구도는 선명하지만 결코 단순하지 않다. 올렌스카 부인을 향한 아처의 무분별한 구애는 때때로 위태로운 분위기를 연출하기도 하지만, 그런 위기를 지나 마침내 아처와 메이 웰런드는 결혼에 도달한다.

> 아처는 늘 그녀가 자기를 실망시키지 않을 사람이라고 생각했고, 그런 그의 생각은 옳았다. 그가 결혼한 것은 (대부분의 젊은이가 그러듯이) 뚜렷한 목적도 없이 이 여자 저 여자와 연애 사건을 벌이다가 때 이른 환멸에 빠진 순간 아주 매력적인 메이를 만났기 때문이었다. 그녀는 평화, 안정, 동지애, 피할 수 없는 의무가 주는 안정감을 대표하는 존재였다.
> 아내는 아처가 기대했던 모든 걸 충족시켰기에 잘못된 선택이라고 할 수도 없었다. 뉴욕 사교계의 젊은 부인 중 제일 멋지고 인기 있는데다 성격까지 상냥하고 이해심 많은 여성의 남편이라는 건 물론 아주 흐뭇한 일이었다. 아처는 메이의 이런 장점들을 잘 알고 있었다. 결혼 직전에 느낀 일시적인 격정은 그동안 있었던 여러 연애 사건의 마지막 에피소드로 생각하기로 했다. 지금 돌이켜보면, 제정신인 상태에서 올렌스카 백작부인과 정말 결혼할 수 있다고 생각했다는 게 놀라울 뿐이었다. 아처의 기억 속에서 그녀는 사귀었던 여자 중 가장 애처롭고 애틋한 존재일 뿐이었다.

이렇게 많은 것을 추상화하고 지우다 보니 마음이 공허하고 허망해졌고, 보퍼트 저택의 잔디밭에서 활기차게 오가는 사람들이 왠지 묘지에서 뛰어노는 어린애들 같다는 느낌을 받고 놀란 것도 바로 그 때문인 것 같았다.[12]

결혼 이후 아처의 심리 구도는 점차 현실적인 방향으로 고정되는 과정을 겪어나간다. 아내가 표상하는 현실의 욕망과 그로부터 벗어나고자 하는 충동 사이의 갈등은 우리가 읽어온 소설, 특히 남성 인물을 여성 인물들과의 관계에서 중심에 둔 소설들에서 결코 낯선 것이 아니다. 프로이트는 남성의 성욕에서 대상을 이중화하는 이런 경향을 일종의 성적 판타지로 설명한 바 있기도 하다.[13] 그만큼 남성 인물의 내적 욕망에서는 전형적이라 할 이런 구도가 일종의 마스터플롯처럼 소설과 영화 등 여러 내러티브에 폭넓게 산재해 있다.

그런데 그 대부분 남성 주체에 의해 마련된 그 내러티브 속 남성 인물의 심리는 《순수의 시대》에서의 아처를 관찰하는 시선만큼 분석적이지 못하다. 설사 분석하는 경우에도 객관화되는 것과는 늘 어느 정도 거리가 있었다. 그 이유를 《순수의 시대》를 읽으면서 새삼 확인할 수 있는데, 이 소설에서는 여성 인물 사이에서 남성 주체가 겪는 그 관계를 감정 혹은 육체의 게임으로 끌고 가지 않기 때문이다. 아처는 올렌스카 부인과 둘만이 있는 상황에서도 "자신이 그녀의 육체에 대해서는 이상하리만큼 무관심하다는 것을 깨달았다"[14]고 느끼고 있다. 그 역시 "애무를 통해 깊어지고 다시금 애무를 불러오는 사랑을 경험한 적이 있었지만, 그 자신의 뼈보다도 더 가까운 이 열정은 육체를 통해 만족시킬 수 있는 사랑이 아니었다"[15]고 생각하고 있는 것이다.

> 아내를 따라 현관으로 들어가자 어딘지 모르게 분위기가 달라진 것 같았다. 호사스러우면서도 온갖 규칙과 강압으로 가득찬 웰런드 저택의 공기는 마치 마약처럼 아처의 내면으로 스며들곤 했다. 두꺼운 카펫, 주의 깊게 행동하는 하인들, 쉼 없이 초침을 째깍거리는 정확하게 맞춰진 시계들, 현관 탁자 위에 끊임없이 쌓이고 쌓이는 명함들과 초대장들, 한 시간에서 다음 시간으로, 가족 내 한 사람에서 다른 사람으로 이어지며 어김없이 되풀이되는 사소한 일들은 조금이라도 덜 체계적이고 덜 부유한 생활을 비현실적이고 위태로운 것으로 여기게 만들었다. 하지만 지금 비현실적이고 부적절하게 여겨지는 것은 웰런드가의 집, 그리고 그 안에서 그가 영위하리라 예상되는 삶이었다. 그리고 아까 바닷가에서 언덕을 내려가다 말고 그 자리에 서서 바라본 짧은 광경이 이제 혈관 속의 피만큼이나 가깝게 느껴졌다. 그날 아처는 크고 화려한 침실에서 메이 옆에 누운 채 카펫 위로 비스듬히 비쳐드는 달빛을 보면서, 엘런 올렌스카가 보퍼트의 마차를 타고 반짝이는 해변을 지나 집으로 돌아가는 광경을 상상하며 밤새 잠을 이루지 못했다.[16]

메이와의 결혼으로 안정된 듯 진행되던 아처의 삶은 특별한 외부의 계기에 의해서가 아니라 위에서 보는 것처럼 그 내부의 움직임이 겪어나가는 맥락에 의해 어느 순간 전도되어 다시금 현실 반대편을 향한 충동을 불러일으킨다. 이디스 워튼 소설의 특별함은 이처럼 인물의 의식의 내적 맥락에 의해 자연스럽게 도출되는 심리의 움직임에 있기도 하다.

메이와 웰런드 집안에서 아처가 느끼는 권태와 억압이 다시 발견하도록 만든 그 반대편의 자리는 지금은 엘런 올렌스카에 의해 점유되고 있지만, 그것은 대상의 문제가 아니라 심리 내부에 자리 잡고 있으면서 채워지기를 기다리고 있는 비어 있는 공간으로 인한 것처럼 느껴진다. 어떤 의미에서 아처에게 올렌스카는 그 비어 있는 자리로 인한 조급한 불안이 떠오를 때마다 그것을 메우기 위해 활용되기 위해 존재하는 것처럼 보인다. 이렇듯 한 남성과 두 여성이 이루는 삼각관계가 인물들 사이의 관계의 차원이 아니라 한 인물 내부의 심리의 문제로서 제시되기 위해서는 반복과 변주의 과정이 요구되는데, 《순수의 시대》만큼 이 과정을 밀도 있고 풍부하게 제공하는 사례는 쉽게 찾을 수 없을 것 같다. 변주가 여러 차례 반복되지만 그때마다 다른 빛깔로 드러나는 심리의 질감을 감상할 여지가 충분하다고 느껴지는 이유이다.

그런 가운데에서도 이 소설에서 가장 빛난다고 생각되는 대목은 다음 장면이다.

아처의 이야기를 다 들은 뒤 메이는 "가끔 뉴욕을 벗어나는 것도 좋죠" 하더니, 예의 그 티 없는 미소를 머금은 채 그의 눈을 똑바로 보며 마치 성가시지만 꼭 챙겨야 하는 가족의 의무를 다하라는 듯한 어조로 "가는 김에 엘런 언니도 꼭 보고 와야 해요"라고 했다.

둘이 나눈 얘기는 그뿐이었지만, 그들은 둘 다 그 안에 숨겨진 암호를 읽을 수 있게 단련되어 있었다. '당신은 내가 언니에 대한 소문을 들어 다 알고 있고, 우리 가족이 언니를 남편에게 돌아가게 만들려고 한 모든 노력에 진심으로 공감한다는 걸 잘 알 거예요. 저한테는 그 이유를 말해주지 않았지만, 당신은 엘런 언니에게 우리 할머니뿐 아니라 집안 어른들이 모두 찬성한 이 방침을 거부하게끔 조언했죠. 당신의 그 조언 때문에 언니가 온 가족의 조언을 무시했고, 당신도 오늘 저녁 실러턴 잭슨 씨에게서 들었겠지만 그런 잡다한 소문에 휘말리게 됐죠. 당신이 그렇게 짜증난 것도 바로 그 때문이겠지만…… 이미 다른 사람들한테 그런 소문을 전해 들었을 텐데도 그렇게 꿈적 않고 있으니 제가 직접 한마디하죠. 물론 우리같이 교양 있는 사람들이 언짢은 소리를 해야 할 때 취하는 그런 방식으로 말이에요. 저는 당신이 워싱턴에 가면 언니를 만날 거라는 걸, 애초에 그러려고 가는 것일 수도 있다는 걸 알아요. 당신은 틀림없이 언니를 만날 테니까 저 역시 얼마든지 그러라고 말해주고 싶어요. 당신이 권한 대로 행동한 탓에 어떤 일이 벌어질지 이번 기회에 알려주고 오면 좋겠네요.'

이런 무언의 전언이 그에게 마지막 한마디까지 도달했을 때, 메이의 손은 여전히 심지 조절기를 쥐고 있었다. 메이는 심지를 내린 다음 등갓을 열고 침침한 불꽃을 훅 불어 껐다. "불어서 끄면 냄새가 덜 나거든요." 그녀는 주부다운 밝은 태도로 이렇게 설명하더니 문간에 멈춰 서서 남편의 입맞춤을 기다렸다.[17]

순진하게만 보였던 메이의 눈에 올렌스카 부인을 만나러 가기 위한 구실을 만들고 있는 아처가 내려다보이고 있다. 이 소설은 그 순간의 갈등을 사건이나 심지어 대화로도 처리하지 않고, 다만 아처와 메이 사이에서 흐르고 있는 심리적 긴장 가운데 무언으로 전해지는, 그렇지만 너무나도 분명한 전언으로 제시하고 있다. 그런 뒤 메이의 행동에 대한 묘사가 덧붙여지면서 더할 나위 없는 깔끔하고 멋진 소설적 장면이 탄생하고 있다. 1993년의 동명의 영화에도 아처(다니엘 데이 루이스)와 메이(위노나 라이더)가 소리 없이 부딪치는 이 장면이 등장하지만, 이 숨 막히는 분위기는 거의 옮겨지지 못했다.

이 장면을 통해 한동안 아처와 올렌스카 부인 두 사람 사이의 심리 게임으로 진행되던 소설의 흐름에 제동이 걸리면서 견고한 삼각관계의 구도가 순식간에 복원된다. 메이는 어떤 의미에서는 답답하기 짝이 없지만 그럼에도 품위를 갖춘 옛 뉴욕 사회를 표상하고 있는 것처럼 보인다. 그리고 바로 그것이 세계적 차원의 전쟁을 겪으면서 변화한 세상에서 이디스 워튼이 노스탤지어의 시선으로 그려내고자 했던 '순수의 시대'의 양가적인 단면일지도 모르겠다.

소설의 후반부는 이때로부터 26년을 건너뛰어 이제 과거와는 달라진 세상에서 전개된다.

> 아처는 자기가 무엇을 놓쳤는지 알고 있었다. 바로 인생의 꽃이었다. 하지만 이제 너무도 까마득하고 비현실적으로 느껴져서, 그 때문에 불평한다면 마치 복권에서 일등을 놓쳤다고 아쉬워하는 것과 비슷할 듯했다. 그가 산 복권은 1억 장이 발행되었고 당첨자는 딱 한 명이었다. 그러니 그의 복권이 당첨될 확률은 아주 적었다. 엘런 올렌스카를 생각할 때면 책이나 그림에 나오는 상상 속의 연인을 그려볼 때처럼 추상적이고 차분한 느낌이었다. 그녀는 그가 놓친 모든 것을 모아놓은 환영이었다. 그 환영은 희미하고 흐릿했지만, 아처는 그 덕분에 다른 여성을 생각할 겨를이 없었다. 그는 이른바 충실한 남편이었고, 메이가 폐렴에 걸린 막내를 돌보다가 감염되는 바람에 세상을 떠났을 때 진심으로 슬퍼했다. 그녀와 오랜 세월 같이 살면서 아처는 결혼이 단조로운 의무이긴 해도, 의무의 존엄성을 유지할 수만 있다면 큰 문제가 아니라고 생각했다. 하지만 그 의무를 저버리면 결혼은 단지 추악한 욕망의 전쟁으로 전락할 터였다. 아처는 주변을 돌아보면서 자신의 지난날에 긍지를 느꼈지만, 한편으로는 아쉬움도 없지 않았다. 어쨌든 전통적인 생활방식에도 좋은 점은 있었다.[18]

아처는 한순간 젊음의 고비를 건너 비교적 평탄한 가정과 사회생활을 겪어 만년에 이르렀다. 그는 세 아이(댈러스, 메리, 빌)의 아버지가 되어 있고, 메이는 더 이상 세상에 없다. 소설은 막내 빌의 출장을 겸한 아버지와의 파리 여행을 매개로 아처와 엘런 올렌스카가 다시 만날 기회를 만들어놓고 그 상황에서 아처의 선택을 지켜보고 있다. 이디스 워튼은 이때의 아처의 나이가 57세라고 구체적으로 밝혀놓았는데, 《순수의 시대》를 쓸 무렵의 그녀의 나이 또한 57세였다는 사실을 생각하면 이 소설은 어떤 의미에서는 이디스 워튼의 자화상이기도 한 셈이다.[19] 그럼에도 그녀가 생각하는 소설이라는 장르는 실제를 원재료 그대로 드러내는 것이 아니라 '전위(transposition)'를 거친 "의식적인 질서와 선택의 산물"[20]인바, 그렇게 세련된 스타일로 정련된 소설적 자화상은 그녀와 그녀의 시대뿐만 아니라 지금의 우리까지도 비출 수 있는 보편적인 이야기로 남아 있다.

(2023. 07)

주

1   Sarah Bird Wright, *Edith Wharton A to Z: The Essential Guide to the Life and Work*, Facts On File, 1998의 Sinclair Lewis 항목(pp. 152~153) 참조. 그런데 싱클레어 루이스의 이 소설 《배빗》은 두 해 후의 퓰리처상 수상 과정에서 《메인 스트리트》의 전례를 반복하게 되고, 결국 윌라 캐더(Willa Cather)가 그해의 수상자로 선정되는 사건이 재연된다. 마침내 1926년 싱클레어 루이스의 세 번째 소설 《애로스미스》(1925)가 퓰리처상에 선정되지만, 이번에는 싱클레어 루이스가 수상을 거부하는 사태가 발생했다. 그럼에도 그해의 퓰리처상이 그에게 수여된 것으로 기록되어 있다. Claudia Stone Weissberg, "Sinclair Lewis, 'the Main Street burglary and a rejection notice", https://www.pulitzer.org/article/sinclair-lewis-main-street-burglary-and-rejection-notice 참조. 한편 싱클레어 루이스는 1930년 미국인으로서는 최초로 노벨문학상 수상자가 된다. 이해의 후보 가운데에는 이디스 워튼도 있었다. 노벨문학상 홈페이지(https://www.nobelprize.org/prizes/literature/1930/summary/)와 Simon & Schuster 출판사 홈페이지 저자 소개 코너의 Edith Wharton 항목(https://www.simonandschuster.co.uk/authors/Edith-Wharton/66181606) 참조.
2   《순수의 시대》는 *The Pictorial Review*에 연재되면서 이미 18,000달러의 계약금을 받았고, 이디스 워튼의 새 출판사 Appleton으로부터도 15,000달러의 로열티를 받았다. 1922년까지 영화 판권을 포함한 이 책의 판매 수입은 70,000달러에 이른 것으로 알려져 있다. Millicent Bell, "Introduction: A Critical History", *The Cambridge Companion to Edith Wharton*, edited. by Millicent Bell, Cambridge University Press, 1995, p. 7 참조.
3   이디스 워튼, 《순수의 시대》, 손영미 옮김, 문학동네, 2022, 88쪽.
4   R. W. B. Lewis, *Edith Wharton: A Biography*, Fromm International, 1985, p. 423.
5   작가의 전작 가운데에는 《환락의 집》(1905)이나 《그 지방의 관습》(1913)처럼 앞서 뉴욕을 배경으로 한 소설이 있었지만 그 경우에는 소설이 쓰인 시기와 거의 동시대의 상황으로 그 공간은 기본적으로 비판적 풍자의 대상이었다는 점에서 시간적 거리가 가로놓여 향수의 태도를 품고 있는 《순수의 시대》와 차이가 있다.
6   《환락의 집》(릴리 바트)과 《그 지방의 관습》(언딘 스프라그)을 포함하여 또 다

른 대표작《여름》(1917) 또한 여성인물(채러티 로열)이 남성인물들과의 관계에서 중심에 있는 반면,《이선 프롬》(1911)과《암초》(1912)는 각각 이선 프롬과 조지 대로우 등 남성인물이 성향이 대조적인 두 여성 사이에 놓여 있다는 점에서《순수의 시대》에 이어져 있다.

7   《순수의 시대》, 117쪽.
8   같은 책, 133~134쪽.
9   이 책은 최근《당신의 소설 속에 도롱뇽이 없다면》(최현지 옮김, 엑스북스, 2023)과《소설 쓰는 기술—읽히는 이야기는 어떻게 써야 하는가》(박경선 옮김, 젤리클, 2023) 등의 두 가지 번역본이 출간되었다. 이 글에서는《당신의 소설 속에 도롱뇽이 없다면》, 26쪽에서 인용했다.
10 《순수의 시대》, 164~165쪽.
11 소설을 원작으로 1993년 제작된 마틴 스콜세지 감독의 동명의 영화에서는 이 장면을 의식한 듯, 메이와 그녀의 어머니 웰런드 부인을 나란히 세워두고 그 닮은 모습을 여러 차례 드러내지만 원작 소설에 담긴 이런 입체적 시선까지 담기는 쉽지 않았다.
12 《순수의 시대》, 233~234쪽.
13 지그문트 프로이트,「불륜을 꿈꾸는 심리」,《성욕에 관한 세 편의 에세이》, 김정일 옮김, 열린책들, 1996 참조.
14 《순수의 시대》, 272쪽.
15 같은 책, 273쪽.
16 같은 책, 245~246쪽.
17 같은 책, 298~299쪽.
18 같은 책, 385~386쪽.
19 R. W. B. Lewis의 평전을 참고하면 초고 단계에서 아처의 이름은 Langdon이었는데 완성되면서 이디스 워튼의 미들네임인 Newbold와 유사한 발음의 Newland로 바뀌었다고 한다. 한편 올렌스카 부인의 불행한 결혼 생활에는 이디스 워튼의 전기적 사실이 반영되어 있다. 그런 맥락에서 이 평전은 이디스 워튼이 뉴런드 아처와 엘런 올렌스카 사이에서 "회고적인 자기 대면의 행위(a retrospective act of self-confrontation)"(p. 431)를 수행하고 있는 것으로 설명한다.
20 《당신의 소설 속에 도롱뇽이 없다면》, 27쪽.

'페스트'라는 알레고리의 리얼리티

알베르 카뮈

페스트

코로나19 바이러스로 인해 우리는 전례 없는 경험을 하고 있는 중이다. 21세기에 들어서만도 사스(2002~2003)와 신종플루(2009), 메르스(2015) 같은 유사한 전염병 사태가 없었던 것은 아니지만 그때와는 차원이 다른 상황을 겪고 있다. 그리고 그 상황과 결부된 한 가지 사건이 지금 이 글에서 살펴보고자 하는 《페스트》 읽기 현상이다. 최근 들어 《페스트》에 대한 기사나 영상을 자주 접하게 되는데, 당연히 그런 현상이 우리에게만 국한된 것은 아니다.[1]

이런 현상의 이유는 소설을 읽어보면 금방 느낄 수 있다. 소설 속 상황이 지금 우리가 겪고 있는 것과 놀랄 만큼 흡사하기 때문이다. 전염병의 상황 속에서 발생하는 인간 군상들의 여러 반응들도 그렇지만, 1947년 처음 출간된 《페스트》에는 그런 상황이 지속되면서 일어나는 경제적인 불평등의 문제도 등장하며, 심지어 축구장을 개조한 격리

수용 시설에서 차량을 이용하여 식사 배급을 하는 (지금의 드라이브 스루 검진 시스템을 떠올리게 만드는) 장면[2]도 나온다.

그런데 잘 알려진 것처럼, 《페스트》는 카뮈가 제2차 세계대전을 거치면서 나치 점령하의 레지스탕스의 상황을 서사화하기 위해 다니엘 디포와 허먼 멜빌의 소설을 읽으며 구상한 가상의 허구 이야기, 그러니까 일종의 알레고리이다. 20세기에 들어서 그런 큰 규모의 페스트는 오랑뿐만 아니라 어디에서도 일어나지 않았던 일이다. 《페스트》가 알레고리라는 것은 책 앞의 제사(에피그라프)에 제시된 "어떤 형태의 감금 상태를 다른 형태로 표현해보는 것은 그것이 무엇이든 실제로 존재하는 것을 존재하지 않는 것으로 표현해보는 것만큼이나 합리적이다"라는 대니얼 디포의 문장(《로빈슨 크루소》의 세 번째 권에 붙인 서문)에 이미 드러나 있다.

《페스트》의 알레고리는 태생적으로 이중의 구조를 가졌다는 점에 독특함이 있다. 1942년 10월 23일자의 '작가수첩'에서 카뮈는 "《페스트》는 사회적 의미와 동시에 형이상학적 의미를 가진다. 그것은 똑같은 것이다. 이런 애매성은 《이방인》의 애매성이기도 하다"[3]고 썼는데, 그러니까 '페스트'라는 현상을 '나치 점령'이라는 사회적 차원과 '삶의 모순'이라는 형이상학적 차원에 동시에 대응되는 이중적 알레고리로 제시하는 것이 그의 의도였던 것이다. 페스트에 맞서고 있는 의사 리외와 취재차 파리에서 와서 페스트 때문에 돌아가지 못하고 있는 신문기자 랑베르가 나누는 다음의 대화는 이 소설의 사회적 차원과 형이상학적 차원이 부딪치고 있는, 그렇지만 형이상학적 차원으로 무게중심이 기울고 있는 장면이라 할 만하다.

> 잠시 후, 의사는 머리를 흔들었다. 신문기자가 행복에 대해 초조해하는 것도 일리가 있었다. 그러나 '선생님은 추상의 세계에 살고 계시잖아요'라는 그의 비난은 정당한가? 페스트가 더욱 기승을 부려 사망자 수가 일주일에 평균 500명에 이르는 요즘, 병원에서 보낸 그날들이 정말 추상적이었을까? 그렇다, 불행에는 추상적이고 비현실적인 부분이 있기 마련이다. 그러나 추상이 우리를 죽이기 시작할 때는 추상에 신경을 써야 한다. 그리고 그것이 그리 쉬운 일이 아니라는 것을 리외는 알고 있을 뿐이었다.[4]

《페스트》는 발표 당시 대중적으로는 큰 반응을 얻었지만 이처럼 형이상학적 차원을 주된 축으로 보유한 알레고리의 성격으로 인해 여러 차례 비판의 대상이 되기도 했다. 가령 1952년 장송과 함께 카뮈와 벌인 유명한 논쟁에서 사르트르는 《페스트》를 두고 "당신은 죽음에 맞서 저항하고 있었지만, 다른 이들은 도시를 둘러싼 철조망 안에서 사망률을 높이는 사회적 조건들에 저항하고 있었습니다"[5]라고 비판했는데, 그런 판단에는 카뮈가 실제 현실 속의 문제를 자연이라는 추상적 상황 속에 은폐하고 있다는 비난에 가까운 생각이 가로놓여 있다. 1955년 롤랑 바르트와의 논쟁에서 카뮈가 "《페스트》가 반역사주의적 윤리와 정치적 고독의 태도를 위한 기반을 놓았다고 얘기하는 것은 몇 가지 모순을 스스로 노출하고 몇 가지 명백한 사실을 벗어나 있다"[6]고 반박한 것에서 이 논쟁에서도 같은 논점이 계속 문제되고 있었다는 사실을 알 수 있다. 전후의 유럽 지식인들에게는 《페스트》의 알레고리에서 그 형이상학적 측면이 카뮈의 의도보다 더 크게 보였고 반면에 사회적 측면은 그들의 기대만큼 보이지 않았던 듯하다.

한편 이런 이중적인 알레고리 구조로 인해 《페스트》는 우리에게 익숙한 소설과는 다소 다른 성격을 지니게 되었고, 그 문제를 둘러싸고 사르트르나 롤랑 바르트의 비판과는 또 다른 비판에 마주하게 된다. "《페스트》는 소설이라기보다 우화의 옷을 걸친 설교이다. 이 소설에서 실제로 활동하는 인물은 셋뿐이다. 즉 해설자, 도시, 페스트이다. 나머지 인물은 상징적인 가치를 지닐 뿐이다. 혹은 중세적인 도덕성을 대변하는 인물을 특징 지우는 현실 내용을 가질 뿐이다"[7]라는 비판이 그것이다. 이런 비판적 상황 역시 알레고리가 그것이 마주하고 있는 현실보다 인간의 근원적인 조건을 비추다 보니 일종의 우화 혹은 신화적 인상을 띠게 된 것과 무관하지 않을 것이다. 그리고 이와 같은 인상은 최근까지도 크게 변하지 않고 남아 있는 상황이었다. 가령 몇 년 전 이 소설을 새롭게 번역하면서 번역자가 "공동체의 발견이나 연대의식과 참여, 미덕과 같은 주제의식은 너무 무겁고 진부하게 여겨지며, 대부분의 등장인물은 너무 선량하고 그들의 대화 역시 너무 윤리적이고 철학적으로 보인다"[8]는 감상을 남긴 것을 보면 말이다.

《페스트》에 대한 이상의 비판이 이 소설 자체에 내재된 알레고리의 구조에 기인한 것이었다면, 그 후 한동안은 그 알레고리가 포괄하지 못한 현실의 문제를 둘러싸고 비판이 이루어지기도 했다. 그 대표적인 것이 《페스트》가 프랑스의 식민지였던 알제리의 도시 오랑을 무대로 하면서도 그 이야기 속에 아랍인이 보이지 않는다는 탈식민주의적 관점에 기반한 비판이다. 이 소설에서 아랍인은 의사 리외의 성실성을 증명하기 위한 통계수치로만 등장할 따름이라는 것이다. "이 작품은 분명한 이름을 가진 등장인물이 모두 유럽인이라는 점에서 《이방인》과 유사할 뿐만 아니라 더욱이 말도 이름도 얼굴도 없는 아랍인조차 등장하지 않는다는 점에서 《이방인》을 능가한다"[9]는 비판이 일찍이 나온 바 있었다. 그렇기 때문에 《이방인》의 경우에는 카뮈처럼 이른바 '피에 누아르(pied-noir)'('검은 발'이라는 의미로 유럽 출신의 알제리인을 지칭)인 뫼르소에 의해 살해된 아랍인을 형으로 둔 '하룬'이라는 허구의 인물을 설정하여 이야기를 다시 쓸 수 있었지만,[10] 《페스트》의 경우에는 그럴 수 있는 근거조차 발견하기 어렵다.

한편 《페스트》에서 아랍인뿐만 아니라 여성이 점유하는 인물 공간 또한 거의 없다시피 한 것도 특이한 일이다. 영국의 여성 작가 마리아 와너는 예전에 이 소설을 읽었을 때 아랍인이 사라졌다는 사실도 알지 못했을 뿐만 아니라 여성이 없다는 사실에도 별다른 느낌을 받지 못했으나,

다시 읽으면서 "이 책에서 여성은 항상 다른 곳, 그러니까 소설의 바깥 구석에 어린 시절 어머니의 미소나 아픈 아내, 지금 여기에 없는 애인 같은 유령의 모습으로 존재한다"[11]는 사실을 새삼 발견했다고 쓴 바 있다.

카뮈의 소설을 원작으로 한 루이스 푸엔조 감독의 영화 〈The Plague〉(1992)는 199×년의 오랑을 배경으로 하고 있는데, 여기에서 오랑은 알제리가 아니라 남미에 있는 도시로 나온다. 시간과 공간이 다르게 설정되어 있는 것도 특이하지만, 더 인상적인 것은 이 영화에서는 소설에서의 신문기자 레몽 랑베르가 여성 TV 리포터 마르틴 랑베르로 바뀌어 있다는 점이다. 이와 같은 변화 또한 《페스트》의 빈자리를 메워 그 이야기의 현실성을 보완하려는 시도로 이해할 수 있다.

이처럼 나치 점령하의 시대의 현실을 담기 위한 알레고리로 구상된 《페스트》는 그 알레고리라는 특징으로 인해 그것이 현실의 문제로 치환되기 위해서는 비판이나 보완의 과정이 뒤따라야 했다. 시대가 바뀜에 따라 그 보완의 여지가 인종이나 젠더의 문제로까지 다시 확장되는 양상도 볼 수 있었다.

그런데 2020년 봄 코로나바이러스는 한순간에 《페스트》에서 알레고리를 걷어내고 그 안의 가상의 상황을 그대로 현실을 비추는 스크린으로 만들어버렸다. 한 기고가는 "《페스트》는 안티 알레고리(anti-allegory)이다. 그것은 특정 인간이 실제의 질병으로 인해 중세적이고 잔혹한 방식으로 실제 죽는, 생생하게 만져지고 적나라하게 불편한 이야기이다"[12]라고 쓰기조차 했다. 한 의사는 뉴스 인터뷰에서 "이건 전쟁이에요. 마치 전시의 의사가 된 것 같아요"[13]라는 발언을 하기도 했다. 전쟁의 알레고리로 바이러스가 사용되었던 《페스트》의 상황이 이제는 바이러스 사태를 이야기하기 위해 전쟁이라는 비유가 동원되는 상황이 된 것이다. 지금의 사태가 지속되면 인류 자신이 바이러스라는 부조리한 존재와 힘겹게 싸우고 있는 무기력한 존재라는 사실을 새삼 인식하게 되면서 《페스트》의 알레고리의 실존적, 형이상학적 축이 활성화될지도 모를 일이다.

한편 우리의 경우 《페스트》의 알레고리가 리얼리티를 갖게 된 상황에는 또 다른 사정, 즉 우리의 현실적 지평의 변화가 함께 맞물려 있다는 생각을 해볼 수도 있다. 고등학교 시절 《페스트》를 처음 읽었을 때 이 다른 나라의 소설은 마치 다른 세계의 이야기처럼 느껴졌다. 등장인물들의 헌신과 희생의 자세는 이해할 만했지만 그럼에도 불구하고 그런 태도는 너무 관념적인 것이 아닌가 하는 의구심을 떨치기 어려웠다. 위인전의 이야기 속이 아닌 내 주변의 현실에서 그런 인물은 보이지 않았기 때문이다. 그때는 그런 거리감이 유럽이라는 선진적 사회와 개발도상국 사이에 가로놓인 건널 수 없는 차이 때문에 생긴 것이라고 생각되기도 했다.[14] 그런데 (앞서 살펴본 바와 같이 이 주변부 콤플렉스 이전에 《페스트》의 신화적 성격이 이미 근본적인 원인으로 가로놓여 있었던 것도 사실이지만) 지금 우리는 헌신적인 의료진들, 성숙한 의식을 지닌 시민들, 그리고 상대적으로 차분하고 체계적인 대응을 하고 있는 정부와 함께 《페스트》의 알레고리에서 알레고리가 아닌 현실을 볼 수 있게 되었다. 이런 현실의 변화가 콤플렉스를 메우면서 신화에 리얼리티를 부여하고 있는 것이다. 바야흐로 우리는 코로나바이러스의 현실이 알레고리의 운명을 전복적으로 재규정하는 세계를 살아가고 있다. (2020. 05)

주

1 가령 영국(UK)에서도 2019년 2월에는 226권 판매되었던 이 책이 2020년 2월에는 371권, 그리고 3월 3주 동안에만 2156권이 판매되었다는 기사를 볼 수 있다. "Albert Camus novel *The Plague* leads surge of pestilence fiction", *The Guardian*, 2020. 3. 28 참조.
2 알베르 카뮈, 《페스트》, 유호식 옮김, 문학동네, 2015, 281쪽.
3 알베르 카뮈, 《알베르 카뮈 전집 5》, 김화영 옮김, 책세상, 2010, 57쪽.
4 《페스트》, 108쪽.
5 장 폴 사르트르, 「카뮈에게 보내는 답장」, 《시대의 초상》, 윤정임 옮김, 생각의나무, 2009, 148쪽.
6 Albert Camus, "Letter to Roland Barthes on *The Plague*", *Lyrical and critical essays*, Translated by Ellen Conroy Kennedy, Vintage Books, 1970, p. 339.
7 C. 오브리앙, 《작가와 역사의식―까뮈의 경우》, 강대석 옮김, 미래사, 1987, 72쪽.
8 유호식, 「《페스트》, 폭력과 진실」, 《페스트》, 문학동네, 2015, 365쪽.
9 C. 오브리앙, 앞의 책, 77쪽.
10 알제리의 작가 Kamel Daoud의 *Meursault, Meursault, contre-enquête*(2013). 영어로는 *The Meursault Investigation*(2015), 국내에서는 《뫼르소, 살인사건》(2017)이라는 제목으로 각각 번역되었다.
11 Marina Warner, "To be a Man", *The Guardian*, 2003. 4. 26, 참조
12 Stephen Metcalf, "Albert Camus' *The Plague* and our own Great Reset", *Los Angeles Times*, 2020. 3. 23, 참조
13 NBC Nightly News(2020. 4. 6)에서 Dr. Meilan Han의 발언.
14 비슷한 시기에 읽었던 솔제니친의 《이반 데니소비치의 하루》(1962) 역시 그 랬다. 전체주의 사회의 강제 노동 수용소에서의 비참한 상황을 이해할 수는 있었지만 그다지 실감이 되지는 않았다. 아프면 양호실에도 자유롭게 갈 수 있는 그곳이 그렇게까지 비참하게는 느껴지지 않을 만큼, 그 당시 한국의 학교나 군대는 그곳을 방불케 할 만큼 개인의 삶이 존중받지 못하는 상황이었기 때문이다.

샐린저라는 텍스트 읽기

J. D. 샐린저
♦
호밀밭의 파수꾼

1951년 처음 세상에 나온 J. D. 샐린저(1919~2010)의 《호밀밭의 파수꾼》은 그로부터 70여 년이 지난 지금까지 7000만 부 가까이 팔렸다고 전해진다. 이 소설이 당시에 폭발적인 반응을, 그리고 이후로도 지속적인 관심을 얻었던 이유는 무엇일까.[1] 지금의 상황에서는 이런 물음과 더불어 이 유명한 책을 읽기 시작하게 된다.

> 정말로 이 이야기를 듣고 싶다면, 아마도 가장 먼저 내가 어디에서 태어났는지, 끔찍했던 어린 시절이 어땠는지, 우리 부모님이 무슨 직업을 가지고 있는지, 내가 태어나기 전에 무슨 일들이 있었는지와 같은 데이비드 코퍼필드식의 아무짝에도 쓸모없는 이야기들에 대해 알고 싶을 것이다. 하지만 사실, 난 그런 이야기들을 하고 싶지 않다. 우선 그런 일들을 이야기했다가는 부모님이 뇌일혈이라도 일으킬

것 같기 때문이다. 부모님은 그런 일들에 대해서 굉장히 신경이 예민하셨다. 특히 아버지는. 두 분 모두 좋으신 분들이지만—이런 이야기를 하고 싶지 않았다—끔찍할 정도로 과민한 분들이니까. 더군다나, 난 여기서 따분하기 그지없는 자서전을 쓰고 싶은 생각은 추호도 없다. 그저 지난 크리스마스 시즌에 갑자기 건강이 악화되어 요양을 가기 전에 일어났던 어처구니없는 일들에 대해서 말하고 싶은 것뿐이다.²

소설은 캘리포니아의 한 요양원에 있는 홀든 콜필드의 회고로 시작된다.³ "데이비드 코퍼필드식의 아무짝에도 쓸모없는 이야기"나 "따분하기 그지없는 자서전" 등의 표현에 드러나 있는 태도에서 그가 기성의 규범에 어긋나는 성향을 갖고 있다는 사실을 확인할 수 있다. 홀든이 이야기하고자 하는 것은 그 전해 크리스마스 방학을 앞두고 겪었던 "어처구니없는 일들"인데, 그 시작은 그가 성적 부진을 이유로 자신이 다니던 펜실베니아의 기숙학교로부터 퇴학 처분을 받는 사건이었다. 그는 자신에게 동정적이었던(그렇지만 그에게 낙제 점수를 준) 노년의 역사 교사를 찾아 인사를 하는 등 차분하게 자신의 상황을 정리하려 한다. 이 단계는 그런대로 참아내지만, 존재의 모서리마다 날카롭게 각이 서 있는 그가 그 이후 외부의 세계와 마주하는 장면 하나하나는 폭발 일보 직전에 근접하는 아슬아슬한 분위기를 자아낸다.

"네놈은 더럽고, 어리석은 바보 같은 자식이야." 내가 말했다. 이 말이 그를 정말 미치게 만들었다. 그는 내 얼굴 앞에다 커다랗고 무식해 보이는 손가락을 대고는 흔들었다. "홀든. 이 망할 자식. 난 분명히 경고했어. 이번이 마지막이야. 조용히 입 닥치지 않을 거라면, 내가……"

"왜 내가 그래야 하는데?" 난 소리 지르듯이 말했다. "그게 바로 너 같은 바보들의 문제야. 어떤 일에도 토론이라는 걸 할 줄 모른다니까. 그래서 네놈은 늘 바보같이 말을 하는 거지. 절대로 지성적인 토론이라는 건 하고 싶어 하지 않으니……"

그 순간엔 그가 나를 정말 늘씬하게 두들겨 팼다. (……) 일어날 수도 없었다. 잠시 동안 가만히 그 자리에 누워 있었다. 그러면서도 계속 그 자식을 바보천치라고 불러대고 있었다. 난 미친 게 분명했다. 실제로 고래고래 고함을 지르고 있었다.[4]

홀든이 그의 룸메이트인 스트라드레이터에게 얻어맞는 대목이다. 계기가 되는 사건이 없는 것은 아니지만, 보다 근본적인 원인은 홀든 자신에게 있다고 봐야 한다. 위에서도 그렇지만 그는 어느 순간 적정 한도를 넘어버린다. 번역에서는 '더럽고, 어리석은 바보 같은 자식' '바보천치' 정도의 온건한 표현으로 대체되어 있지만,[5] 그 대목의 원문은 "a dirty stupid sonuvabitch of a moron", "a moron sonuvabitch"[6] 등의 과격한 욕설을 담고 있다. 그것은 표면적으로는 룸메이트를 상대로 표출되고 있는 듯하지만, 보다 근본적으로는 홀든 내부의 어떤 심층의 불만이 더이상 억제되지 못하고 급기야 터져나오는 것처럼 보인다. 홀든 스스로 '미친 게 분명'하다고 느끼고 있기도 하다. 정작 조심스러운 것은 이 상황을 제대로 이해하지 못하면서 행동을 하고 있는 상대방이다.

궁극적으로는 자신이 만든 이런 상황으로 인해 홀든은 그날 밤 우발적으로 기숙사를 떠나 기차를 타고 자신의 집이 있는 뉴욕으로 향한다. 아직 집에는 퇴학 처분의 통지가 도착하지 않았을 테니 방학도 되기 전에 불쑥 나타날 수는 없다. 다행히 상류층 집안(홀든의 아버지는 변호사이다) 출신인 그에게는 할머니로부터 받은 적지 않은 용돈이 있어 2박 3일을 호텔에 머물면서 뉴욕 시내를 배회한다.

> 문제가 있다면, 이런 일들은 세상에서 없어졌으면 좋겠다고 바라면서도 눈을 뗄 수 없게 만드는 일종의 마력 같은 것을 가지고 있다는 점이다. 이를테면 얼굴에 물을 내뿜고 있는 여자 같은 경우는 굉장히 매력적으로 생겼다는 것을 들 수 있을 것이다. 그게 내가 가지고 있는 가장 큰 문제점이다. 난 어쩌면 이 세상 누구보다도 가장 지독한 색광인지도 몰랐다. 종종 나는 지저분하기 짝이 없는 일들을 생각할 뿐만 아니라, 그런 일들을 할 수 있는 기회가 온다면 기꺼이 하고 싶으니 말이다. 엄청 취해서 여자와 서로의 얼굴에 물을 뿜어대기처럼 볼썽사나운 일들을 한다면 재미있을

것 같다는 생각이 드니 말이다. 하지만 난 그런 일들은 좋아하지 않는다. 생각해보면 정말 고약한 일이기도 하고 말이다. 정말로 좋아하지 않는 여자라면, 그런 식으로 어울려서는 안 될 것이다. 그리고 진짜 좋아하는 여자라면, 그때는 그 여자의 얼굴을 좋아할 테니까, 물을 얼굴에다 내뿜는 짓 같은 지저분한 짓을 해서는 안 될 테니까 말이다. 그렇지만 실제로는 저런 추잡한 일들이 재미있게 느껴질 때가 있다.[7]

뉴욕 시내에서 홀든은 술집에서 만난 여성들과 수작을 벌이기도 하고 창녀를 방 안으로 불렀다가 시비가 붙어 포주에게 폭행을 당하기도 한다. 그런데 이 소설이 그런 사건들보다도 더 선명하게 그려내고 있는 것은 홀든의 내적 상태이다. 위에서 보는 것처럼, 그것은 홀든 자신도 분명하게 알지 못하는, 복잡하면서 때로는 모순적이기도 한 마음의 움직임이다.

대부분의 성장소설은 경험의 과정에서 이런 불안을 어느 선에서 회수하여 정리하면서 주체의 성장으로 연결시키는 것이 보통이다. 하지만 《호밀밭의 파수꾼》은 그런 얘기들과 그 지점에서 다소 거리가 있다. 이 소설은 그 상황에서 충동의 방향으로 한 발 더 들어가 보다 확장된 혼란을 보여준다. 대체로 시간이 지난 뒤에 그 시기를 되돌아보며 이제는 문제가 극복되었다고 생각하면서 다소 미숙한 상태로 그리게 마련인 상황을 이 소설은 그 시기를 통과하고 있는 주체의 의식에 밀착하여 매우 진지하게 대면하고 있는 것이다.

《호밀밭의 파수꾼》을 2003년과 2014년 두 차례에 걸쳐 일본어로 번역하기도 한 무라카미 하루키는 이 실감을 문체의 문제라고 생각하는 듯하다. 이 소설을 번역한 후 하쿠스이샤(白水社) 사이트에 공개된 시바타 모토유키(柴田元幸)와의 인터뷰에서 하루키는 《호밀밭의 파수꾼》에 대해 이야기하면서 "꽤 오래된 일이라 분명한 기억은 없어요. 단 문체에 강하게 매료되었던 것 같아요. (……) 그래서 내용적으로는 크게 감명을 받거나 하지는 않았던 것 같아요. 얘기했듯이 문체는 계속해서 제 머릿속에 남아 있었어요."[8]라고 언급한 바 있으며, 더 나중에 가와카미 미에코(川上未映子)와의 인터뷰에서도 문체와 관련된 얘기나 나오자 "문체 면에서 굉장하다 싶었던 작가는 뭐니뭐니 해도 샐린저죠. 그는 《호밀밭의 파수꾼》에서 압도적인 문체의 힘을 보여줬습니다"[9]라며 바로 이 소설을 떠올린 바 있다.

하루키가 이야기하는 문체는 내용과 대비되는 측면에서 작용하는 소설의 요소를 넓게 지칭하고 있다고 볼 수 있을 듯하다. 그런데 문제는 그것이 내용보다도 더 은밀한 방식으로 더 깊은 영향을 미친다는 점이다. 그는 이 소설에 대해 쓴 짧은 글에서 "솔직히 말해 나 자신은 샐린저의 작품에 '영향을 받았다'고 딱히 생각하지 않지만, 어린 시절에 읽고 마음이 움직였던 기억은 있으니 어쩌면 자연스럽게 새겨진 게 있는지도 모른다"[10]고 적고 있다. 하루키는 샐린저의 작품의 영향을 받지 않았다고 생각하지만, 많은 사람들은 그의 초기 대표작인《노르웨이의 숲》(1987)이 일본판《호밀밭의 파수꾼》이라고 여긴다.《노르웨이의 숲》에서《위대한 개츠비》(1925)나《마의 산》(1924)은 소설에 대한 직접적인 언급이 나오지만《호밀밭의 파수꾼》은 다음처럼 다소 독특한 방식으로 등장한다.

> 레이코 씨는 눈꼬리에 주름을 깊게 잡으며 잠시 내 얼굴을 바라보았다.
> "학생은 참 이상한 말투를 쓰네" 하고 레이코 씨가 말했다.
> "《호밀밭의 파수꾼》에 나오는 남자 주인공의 흉내를 내고 있는 건 아닐 테고."
> "설마요"라고 말하면서 내가 웃었더니, 레이코 씨도 담배를 입에 문 채 웃었다.[11]

홀든 콜필드의 말투, 그러니까 문체가《노르웨이의 숲》의 인물인 와타나베의 말투에 스며들어 있다는 사실이 소설 속의 다른 인물 레이코에 의해 지적되고 있는 이 장면은 이 글의 맥락에서 상당히 흥미로운 대목이다.

《호밀밭의 파수꾼》이 신화적인 텍스트가 된 데에는 이 소설이 몇몇 암살 사건과 연관되었다는 사실이 작용하기도 했다. 정작 이 소설에는 그런 사건의 직접적인 모티프가 될 만한 상황이 보이지는 않는다. 그럼에도 불구하고 1980년 존 레논을 암살한 마크 채프먼과 1981년 로널드 레이건 대통령을 암살하려다 실패한 존 힌클리는 자신의 범행 동기로 《호밀밭의 파수꾼》을 들었다. 이들 사건에서 범인들이 제시한 영향이라는 것 또한 소설 속의 사건 같은 것이 아니라 홀든 콜필드의 내적 상태에 대한 그들의 몰입과 동화에서, 그러니까 하루키의 용어로 '문체'의 차원에서 발생한 것이라고 볼 수 있지 않을까. 그렇기 때문에 그들은 재판 과정에서 그 영향을 논리적으로 설명하지 못하고 소설의 일부를 그대로 읽었던 것이다.[12]

그렇지만 이 범인들은 《호밀밭의 파수꾼》에서 자신이 보고 싶은 대목만 받아들이고 소설 전체의 전언을 수신하는 데는 실패했다고 봐야 한다. 그 전언은 이 소설 후반부에서 부모들 몰래 집에 들어온 홀든이 어린 여동생 피비와 나누는 다음의 대화에서 확인할 수 있다.

> "내가 뭘 하고 싶은지 알고 싶어? 내가 뭐가 되고 싶은지 말해줄까? 만약 내가 그놈의 선택이라는 걸 할 수 있다면 말이야." (……) "그건 그렇다 치고, 나는 늘 넓은 호밀밭에서 꼬마들이 재미있게 놀고 있는 모습을 상상하곤 했어. 어린애들만 수천 명이 있을 뿐 주위에 어른이라고는 나밖에 없는 거야. 그리고 난 아득한 절벽 앞에 서 있어. 내가 할 일은 아이들이 절벽으로 떨어질 것 같으면, 재빨리 붙잡아주는 거야. 애들이란 앞뒤 생각 없이 마구 달리는 법이니까. 그럴 때 어딘가에서 내가 나타나서는 꼬마가 떨어지지 않도록 붙잡아주는 거지. 온종일 그 일만 하는 거야. 말하자면 호밀밭의 파수꾼이 되고 싶다고나 할까. 바보 같은 얘기

라는 건 알고 있어. 하지만 정말 내가 되고 싶은 건 그거야. 바보 같겠지만 말이야."[13]

무엇이 되고 싶냐는 피비의 질문에 홀든은 아이들만 있는 호밀밭이라는 자신의 상상 속 세계에서 그들을 지키는 파수꾼이 되고 싶다고 대답한다. 피비, 그리고 궁극적으로는 독자와 공유하는 홀든의 이 순수한 상상은 그때까지 세속 세계와의 마찰로 누추해진 그의 존재적 상태를 반전시킨다. 이야기의 절정의 지점에 놓인 이 대목에서 소설의 제목이 '호밀밭의 파수꾼'인 이유가 마침내 드러나면서 구성의 균형이 마련되고 있기도 하다.

그렇지만 다른 관점에서 생각하면 홀든의 숭고한 상상은 여동생 피비와 죽은 남동생 앨리의 나이에 고착된 홀든의 퇴행적 심리로 인한 것이라고도 볼 수 있다. 사실 이 글을 쓰던 당시의 샐린저는 홀든보다 그에 의해 "4년 동안 군대에서 복무했다. 전쟁터에도 나갔었는데, D-데이 상륙 작전에도 참가했었다"[14]라고 소개되는 그의 형 D. B.에 더 가깝기 때문이다.

이 문제를 샐린저의 삶과 연관시켜 생각해보면 이렇다. 그가 서른둘의 나이에 출간한 첫 책이기도 한 이 소설은 세상에 나오기까지 결코 순탄치 않은 과정을 겪어야 했다. 이 홀든의 이야기는 그보다 한참 거슬러올라간 시점에서 시작되었던 것이었는데, 샐린저가 세상을 떠난 직후 출간된 평전은 그 상황을 다음과 같이 기록하고 있다.

1941년 10월, 샐린저는 마침내 자신의 작품이 《뉴요커》에 실리게 되었다는 소식을 들었다. 비크만타워 호텔에서 다시 손을 봐서 8월에 대리인에게 넘겼던 소설의 일부였다. 제목을 '매디슨에서 시작한 작은 반란'으로 바꾸고, "크리스마스 방학에 학교를 나온 기숙학교 학생의 슬프고도 웃긴 소소한 이야기"로 소개했다. 또한 홀든 모리시 콜필드라는 뉴욕 출신의 불만 가득한 청소년이 등장하는, 심정적으로 자전적인 작품이라는 점도 인정했다.[15]

이 단편소설 〈매디슨에서 시작한 작은 반란(Slight Rebellion Off Madison)〉은 《호밀밭의 파수꾼》의 17장에서 20장 사이에 해당되는 내용으로 홀든 콜필드가 여자 친구 샐리 헤이즈와 만나 극장과 스케이트장에서 시간을 보내고, 저녁에는 바에서 학교 동창이었던 칼 루스를 만나 얘기를 나누는 내용을 담고 있다.

그런데 당장 발표될 것 같았던 이 소설은 샐린저가 군인으로 제2차 세계대전에 참전했다가 다시 돌아오고 나서도 한참 지난 뒤인 1946년 12월에야 《뉴요커》에 수록된다. 그러니까 홀든 콜필드 이야기는 샐린저와 전쟁 기간을 함께 했던 것이다.

홀든 콜필드라는 인물과 그가 등장하는 이야기들은, 샐린저가 성인이 된 후에도 늘 함께하던 것들이었다. 그는 그 원고가 너무 소중한 나머지 전쟁 중에도 항상 품고 다녔다. 1944년, 그는 휘트 버넷에게 '영감을 얻고, 자신을 지탱하기 위해' 그 원고들이 꼭 필요하다고 고백했다. 《호밀밭의 파수꾼》 원고는 노르망디의 바닷바람을 맞았고, 파리의 승전 기념 행렬에서도 그의 곁을 지켰다. 수없이 많은 장소에서 헤아릴 수 없이 많은 병사들이 전사하는 것을 목격했고, 나치의 강제수용소를 지켜보기도 했다. 비로소 샐린저는 코네티컷 웨스트포트에 있는 자신만의 안식처에서, 그 원고의 마지막 장, 마지막 문장을 완성했다.[16]

세상의 인정에 목말라 있던 당시의 샐린저에게 《뉴요커》에 소설을 발표하는 일은 그 무엇보다 절실한 것이었다. 전쟁 때문에 그 꿈이 당장에는 좌절되었지만, 그로 인해 결과적으로는 오히려 그 이야기가 더 깊은 체험을 담을 수 있는 여지가 마련되었다. 그가 자발적으로 선택한 참전은 그의 생명과 글쓰기를 함께 위협할 수 있는 것이었다. 하지만 그는 전쟁 한가운데에서도 글쓰기를 멈추지 않았다. 아니, 그 황폐한 시간 속에서 자기를 지키기 위해서라도 글쓰기에 더 간절하게 매달렸다. 그의 평전은 그가 보낸 편지와 그의 부대 동료들의 증언을 토대로 그가 전쟁 중인 상황에서도 틈만 나면 글을 썼다고 기록하고 있다.[17](한편 샐린저에게 그렇게 서로 다른 시간을 배경으로 태어난 이야기의 파편들을 한 호흡의 장편으로 가다듬을 수 있는 시간과 환경이 주어졌다는 사실도 창작의 실제에서는 각별한 의미를 갖는 것이다.)

그러니까 샐린저가 소설을 쓰는 과정에서 홀든 콜필드로서 사유하고 행동하는 경험은 그 이야기가 만들어지는 동안 전쟁 속에서 생존을 위한 고투를 벌이던 그의 현실 속 경험과 병행하고 있었다. 이렇듯《호밀밭의 파수꾼》이 독자들에게 (하루키가 시바타 모토유키와의 인터뷰에서 '배음(Harmonic Overtone)'이라고 표현한) 깊은 울림을 담은 이야기가 된 것은 그 창작의 과정에서 상당한 기간의 숙성이 이루어졌기 때문이라고 할 수 있다.

> 홀든이 센트럴파크에서 회전목마를 보며 얻은 통찰은, 샐린저가 자신의 전쟁 상처를 치유한 것과 같은 깨달음이었다. 그리고 둘 다 입을 닫고, 그 깨달음에 대해서는 두 번 다시 말하지 않았다. 따라서《호밀밭의 파수꾼》의 마지막 문장인 "누구에게든, 무슨 이야기든 하지 말기를, 그러면 모든 이들이 그리워질 테니까"를 읽을 땐 샐린저와 2차 세계대전을 모두 염두에 두어야 한다.
> 그리고 모든 전사자들도.[18]

케니스 슬라웬스키의《샐린저 평전》가운데 샐린저의 우나 오닐과의 연애 및 휘트 버넷과의 습작 시절과 제2차 세계 대전 참전, 그리고 귀국한 이후《호밀밭의 파수꾼》의 출간까지 대략 1940년대 전후 부분을 극화한 영화〈호밀밭의 반항아(Rebel in the Rye)〉(2017) 역시 그의 전쟁 트라우마의 극복 과정과 글쓰기 과정을 맞대고 있다. 그 결과《호밀밭의 파수꾼》이 완성되는 시점에서 홀든과 그의 형 D. B., 그리고 샐린저는 각자의 추구의 정점에 도달하면서도 동시에 그 지점들은 하나의 맥락을 공유하기에 이른다.

그렇다면 《호밀밭의 파수꾼》에서 피비, 앨리, 홀든, D. B. 등의 형제자매는 궁극적으로 샐린저의 분신들이라고 볼 수 있다. 그러하되 그가 만든 허구의 세계에서 그의 초점은 현실보다 훨씬 어린 상태로 조정되어 있는 것이다. 어쩌면 적어도 이 소설을 쓰고 있는 동안 샐린저는 홀든 콜필드가 진짜 자신의 모습에 더 가깝다고 생각하고 있었는지도 모른다. 이런 관점에서 바라보면 《호밀밭의 파수꾼》의 끝부분에서 홀든이 품는 소박한 꿈은 샐린저 자신의 이후의 삶을 암시하는 예언 같은 것이라고 생각되기도 한다.

> 사람들은 나를 귀가 들리지 않는 불쌍한 벙어리인 줄 알고 혼자 내버려두게 될 것이다. 차에 기름을 넣는 일을 하면, 그만큼의 보수를 받을 수 있을 것이다. 그 돈을 모아 작은 오두막집을 짓고, 죽을 때까지 거기서 사는 것이다. 오두막집은 숲 가까이에 지을 것이다. 숲속은 햇빛이 비치지 않기 때문에 좋지 않으니까. 음식도 손수 요리해서 먹을 것이고, 결혼하고 싶어지면, 나와 똑같이 귀머거리에 벙어리인 귀여운 여자를 만날 것이다. 그 여자는 내 오두막에서 같이 살 것이다. 그녀도 내게 말하고 싶은 게 있으면 다른 사람들처럼 종이에 써야 할 것이다. 그러다가 아이가 생기면, 그 애를 어딘가에 숨겨놓을 것이다. 그러고는 책을 많이 사

주고, 우리가 직접 글을 읽는 법이나 쓰는 법을 가르쳐주는 것이다.

이런 생각들을 하게 되자 점점 흥분이 됐다. 정말로. 귀머거리에 벙어리인 척하는 건 바보 같은 짓이겠지만, 생각만으로도 무척 즐거웠다. 어쨌든 서부로 가기로 결심했다. 가장 먼저 하고 싶은 일은 피비에게 작별인사를 하는 일. 그래서 미친 사람처럼 길을 건너가기 시작했다.[19]

홀든은 공원의 벤치에서 얼마간의 고민의 시간을 보낸 후 집으로도, 다른 학교로도 가지 않고 멀리 서부로 떠날 것을 결심한다. 햇빛이 따뜻하고 아무도 알아볼 사람도 없는 그곳에서 그는 오두막을 짓고 귀머거리에 벙어리 행세를 하며 살아갈 작정이다. 그런 생각만으로도 그는 흥분을 느끼면서 피비에게 마지막 작별인사를 하러 발걸음을 서두른다.

소설 속에서처럼 서부는 아니지만 《호밀밭의 파수꾼》이 성공을 거둔 직후인 1953년 샐린저는 뉴욕으로부터 북쪽으로 한참 올라가야 하는 뉴햄프셔 코니시 숲속에 외딴 거처를 마련하게 된다. 이로써 그는 자신이 만든 이야기 속의 세계로 한 발 더 들어간다. 그곳에서 두 번째 결혼을 하고 두 아이도 낳아 가정을 이루지만, 소설 속의 바람과는 다르게 그 오지에서도 따로 떨어진 벙커를 짓고 가족들과 거리를 둔 채 글쓰기에 더 깊이 몰두한다. 그 이후 샐린저가 쓴 '글래스 가족'의 이야기는 앞서 '콜필드 가족'보다도 더 넓고 깊은 세계를 이룬다. 그는 현실 속의 가족을 돌보는 일보다 자신이 만들어낸 이야기 속의 가족에 더 많은 시간과 열정을 쏟았다. 샐린저는 자신을 둘러싼 현실보다도 자기가 만들어낸 세계를 더 현실적인 실재로 느끼면서 그 세계 속에 스스로를 가두었던 것이다.

그렇지만 그의 은둔의 삶은 아이러니하게도 세인들의 더 큰, 거의 집착에 가까운 관심을 불러 모았다. 그가 숲속의 집에서 세상과 벽을 쌓고 고립된 삶을 살고 있던 시기에도 그에 대한 책들은 여러 차례 논란을 일으켰는데,[20] 그가 세상을 떠난 이후에도, 아니 그 이후에는 오히려 더 직접적으로 그에게 초점을 맞춘 이야기들이 나오고 있다. 샐린저와 연관된 자료와 지인들의 인터뷰로 구성된 다큐멘터리 〈샐린저(Salinger)〉(2013)가 나왔고, 그의 에이전시에서 독자들로부터 온 편지를 처리하는 일을 맡았던 Joanna Rakoff의 회고록 《My Salinger Year》(2014)는 나중에 동명의 영화(2020, 한국에는 '나의 뉴욕 다이어리'라는 제목으로 개봉)로도 제작되었다. 샐린저가 살아 있을 때 상영된 〈파인딩 포레스터(Finding Forrester)〉(2000)에는 그를 연상시키는 작가가 등장하는 정도였는데, 그가 사망한 이후에 제작된 〈Coming Through the Rye〉(2015)는 그의 소설을 연극으로 각색하기 위한 허락을 받기 위해 직접 샐린저를 찾아가는 청년들의 이야기를 담고 있다. 그러니까 샐린저 자체가 더 읽고 싶은 텍스트가 되어버린 셈이다.

한편 〈샐린저〉의 마지막 부분에서는 샐린저가 1965년 마지막으로 소설을 발표한 이후 쓴 작품들이 2015년에서 2020년 사이에 공개될 것이라는 소식을 전한 바 있다.(이 다큐멘터리에서 일부 인터뷰이는 샐린저의 은둔이 일종의 전략이라는 의견을 제시하고 있다.) 그 사건의 실현을 기대하는 기사("So Where Are The New J. D. Salinger Books We Were Promised?", *The New York Times*, Oct. 25, 2017)도 접할 수 있다. 은둔을 꿈꾸었던 샐린저의 삶과 자기만의 즐거움을 위해 쓰려고 했던 그의 이야기가 여전히 사람들의 뜨거운 관심의 대상이 되고 있는 작금의 상황은 작가와 독자의 지향이 기묘하게 어긋난 방식으로 착종된 독특한 아이러니라고 하겠다. (2022. 11)

주

1 한 기사(「한국인이 《호밀밭의 파수꾼》을 가장 사랑하는 이유」, 《주간조선》, 2017. 7. 28)에 따르면 국내의 한 출판사가 세계문학전집 출간 20주년을 맞아 실시한 판매부수 집계에서 《호밀밭의 파수꾼》은 50만 부를 넘겨 《데미안》(37만 부), 《오만과 편견》(36만 부), 《동물농장》, 《위대한 개츠비》 등을 제치고 압도적인 수위를 차지하였다. 저자와의 계약에 따라 이 민음사 번역본에는 예외적으로 전집의 포맷에서 표지 사진, 저자 사진, 역자 해설 등의 부분이 비어 있다.

2 J. D. 샐린저, 《호밀밭의 파수꾼》, 공경희 옮김, 민음사, 2001, 9~10쪽.

3 이 판본에서는 홀든의 회고 형식으로 번역되어 있으나 원문은 "If you really want to hear about it, the first thing you'll probably want to know is where I was born, and ……"(J. D. Salinger, *The Catcher in the Rye*, Little, Brown and Company, 1979, p. 3)에서 보는 것처럼 'you'라는 대상에게 얘기하는 구어적 형태로 서술되어 있다. 국내 번역본 가운데에는 하서출판사 번역본이 "만일 내 얘기를 듣고 싶다면, 아마도 첫째로 내가 어디에서 태어났으며, 너절했던 어린 시절은 어떠했고, 내가 태어나기 전 부모님은 무슨 일을 하는 사람들이었는지, 하는 그런 데이비드 카퍼필드류의 시시껄렁한 이야기부터 듣고 싶을 테지만 사실 그런 것은 말하고 싶지 않아"(조용남 옮김, 1999, 5쪽)에서 보는 바와 같이 구어 형식으로 번역했다. 한편 'you'를 의식하지 않고 있는 국내 번역본들과 달리 무라카미 하루키의 일본어 번역본에는 "こうして話を始めるとなると'君はまず最初に'僕がどこで生まれたかとが'……"(《キャッチャー・イン・ザ・ライ》, 村上春樹 譯, 白水社, 2006, 5頁)에서처럼 'you'를 '君'으로 번역하여 드러내고 있다.

4 《호밀밭의 파수꾼》, 66쪽.

5 문예출판사 번역본(이덕형 옮김, 1998)에도 각각 "바보천치"(71쪽), "바보 멍청이"(72쪽)로 되어 있다. 이런 문제 이외에 오역 등 《호밀밭의 파수꾼》의 국내 번역의 문제점에 대해서는 김종훈, 「문학작품의 번역전략 연구—《호밀밭의 파수꾼》을 중심으로」(성균관대학교 석사학위논문, 2009) 등의 논문부터 알라딘 서재 '개쌍마이리딩'의 '《호밀밭의 파수꾼》 민음사, 문예출판사 번역본 비교'(https://blog.aladin.co.kr/m/haesung/10714115) 등의 블로그에 이르기까지 이미 많은 지적이 있었다.

6 *The Catcher in the Rye*, p. 58.

7 《호밀밭의 파수꾼》, 88쪽.

8 지금은 출판사 홈페이지에서 확인할 수 없는 이 인터뷰는 무라카미 하루키 관련 자료를 모아놓은 블로그(Finding-Haruki.com)를 참조했다. 이후 이 인터뷰는 《文學界》2003년 6월호에 수록된 역자해설(일본어 번역본 역시 저자의 요청에 의해 표지 사진, 저자 사진, 역자 해설 등이 실리지 않았다)과 함께 村上春樹·柴田元幸,《翻訳夜話2 サリンジャー戦記》(文藝春秋, 2003)에 수록되었다.
9 가와카미 미에코·무라카미 하루키,《수리부엉이는 황혼에 날아오른다》, 홍은주 옮김, 문학동네, 2018, 243쪽. 한편 하루키는 2004년 샐린저의 《프래니와 주이》(1961)도 번역했는데, 그는 이 소설에서도, 특히 《호밀밭의 파수꾼》과는 다른 〈주이〉의 문체에 주목한 바 있다. 이 문제에 대해서는 같은 책, 243~244쪽 참조.
10 《무라카미 하루키 잡문집》, 이영미 옮김, 비채, 2011, 262쪽.
11 무라카미 하루키,《상실의 시대》, 유유정 옮김, 문학사상사, 2000, 164쪽.
12 이 수상한 전염력은 이후 《호밀밭의 파수꾼》을 볼 때마다 사서 모으는 음모론자 제리(그는 이 책에 대해 얘기할 때 자신의 과거를 떠올리며 순간적으로 불안정한 정서적 상태가 된다)가 등장하는 〈콘스피러시(Conspiracy Theory)〉(1997)나 스스로가 홀든 콜필드라고 믿는 마트 점원 토마스(그 역시 경직된 가정환경을 배경으로 정서적으로 불안정한 인물로 설정되어 있다)가 나오는 〈굿걸(The Good Girl)〉(2002) 등의 대중문화의 영역에까지 확장된다.
13 《호밀밭의 파수꾼》, 229~230쪽.
14 같은 책, 188쪽.
15 케니스 슬라웬스키,《샐린저 평전》, 김현우 옮김, 민음사, 2014, 70~71쪽. 2010년 출간된 이 책의 원제는 *J. D. Salinger: A Life Raised High*이다.
16 같은 책, 279쪽.
17 같은 책, 169쪽.
18 같은 책, 202~203쪽.
19 《호밀밭의 파수꾼》, 260~261쪽.
20 샐린저를 등장시킨 W. P. 킨셀라의 소설 *Shoeless Joe*(1982)는 영화 〈꿈의 구장(Field of Dreams)〉(1989)으로 각색되면서 테렌스 만이라는 인물로 대체되었다. 이 사건과 함께 그와 동거했던 조이스 메이나드의 회고록 *At Home in the World*(1998, 번역본은 《호밀밭 파수꾼을 떠나며》, 이희영 옮김, 동서문화사, 2003), 딸 마가렛 샐린저의 회고록 *Dream Catcher*(2000),《호밀밭의 파수꾼》의 속편을 자처한 존 데이비드 캘리포니아의 소설 *60 Years Later: Coming Through the Rye*(2009, 국내 번역본은 《60년 후—호밀밭을 지나서》, 최인자 옮김, 문학세계사, 2010) 등의 출간과 관련한 일련의 논란들에 대해서는 《샐린저 평전》에서 서술되어 있다.

삶과 소설, 혹은
자서전과 전기 사이에 놓인 작가

필립 로스

♦

나는 공산주의자와 결혼했다

먼저 《나는 공산주의자와 결혼했다(I Married a Communist)》(1998)의 윤곽을 확인하기 위해 소설 후반에 나오는 다음 대목부터 살펴보기로 하자.

> 아이라는 자기를 길들여줄 조련사가 필요하다는 걸 알고 있었네. 온갖 선생이 필요하다는 걸 알았고, 자네 같은 아이가 필요하다는 걸 알았고, 자신이 자네 같은 아이, 그는 누리지 못한 모든 걸 누리고 또 자신을 존경해주는 자네 같은 아들을 갈망한다는 걸 알았지. 하지만《나는 공산주의자와 결혼했다》가 나온 뒤로 아이라는 교양학교의 가르침을 벗어던졌어. 그리고 자네가 본 적 없는 아이라, 군대에서 동료들을 두들겨 패던 아이라, 혼자 세상에 나와 도랑을 치던 삽으로 이탈리아 놈들을 물리치고 자신을 보호하던 소년 아이라로 돌아간 거야. 작업도구를 무기처럼 휘두르던 아

이라로. 그의 생애는 그 삽을 들지 않기 위한 투쟁이었어. 하지만 이브의 책이 나온 뒤로 개조되기 전의 최초의 자아가 되살아나기 시작했어.'

여기에서 《나는 공산주의자와 결혼했다》라는 소설의 제목이 소설 속 인물인 '이브'(이브 프레임)가 쓴 책 제목이기도 하다는 소설적 장치를 읽을 수 있다. 그녀가 결혼한 '공산주의자'는 이 소설의 주인공인 '아이라'로, "혁명을 일으켜 세상을 변화시키고 싶어 하면서도 아름다운 여배우와 결혼하고 새파랗게 젊은 정부와 놀아나고 나이 든 매춘부와 시간을 보내고, 가족을 이루기를 갈망하고, 의붓자식과 티격태격하고, 연예산업 중심지의 으리으리한 저택과 외진 산골의 무산자 오두막을 오가며 생활하고, 은밀한 곳에서는 이런 사람, 대중 앞에서는 저런 사람, 그 사이에서는 또 다른 사람으로 살아가고, 에이브러햄 링컨과 아이언 린과 아이라 린골드가 뒤죽박죽 뒤엉켜 쉽게 흥분하고 쉽게 폭발하는"² 매우 복합적인 인물이다. "아이라 린골드의 형 머리는 내 고등학교 시절 첫 영어선생님이었고, 내가 아이라에게 푹 빠진 것도 선생님 때문이었다"³는 소설의 첫 문장을 돌아보며 함께 생각하면, 이미 이 세상에 없는 아이라의 파란만장한 과거를 두고 형 '머리'와 그의 학생이자 한때 아이라를 멘토로 삼았던 '나'(네이선 주커만)가 나누는 대화가 소설의 기본 구조라는 사실까지 확인해볼 수 있다.

'아이언 린'이라는 별칭을 가진 라디오 전성시대의 스

타 배우이면서도 '공산주의자'이고자 했던 괴짜 인물 아이라의 숨겨졌던 삶의 편력을 드러내면서 이 소설은 이른바 매카시즘의 광풍이 불던 냉전 시기 미국 사회에 대한 역사적 탐색을 시도한다. 《나는 공산주의자와 결혼했다》는 그 앞뒤로 발표된 《미국의 목가(American Pastoral)》(1997)와 《휴먼 스테인(The Human Stain)》(2000)과 함께 묶여 이른바 '미국 3부작(American Trilogy)'이라고 불리는데, 이 소설의 시대적 배경은 《미국의 목가》가 베트남 전쟁 시기를, 그리고 《휴먼 스테인》이 빌 클린턴 대통령의 성 스캔들을 계기로 한 '정치적 올바름(Political Correctness)' 운동의 국면을 각각 배경으로 삼고 있는 것에 대응된다.

소설이라는 이야기 형식에는 일반적으로 사회적 현실이 배경으로 자리 잡고 있으니 미국 소설이 미국 사회를 배경으로 삼는다는 것만으로는 그다지 특별한 일이 아닐 것이다. 관건은 그 사회를 바라보는 고유한 시각일 텐데, 필립 로스의 경우에는 "폴란드계 유대인 이민자 자손으로 자라나는 가운데 형성되었을 것으로 짐작되는 세상에 대한 특정한 태도와 관점"[4]을 통해 미국 사회를 소설적으로 진단한다는 점에 그 특수성이 있다고 말해진다. 이런 맥락에서 보면 작가 필립 로스와 더불어 아이라, 머리 린골드 형제, 그리고 네이선 주커먼과 이브 프레임 등 《나는 공산주의자와 결혼했다》의 주요 인물들 모두 유대인인 것은 어쩌면 필연적이라고 할 수 있다.

이 유대인 소설이 제2차세계대전 이전의 백인 작가 중

심의 시기와 20세기 후반 라틴 아메리칸, 아프리칸 아메리칸, 아시안 아메리칸 중심의 새로운 흐름 사이에서 한 국면을 이루었다고 할 수 있을 텐데, 그 가운데에서도 필립 로스는 독특한 위상을 차지하고 있다. 그 점에 대해서는 "미국의 유대계 문학을 국제적으로 알리는 데 커다란 기여를 한 노벨문학상 수상작가 솔 벨로의 작품이 주로 관념적이면서 다소 현학적이기까지 한 필치로 휴머니즘에 호소한다면, 로스의 소설은 기본적으로 감각적이고 세속적이다. 관념보다는 경험에 근거하며, 전통이나 관습에 대해서는 수시로 저항적이다. 이러한 그의 세속성은 유대계 작가 중에서 도덕주의나 신비주의 성향이 강한 버나드 맬러머드와도 좋은 비교가 되며, 유대 근원주의가 뿌리 깊은 카임 포탁, 혹은 유대 문화에 대한 민족적 자긍심이나 전통의 복원에 천착하는 신시아 오직 같은 작가들과는 분명한 대척점을 이룬다"[5]는 언급을 통해 간접적으로 확인해볼 수 있다. 요컨대 필립 로스는 유대계 작가 계열에 속하되 그 전통에는 회의적인 관점을 취하고 있는데, 이런 특징은 《굿바이, 콜럼버스》(1959)나 《포트노이의 불평》(1969) 등의 초기작들에서 더 뚜렷한 편이다. 그 작품들이 유대인 커뮤니티에서 논란이 되었던 사실에서도 그 점을 확인할 수 있는데, 마르트 로베르의 논의에 입각하면 '업둥이'의 방식이라고 할 만한 이런 관점은 특히 (《안네의 일기》를 남긴) 안네 프랑크가 살아 있다는 설정의 《유령 작가(The Ghost Writer)》(1979)나 여러 차원의 '필립 로스'가 등장하는 《카운터라이프(The

Counterlife)》(1986)와 같은 그의 소설의 한 영역이 실험적 기법으로 충만한 이유를 설명해주는 근거일 수도 있다. 큰 시야에서 보자면 소설이란 이런 미세하면서도 고유한 차이를 만들어내는 게임이라고 할 수 있으며, 어떤 측면에서 필립 로스가 평생 동안 남긴 31권의 책은 그 게임에 바쳐져 있다고 볼 수도 있다.

필립 로스가 육십대 중반에 발표한 《나는 공산주의자와 결혼했다》를 비롯한 '미국 3부작'은 그의 초기 소설들에 비하면 덜 실험적인 편이지만 그 과정에서의 특징을 계승하면서 성숙시키는 한편 역사적 스케일에서도 보다 확장된 면을 보인다. 그 때문에 그 표면에 드러난 전략을 그대로 수용하여 "미국 사회에 커다란 변화를 몰고 온 역사적 순간들과 그 소용돌이 속에서 시련을 겪는 개인의 지난한 삶을 밀도 있게 풀어낸다"[6]고 평가되기도 하지만, 그와 대비되는 혹평도 없는 것은 아니다. 일례로 2011년 필립 로스가 맨부커 인터내셔널 프라이즈의 수상자로 선정되었을 때, 심사위원 가운데 한 사람이었던 Carmen Callil은 심사위원 사퇴를 선언하면서 다음과 같은 언급을 남겼다.

> 로스의 작품에는 위대한 계기들이 있다. 그는 영리하고, 격렬하고, 코믹하지만, 그의 범위는 좁다. 오스틴, 벨로우 혹은 업다이크와 같은 의미가 아니다. 그들은 가장 넓은 개념과 사유를 담기 위해 좁은 캔버스를 사용한다. 로스는 멋지게 자기 자신 속으로 파고들지만, 거기에 다른 것은 없다.

> 그의 자기 몰입과 자기 중시는 소설가로서의 그를 제한한다. 그리고 그래서 그는 그 작은 것들을 하기 위해 큰 캔버스를 사용한다. 그의 작은 것들은 대양과 같은 공간을 집어삼킨다. 읽을수록 나는 그의 작품이 따분하다는 걸 느끼고 벌거벗은 임금님의 옷감 스치는 소리(the swish of emperor's clothes)만을 듣는다.[7]

여기에서 '자기 몰입(self-involvement)'과 '자기 중시(self-regard)'는 필립 로스의 소설이 그 자신에 대응되는 페로소나를 중심에 두고 그의 주변 인물과 그들의 에피소드를 변형시켜 소설 속에 배치하는 방식에 대한 규정으로 이해된다. 명성만 요란하지 그에 부합하는 실질을 갖추지 못한 자기 노출의 산물 정도라고 필자는 이야기하고 싶어 하는 듯하다.

자신을 재료로 삼는 이런 방식이 소설에서는 그렇게 예외적인 것이라고 할 수는 없겠지만, 필립 로스의 몇몇 사례들은 그런 경우와 차원이 다르다. 그 단적인 사례를 《나는 공산주의자와 결혼했다》에서 직접 확인하기에 앞서, 그가 자서전의 형식을 빌려 쓴 《사실들(The Facts)》(1988)을 통해 그 소설적 방법론의 측면을 살펴볼 수 있다. 이 책에는 '한 소설가의 자서전(A Novelist's Autobiography)'이라는 부제가 붙어 있는데, 독특한 것은 자서전이라고 되어 있지만 유년과 성장기의 회상과 특히 첫 번째 결혼과 이혼의 과정을 서술하고 있는 본문의 앞에는 작가 로스가 그의 소설 속 인물인 '주커먼에게' 보내는 편지가, 그리고 그 뒤에는 '로스에게' 주커먼이 보내는 편지가 있다는 사실이다.

> 자넨 다음 세 가지의 것들에서 자신의 글이 나온다고 보고 있네. 첫째, 위퀘이크 유대인 동네에서 더 큰 미국 사회로의 여정. 자네 부모님 세대에게 미국인이 되는 건 늘 어려움이 따르는 일이었고, 자넨 자신과 과거 세대의 차이—젊은 제임스 존스의 예술적 성장에서는 하나의 요인으로 작용하지 않았을—를 감지했네. 자넨 하나의 민족 집단에서 발생하는 선택들에 직면한 인간의 자의식을 모두 갖게 되었지. 미국의 일부가 되어가는 것에 대한 의식은 갖가지 방식으로 자네의 성격에 통합되었네. 둘째, 조시와의 관계와 거기서 유발된 남자로서의 심약함에 대한 자의식으로 인한 지독한 격변. 그리고 세 번째는 소년 시절에 겪은 제2차 세계대전에서 시작되어 비유대적 뉴어크, 대도시의 삶으로 이어지다가 베트남전 반전 운동이 거셌던 격동의 1960년대 뉴욕에서 절정을 이루는, 더 넓은 세상에 대한 자네의 반응이 아닐까 하네. 이 책 전체가 이 세 가지 영향력이 교차하며 《포트노이의 불평》을 만들어내는 지점으로 이어지고 있는 듯하네. 자네는 일련의 안전한 집단들—가정, 동네, 남학생 사교 클럽, 버크넬—에서 벗어나고 심지어 위대한 게일 밀먼의 마력까지 떨쳐내며 '벗어난' 삶이 어떤지 발견하려 하지. 물론 자네는 그 벗어난 곳이 어디인지 우리에게 보여주지만 자네를 그곳으로 몰아간 것에 대해서는 대부분 입을

다물지. 자네 자신도 그걸 모르거나 나를 앞에 내세우지 않고는 그것에 대해 이야기할 수 없으니까.[8]

　위의 대목은 《사실들》의 후반부에서 필립 로스의 소설 속 등장인물인 네이선 주커먼이 필립 로스의 작품 세계의 체계를 해부하고 있는 장면이다. 이에 따르면 《포트노이의 불평》에 이르는 필립 로스의 소설 세계는 다음 세 가지 요소의 결합으로 이루어져 있다. 첫 번째는 유대인 이민자 커뮤니티로부터 미국 사회로의 동화의 문제인데, 앞에서 언급한 바와 같이 로스의 경우 1, 2세대와는 다른 이민 3세대 유대인의 정체성이 그 문제의 중심에 놓여 있다는 사실이 (주커먼을 경유하여) 로스 자신에 의해서도 자각되고 있다. 두 번째는 첫 번째 아내 '조시'(가명을 쓰고 있다. 자서전이지만 "나와 관계되었던 사람들 가운데 일부의 실명과 그들의 신원을 드러내는 몇 가지 내용들을 고쳤"[9]다고 작가 스스로 밝히고 있어서 이 부분 또한 그 장르적 경계가 애매하다)와의 관계에서 유발된 남성적 심리와 자의식이며, 세 번째는 제2차 세계대전과 냉전 시기, 그리고 베트남 전쟁이라는 시대적 흐름을 거치면서 공간적으로는 '뉴어크'라는 유대인 커뮤니티로부터 비유대인 대도시로 확대되는 현실 지평 변화에 대한 반응이다. 문제는 이 세 요소가 작가의 소설적 상상력에 의해 하나의 허구 세계 속에 융합되는 구체적인 양상인데, 그 점에서 보면 위에 나타나 있는 것처럼 그것은 필립 로스라는 주체에서 자서전을 기록하고 있는 자아(로스)보다 소설을 쓰는 자아(주커먼)에 더 부합하는 일로 보인다. 여기에서 필립 로스는 경험적 주체로서의 작가 자신보다 소설적 과정에서 생산되는 새로운 창작적 주체에 더 큰 의미를 두고 있는 듯 보인다.

대체로 작가의 페르소나를 중심에 둔 자아의 드라마 형태를 취하기에 주변 인물들, 특히 여성 인물들이 그 자아실현의 도구가 되는 경향이 있는 이런 구도는 《포트노이의 불평》 이후의 필립 로스의 소설 세계에서도 대체로 유지되고 있는 듯하다. 그런 가운데 작가의 현실과 소설 쓰기의 경험이 축적되고 작가의 지위와 명성도 높아지면서 그의 소설의 표면에서 유대인, 남성, 미국인으로서의 의식에 대한 탐구는 점차 확장되어나간다. 그렇지만 그 밀도는 매순간 생산해내야 하는 몫이지 관성에 의해 저절로 유지되는 부분은 아니다. 더 중요하게는 그 세 요소가 결합되어 생산되는 창작적 효과는 경험이나 기술에 직접적으로 의존하는 단순한 메커니즘에 의해 작동되지 않는 것이다. 한 연구자는 '미국 3부작'을 'American Problem Novels'가 아니라 'Roth Problem Novels'[10]라고 지칭하기도 했는데, 이 말은 다르게 이야기하면 소설적 요소들을 융합하는 주체가 새로 쓰고 있는 소설의 문제 자체에서 생성되는 것이 아니라 작가의 자기중심적 관성이 강화되는 방향에서 이루어지고 있는 사실을 비판적으로 지적한 것으로 해석될 수 있다.

저명한 서평가 Michiko Kakutani는 《나는 공산주의자와 결혼했다》에 대한 리뷰에서 이 점을 이렇게 설명하고 있다. 그녀는 로스가 자신의 삶을 변주하는 경향이 있었고, 그래서 이런 경향에 익숙한 독자는 이 소설이 "2년 전 그를 별로 좋게 이야기하지 않은 회고록을 출간한 전처인 영화배우 클레어 블룸에 대한 복수가 아닌가 의심할 법하다"[11]고 전제하고 소설 속의 이브의 회고록과 블룸의 회고록의 장면들을 다음과 같이 비교하고 있다.

> 이브의 회고록은 아이라를 "내 인생, 내 경력 그리고 내 사랑하는 아이의 삶을 거의 파괴한 굉장히 교활하고 부도덕한 인간이자 마키아벨리와 같은 공산주의자"로 그리고 있다. 한편 블룸의 회고록(《인형의 집을 떠나며》)은 로스를 "깊고도 억누를 수 없는 분노"와 "여성의 성적인 힘에 대한 깊은 불신"에 휘둘리는 "게임을 하는 마키아벨리적인 전략가"로 묘사하고 있다. 이 소설에서 로스는 허구 인물인 이브를 이전 결혼에서 낳은 감당할 수 없는 딸의 노예가 된 복수심이 강하고 자기 기만적인 여성으로 묘사하고 있고, 블룸은 그녀의 회고록에서 로스를 자신의 딸과 같은 지붕 아래에서 살기를 거부하는 소유욕 강하고 자기중심적인 연인으로 묘사하고 있다.[12]

필립 로스는 1975년 무렵부터 관계를 맺어온 영국의 유명 배우 클레어 블룸(Claire Bloom)과 1990년 두 번째 결혼을 하지만, 그들의 생활은 평탄하지 않았고 1995년 힘겹게 이혼에 이른다.[13] 그 이듬해 클레어 블룸은 그의 두 번

째 자서전인《인형의 집을 떠나며(Leaving a Doll's House)》
(1996)를 출간하는데, 거기에 등장하는 필립 로스에 대한
언급 가운데에는 위에서 보는 것처럼 그들 사이의 갈등을
드러내며 그의 문제점을 저격하는 대목들이 있었다. 클레
어 블룸의 회고록과《나는 공산주의자와 결혼했다》에 등장
하는 이브 프레임의 회고록 사이의 유사성은 이 소설이 전
처의 회고록에 대한 필립 로스의 반응을 담고 있다고 추측
할 만한 근거를 제공하고 있다. 그러니까 아이라가 이브 프
레임의 무고로 인해 파멸에 이르는 소설의 결말에는 필립
로스의 사적인 감정이 개입되어 있다고 해석될 여지가 없
지 않은 것이다.[14] 그렇기 때문에 Michiko Kakutani의 비
판은 여기에서 한 발 더 나아가 "그런 일들은 문학을 두고
한담하기 좋아하는 사람들에게 흥밋거리가 될 수는 있겠
으나, 이 경우에는 그럴듯한, 완성도 있는 허구로 변형되
지 못했다"[15]는 문제점에 이른다. 그로 인해 발생하는 소설
적 결함들에 대해 지적한 후 최종적으로 그녀는 이 소설을
"《미국의 목가》의 광대한 사회적 비전보다는 섹스 전쟁과
로스의 이전의 보다 유아론적인 소설과의 미러 게임에 더
가까운, 더 작고 덜 야심적인 작품"[16]으로 규정했다.

한편 필립 로스가 사망한 후 3년 뒤인 2021년 4월
Blake Bailey에 의해 그의 전기《Philip Roth: The
Biography》가 W. W. Norton & Company에서 출간되었
다. 필립 로스가 살아 있던 2012년 저자와 직접 계약을 맺
은 지 거의 10년 만에 출간된 이 책은 6부 50장으로 이루

어져 있고 그 분량 또한 912페이지에 달하는데 그만큼 그의 '찬란한 연애 편력(a florid love life)'[17]을 비롯하여 그의 소설의 근거가 되는 삶의 세부적 사실에 대한 서술이 상세하다.[18] 그 가운데 《나는 공산주의자와 결혼했다》와 관련한 부분에는 등장인물과 사건에 대한 실증 작업이 제시되어 있기도 하고 성장소설로서의 성격에 대한 문학적 분석이 담긴 대목도 있다. 그렇지만 더 눈길을 끄는 부분은 필립 로스가 그의 전기 작가와의 인터뷰에서 밝힌 다음과 같은 발언이다.

> 블룸의 책은 곧 지나갈 것이었으며, 그동안 그는 다음 두 소설, 《나는 공산주의자와 결혼했다》와 《휴먼 스테인》(두 소설 모두 잘못된 고발에 관한 것이다)에 착수할 수 있었다. 로스는 그의 전기작가에게 "누군가 그에게 '이 또한 지나가리라'라고 얘기했을 때 체홉이 뭐라고 했는지 알아?"라고 물었다. "'아무것도 안 지나가.' 그걸 책에다 써."[19]

전기 속의 내용 가운데에는 "로스는 그가 전처의 본질을 다루었다는 데 대해 만족했다. 그렇지만 이브의 반유대주의에 대해서는 "한 사람의 서평가도 없었다"는 데 대해서 그는 놀랐고 다소 실망했다"[20]라는 이 소설의 반응에 대한 필립 로스의 반응도, 그리고 "블룸은 전남편의 소설을 읽지 않았다("그런 걸 보면 아프거나 어지럽다")고 하면서 지금도 그에 대한 악몽으로부터 "겁나게 두려움에 떨며" 깬다고 덧붙였다"[21]는 클레어 블룸과의 인터뷰도 담겨 있다.

한편 필립 로스가 주변 인물들을 자신의 소설 속에 자주 등장시켰던 것처럼, 그 자신도 다른 사람들의 소설에 등장하고 있다. Janet Hobhouse의 유작 《The Furies》(1992)에 나오는 Jack이나 Lisa Halliday의 《Asymmetry》(2018)의 Ezra Blazer는 필립 로스를 모델로 한 인물들이다.(두 저자 모두 한때 필립 로스의 연인이었다.) 한편 Claire Bloom의 회고록뿐만 아니라 《Playboy》의 Playmate였던 Alice Denham의 회고록 《Sleeping with Bad Boys: A Juicy Tell-All of Literary New York in the 1950s and 1960s》(2006)에도 필립 로스가 직접 등장한다. 사실과 허구의 간극을 소설적 상상력의 근원으로 삼았던 필립 로스. 그렇지만 그 자신이 작품과 삶이 이루는 뫼비우스 띠 속에서 살았고 또 죽음 이후에도 다른 사람의 글을 통해 그 운명이 멈추지 않고 있다는 것은 소설이라는 장르가 만들어낸 고약한 아이러니라고 할 것이다. (2021. 09)

주

1 필립 로스, 《나는 공산주의자와 결혼했다》, 김한영 옮김, 문학동네, 2013, 211쪽.
2 같은 책, 393~394쪽.
3 같은 책, 9쪽.
4 정홍수, 「그렇게 구체적으로 말해줘 고마워요」, 《창작과비평》, 2018. 가을, 309쪽.
5 박인찬, 「역사와 개인의 이중주―필립 로스의 최근 소설」, 《문학동네》, 2011. 봄, 475쪽.
6 같은 글, 478쪽.
7 Carmen Callil, "Why I quit the Man Booker International panel", *The Guardian*, 21 May 2011.
8 필립 로스, 《사실들―한 소설가의 자서전》, 민승남 옮김, 문학동네, 2017, 237~238쪽.
9 같은 책, p. 21.
10 Mark Shechner, "Roth's American Trilogy", *The Cambridge Companion to Philip Roth*, Cambridge University Press, 2007, p. 142.
11 Michiko Kakutani, "Manly Giant vs. Zealots and Scheming Women", *The New York Times*, October 6, 1998.
12 같은 곳.
13 이하 필립 로스의 전기적 사실과 관련된 내용은 주로 Blake Bailey, *Philip Roth: The Biography*(W. W. Norton & Company, 2021)를 참고한 것임을 밝혀둔다. 클레어 블룸과의 관계의 전말은 이 책의 4부 'Entering a Doll's House' Ch. 30~38에 걸쳐 서술되어 있다.(전자책으로 열람하여 이 책에서 인용할 경우 면수 대신 그 부분이 속한 챕터를 밝힌다.)
14 소설 속에서 이브 프레임은 나중에 아이라를 무고한 사실이 드러나면서 사회로부터 고립되고 딸 실피드로부터도 버림받은 채 어느 호텔 방에서 술에 취해 혼수상태로 죽는 것으로 처리된다.
15 Michiko Kakutani, *Op. cit*.
16 *Loc. cit*.
17 Blake Bailey, *Op. cit*., Prologue.
18 이 책은 출간 직후 Blake Bailey의 성 추문 사건이 폭로되면서 저자의 혐

의 부인에도 불구하고 출판사에 의해 출간이 중단되었다. 이에 관해서는 "Sexual Assault Allegations Against Biographer Halt Shipping of His Philip Roth Book", *The New York Times*, April 21, 2021 참조.
19   Blake Bailey, *Op. cit*., p. 39.
20   *Loc. cit*.
21   *Loc. cit*.

봄

소설의 열린 결말과
인류의 미래

근대의 입구에서 떠올린
탈근대의 환상

나쓰메 소세키

♦

나는 고양이로소이다

"나는 고양이다. 이름은 아직 없다"라는 유명한 첫 문장에서 드러나 있듯, 이 이야기의 내레이터는 이름 없는 수컷 고양이다. 고양이가 들려주는 이야기이니 왠지 쉽고 재미있겠다는 생각을 할 수도 있겠으나 막상 읽어보면 그렇지는 않다는 것을 금방 느낄 수 있다. 아쿠타가와상을 받기도 한 일본의 소설가는 "쉽게 읽을 수 있을 것 같은 이미지와는 달리 이 작품은 처음부터 끝까지 다 읽기란 꽤 어려운 듯합니다"라는 감상을 밝힌 바 있는데, 이 소설가가 제안한 《나는 고양이로소이다》를 '가뿐하게 읽는' 방법은 '처음부터 끝까지 다 읽지 않아도 괜찮다'는 것이다. 다소 엉뚱해 보이는 이 제안에는 그 나름의 이유가 없지 않다.

1905년 1월 나쓰메 소세키가 서른여덟 살에 처음 쓴 이 소설은 원래 단편으로 발표한 것이었다. 그런데 뜻밖의 큰 호응으로 인해 이듬해 8월까지 10번이나 더 연재가 이어져 모두 11장으로 이루어진 장편이 되었다. 그러다 보니 일관된 구성 아래 이야기가 구축될 수가 없고 매번 새로운 한 겹을 덧붙이는 식으로 진행될 수밖에 없었던 것인데, 말하자면 연속극보다 시트콤에 더 가까운 구성인 셈이다. 그런 탓으로 인해 무척 긴 분량의 이야기이지만 가장 중요한 인물이라고 할 수 있는 고양이의 이름은 끝까지 없는 상태가 계속되고 그 반경은 고양이가 살고 있는 주인집을 크게 벗어나지 않는다. 인물 또한 고양이와 더불어 중학교 영어 교사인 주인, 그리고 그의 가족과 친구, 제자들이 반복해서 등장하며, 서술은 대체로 인간 세상을 관찰하는 고양이의 진술과 인물들이 나누는 대화가 번갈아가며 이루어지는 방식으로 진행된다. "매번 새로운 에피소드가 소개되는 형식으로 작품 전체를 관통하는 굵직한 사건이 없는 구성을 취하기 때문에 유명세에 비해 실제로 이 작품을 처음부터 마지막까지 꼼꼼히 읽은 사람은 의외로 적을지도 모릅니다"[3]는 한 정치학자의 설명 또한 이런 사정과 맞물려 있다.

    그러다 보니 고양이의 진술도 인물들의 대화도 길고 장황하다. 동음이의어를 활용한 인물의 명명에서부터 이미 그런 성향이 투영되어 있는데, 가령 주인인 구샤미(苦沙)는 일본어의 '재채기'와, 주인을 자주 찾아오는 미학자 메이테이(迷亭)는 몹시 취했음을 가리키는 '酩酊'와 동음이의어이다. 그 서술에 직접 대면하면 동서양의 고전이 빈번하게 인용되는가 하면 라쿠고(落語), 하이카이(俳諧), 곳케이본(滑稽本) 등 일본의 전통적인 서사 양식으로부터 차용한 것으로 설명되는 표현이 곳곳에 놓인 상황을 접하게 된다. 또 등장인물이 학자들이다 보니 그들의 대화에는 전문적인 지식이 동원되는 경우도 잦다.[4] 그렇기 때문에 이 소설이 유머를 담고 있다고 하더라도 이런 맥락과 맞물려 있는 것이어서 언어와 시대를 달리 하는 독자들에게 그것은 감각적인 음미의 대상이라기보다는 지적 차원의 이해에 더 가까운 것이라고 봐야 한다.[5]

그렇다고 이 소설에서 고양이의 진술이나 인물들의 대화가 재담의 차원에만 머물러 있는 것은 아니다. 앞서 언급한 바와 같이 이 소설에는 이렇다 할 만한 사건이 없다. 주인집에 도둑이 든다거나 주인의 제자인 간게쓰(閒月)와 이웃의 부자집 딸 도미코(富子) 사이에 오가는 혼담 정도가 그나마 중요한 사건에 속한다. 그렇기 때문에 그 공백을 동서양의 텍스트에 대한 비평이나 그것을 뒤트는 언어유희로 채웠던 것인데, 후반부로 갈수록 그 방식이 동시대 현실 속의 사건이나 세태에 대한 비평으로 옮아가는 양상을 보인다. 다음은 그런 과정에서 나타나기 시작하는, 소설 내의 서술이 텍스트 바깥으로 뛰쳐나가려는 성향 가운데 한 가지 사례이다.

"……얼마 전에도 소세키(送籍)라는 제 친구가 〈하룻밤(一夜)〉이라는 단편을 썼는데, 누가 읽어도 몽롱하고 종잡을 수가 없어서 당사자를 만나, 대체 주장하는 게 뭐냐고 자세히 물어봤습니다만, 본인도 그런 건 모른다며 상대해주지 않았습니다. 바로 그런 부분이 시인의 특징이 아닐까 합니다."
"시인인지는 모르겠지만 참 묘한 사람이군."
주인이 이렇게 말하자 메이테이 선생은 소세키에 대해 간단히 이렇게 정리했다.
"바보인 거지."[6]

사실 고양이라고 하더라도 소설의 서술을 맡고 있다면 그 자체로 작가를 대변하는 존재라고 할 수밖에 없다. 고양이가 그리고 있는 주인 구샤미 역시 여러 면에서 작가 자신을 모델로 하여 소설 속에 등장한 것으로 보이는 인물이다. 말하자면 작가의 페르소나에 해당되는 존재를 고양이와 그 주인으로 분리하여 바라보는 역할과 관찰의 대상이 되는 역할을 나누어 분담하고 있는 구도가 바로 《나는 고양이로소이다》의 서술의 특징을 보여주고 있다. 그런 장치에 의해 작가 자신을 비롯한 현실 상황이 타자의 시선에 의해 풍자되고 있다는 점에 고양이를 서술자로 설정한 발상의 의미가 놓여 있다고 할 수 있다.

그런데 그렇다고 해도 이런 연관은 이야기 내부와 그 외부가 맺고 있는 유비적 관계를 통해 마련된 것이어서 텍스트의 자율성을 깨뜨리고 있다고 할 수는 없다. 하지만 위의 인용에서 구샤미의 또 다른 제자 도후(東風)의 친구로 소개되고 있는 소세키(送籍)는, 비록 말도 안 되는 한자를 사용하면서 소세키(漱石)와 구분하고 있지만 그와 같은 유비적 관계와는 성격이 다르다고 봐야 한다. 실제로 나쓰메 소세키는《나는 고양이로소이다》를 연재하는 동안 〈하룻밤(一夜)〉(《주오코론(中央公論)》, 1905. 9)이라는 단편[7]을 발표한 바 있는데, 이런 상황으로 인해 이 두 소세키를 동일한 것으로도, 그렇다고 전혀 별개의 것으로도 볼 수 없는 모호한 상태가 발생하고 있다. 이렇듯 이 소설에서는 텍스트의 안과 바깥이 교차하면서 결국에는 나쓰메 소세키 자신을 지시하(지 못하)게 되는 여러 인물들이 서로가 서로를 가리키(지 못하)고 있는, 마치 포스트모던 소설의 한 장면을 보고 있는 듯한 상황을 연출하고 있다.

텍스트 내 기표들의 움직임이 저자의 방향으로만 분출하고 있는 것은 아니다. 다음 장면에서는 텍스트 내부의 목소리가 현실, 그러니까 독자의 방향으로 울려나오고 있다.

> 실제로 불합리하기 짝이 없는 예복을 입고 으스대며 데이코쿠(帝國) 호텔 같은 곳을 드나들지 않는가. 그 이유를 물어도 아무 대답도 못한다. 단지 서양인이 있으니까 입는다고 할 뿐이다. 서양인은 강하니까 무리해서라도, 바보 같긴 해도 흉내 내지 않으면 견딜 수 없는 것일 게다. 긴 것에는 감겨라, 강한 것에는 굽혀라, 무거운 것에는 눌려라, 이런 명령을 다 따라 하는 것은 촌스러운 일이 아닌가. 촌스럽다고 해도 어쩔 수 없다고 한다면, 제발 부탁이니 일본인을 훌륭하다고 생각해서는 안 된다.[8]

7장에서 공중목욕탕을 처음으로 엿본 고양이가 길게 늘어놓고 있는 인간 세계에 대한 비평 가운데 일부인 위의 대목은 이 소설을 읽고 있던 당대 독자의 의식에 정면으로 육박하고 있는 것처럼 느껴진다. 이런 장면에서는 서양 추수주의에 대한 비판적 메시지와 그것을 형식적으로 뒷받침하고 있는 전통적 서사의 계승이 잘 맞물려 서양의 근대에 맞서는 일본의 대안적 가치의 소설적 모델이라고 할 만한 것을 확인하게 해주고 있다. 그러면서도 이 소설에 등장하는 서양의 담론에 대한 폭넓은 지식은 그런 독자적 태도의 주장이 배타적인 국수주의와는 다르다는 자부심을 불러일으킬 만도 하다.[9]

이처럼 《나는 고양이로소이다》에서 제시된 서양 추수주의에 대한 비판의 목소리는 일본의 서사적 전통과 서구로부터 도입한 사상이 혼종된 형식과 맞물려 이루어지고 있으며, 이와 같은 미적, 사상적 특징은 근대 입구에서 일본이 꿈꾸었던 비전의 문학적 형상화라고 할 수 있다. 그렇지만 그것은 궁극적으로는 일본적 가치를 토대로 서구를 상대해야 하는 과제와 마주하게 되면 이분법적 대립이 부각되면서 정작 그 과제를 수행하는 수단의 중요한 부분을 결국 서구에 의존하지 않을 수 없는 딜레마를 드러내게 된다.

> 과두정치가 안 되니까 대의정치를 하고, 대의정치가 안 되면 또 다른 것이 하고 싶어지지. 강이 건방지다고 다리를 놓고, 산이 마음에 들지 않는다며 터널을 파네. 교통이 귀

찮다며 철도를 깔지. 그렇다고 영원한 만족을 얻을 수는 없네. 그래봤자 인간인데, 얼마나 적극적으로 자기 뜻을 관철할 수 있겠나. 서양 문명은 적극적이고 진취적일지는 모르겠으나 결국 만족하지 못하고 평생을 보내는 사람이 만든 문명인 셈이지. 일본 문명은 자기 이외의 상태를 변화시켜 만족을 구하려는 게 아니네. 서양과의 큰 차이점은, 근본적으로 주위 조건이 바뀌어서는 안 된다는 가정하에서 발달했다는 점이지. 서양 사람들처럼 부모 자식 관계가 좋지 못하다며 그 관계를 개량해서 안정을 찾으려고 하지 않네. 부모 자식 관계는 지금까지 있었던 그대로 도저히 바뀔 수 없는 것으로 생각하고, 그런 관계에서 안정을 찾을 수 있는 수단을 강구하지. 부부 관계나 군신 관계도 그렇고, 무사와 평민도 그렇고, 자연 자체를 보는 것도 그러하네.[10]

후반에서 구샤미 모임의 토론에 합류하는 철학자 야기 도쿠센(八木獨仙)의 목소리에 실린 일본 정신 고양의 태도는 한편으로 서양을 수용하면서도 멀리하는 그와 맞설 수 있는 새로운 사회를 추구하던 메이지 시기 일본의 의욕을 그대로 담고 있다고 생각된다. 그런데 이 소설에서는 세대가 다른 여러 인물들이 모여 토론하고 있는 소설 속 상황의 특성상 이런 목소리 또한 다른 내용과 방향의 목소리에 의해 제어되면서 일종의 경합 구도를 이루고 있어 이데올로기의 교향이라고 할 만한 특징이 근대화의 초입을 지나면서 혼란스러웠던 당시로서는 꽤 자연스럽게 성립되고 있다.[11] 이런 장면을 두고 생각하면, 동양과 서양의 결합이 당위적으로 추구되고 있던 당시의 상황에서 이 문제를 둘러싸고 일본의 지식 사회가 도달할 수 있었던 가장 유연한, 그래서 가장 냉정한 임계의 지점을 이 소설이 구현하고 있었다고 볼 수 있지 않을까 싶다. 당시로서는 예외적인 런던 유학의 경험이, 더 정확히 이야기하자면 방황의 일과로 점철된 실패의 경험이 서구와 일본의 관계를 관념이 아닌 현실의 문제로서 사유하도록 만들었던 것인지도 모르겠다.[12]

그럼에도 불구하고 이 이야기 역시 서구의 관계에서 일본이 그 당시에, 아니 그 이후로도 오랫동안 묶여 있던 양가적 태도의 주박으로부터 쉽게 자유로울 수는 없었던 것 같다. 어떤 의미에서는 그 순간 풀지 못할 매듭을 묶고 있었다고도 할 수 있다.

> 고양이로 태어나 인간 세상에 살게 된 것도 이제 2년이 넘었다. 나로서는 이 정도로 식견 있는 고양이는 다시없을 거라 생각했는데, 지난번에 들도 보도 못한 무르라는 동족이 불쑥 나타나 기염을 토하는 바람에 살짝 놀랐다. 잘 들어보니 실은 100년 전에 죽었는데 어쩌다가 호기심이 발동하여 나를 놀라게 하려고 일부러 유령이 되어 멀리 저승에서 출장을 왔다고 한다. 이 고양이는 어머니를 만나러 갈 때 인사의 징표로 물고기 한 마리를 물고 갔는데 도중에 도저히 참을 수 없어 자신이 먹어버렸을 정도로 불효자인 만큼, 재주도 인간에게 지지 않을 정도로 상당하다. 한번은 시를 지

어 주인을 놀라게 한 적도 있다고 한다. 이런 호걸이 한 세기도 전에 출현했다면, 나처럼 변변치 않은 놈은 진작 이 세상에 하직을 고하고 무하유향(無何有鄕)에 들어가 유유자적해도 좋을 것이다.[13]

소설의 마지막 장면에서 고양이는 자신보다 더 재주 있는 고양이가 이미 한 세기도 전에 서양에 존재했다는 소식을 접하고 놀라는 한편 절망과 체념에 빠진다. 이 '무르라는 동족'은 바로 E. T. A. 호프만의 소설 《수고양이 무어의 인생관》(1권 1819, 2권 1821)의 내레이터인 수고양이 무어(Katers Murr)이다. 호프만의 소설의 원래 제목은 '우연히 끼어든 파지에 담긴 악장 요하네스 크라이슬러의 단편적 전기가 포함된 수고양이 무어의 인생관. E. T. A. 호프만 펴냄'으로 수고양이 무어의 자서전 사이에 파편화되어 뒤죽박죽이 된 악장 요하네스 크라이슬러의 전기가 삽입된 이야기를 작가와 이름이 같은 편집자가 소개하는 구조로 되어 있다. 수고양이 무어의 주인이자 궁정의 마술사인 마이스터 아브라함을 매개로 연결된 두 이야기는 서로 별개이면서도 기묘한 대응을 이루는 독특한 구성을 보여주고 있다. 그런 가운데 무어는 자신의 지식을 자랑하며 이야기를 써내려가는데 편자인 호프만은 때때로 개입하여 그의 표절 행위를 지적하기도 한다.

그런데 소세키의 친우이기도 한 독문학자 후지시로 소진(藤代素人)이 《나는 고양이로소이다》가 연재되는 도중에

'카테르 무르 구술, 소진 필기'라는 형식의 희문(戱文) 〈고양이 문사 기염록(猫文士氣焰錄)〉(《新小說》 1906. 5)을 발표한다. 자신의 고양이의 밑그림이 존재한다는 이런 지적에 소세키는 위의 인용처럼 답변하고 있는 것인데, 이야기한 그대로 고양이는 맥주를 마시고 물독에 빠진 채 죽음을 받아들이며 소설은 끝난다.

이 문제에 대해 정면으로 다룬 논의는 좀처럼 찾기 힘들다. 후지시로 소진이 언급한 《카테르 무르》에 대한 기억은 애써 흐리면서 로런스 스턴의 《트리스트럼 섄디》의 영향에 초점을 맞추는 경우도 있고,[14] 《나는 고양이로소이다》의 특징을 영문학의 영향이라는 관점에서 로런스 스턴과 조나단 스위프트와 비교하면서도 후자와의 관계가 더 본질적이라고 분석하는 논의도 찾아볼 수 있다.[15] 최근에 이르러 두 소설 사이의 관련을 직접적으로 문제 삼는 논의도 발견할 수 있다. 소세키의 《나는 고양이로소이다》와 호프만의 《수고양이 무어의 인생관》을 비교하되 두 고양이 사이에는 근본적인 차이가 있으며 오히려 서술상의 더 밀접한 연관성은 《트리스트럼 섄디》와의 관계에서 찾아야 한다고 보는 입장이 있는가 하면,[16] 소세키가 호프만의 《수고양이 무어의 인생관》을 앞서 확인했을 가능성을 전제로 하고 두 소설 사이의 상당한 유사성을 인정하면서도 오히려 소세키의 고양이의 독창성에 더 큰 의미를 두고 있는 논의[17]도 볼 수 있다.[18]

어쨌거나 밑그림의 유사성을 받아들인다고 해도, 그

위에 채색된 빛은 소세키 고유의 세계인식을 투영하고 있다는 정도로 정리하려는 상황인 듯하다. 물론 고양이를 주인공으로 한 우화가 호프만에 의해 처음 쓰인 것도 아니며,《수고양이 무어의 인생관》자체가 루드비히 티크의《장화 신은 고양이》를 비롯한 여러 텍스트들의 인용과 패러디로 점철된 상호텍스트이기도 하다. 그리고 아내 교코의 회상처럼, 1904년 여름 소세키의 집으로 길을 잃은 어린 고양이가 찾아들지 않았다면《나는 고양이로소이다》는 시작도 되지 않았을 수도 있다.[19] 논란과는 별도로, 결과적으로 시간과 공간을 가로질러 나쓰메 소세키와 연결된 호프만의 상상력은 더 확장된 영향의 영역을 품게 되었다.

우치다 켄(內田百閒)의《위작 나는 고양이로소이다》(1950)에서 오쿠이즈미 히카루(奧泉光)의《나는 고양이로소이다 살인사건》(1996), 난료 다케노리(南條竹則)의《하품 고양이》(2000) 등에 이르는《나는 고양이로소이다》를 저본으로 한 이야기들이 있는가 하면, 이노우에 히사시(井上ひさし)의《돈 마쓰고로의 생활》(1975)[20]을 비롯하여 그 주체가 다른 동물로 대체된 다양한 사례도 볼 수 있다.[21] 시로노 고네코(白野こねこ)의《나, 고양이지만 나쓰메 씨를 찾고 있습니다》(2019)[22]는 제6회 인터넷 소설 대상을 받은 작가의 데뷔작인데, 이 이야기에서는 이름 없는 길고양이가 주인공으로 등장하며 그가 길고양이들에게 먹이를 주는 젊은 여성 나쓰메 씨를 찾아 나선다. 여기에서는 고양이가 자신을 지칭하는 대명사로 '吾輩(わがはい)'대신 '俺(おれ)'가 사용되

고 있다. 멀리는 대중문화의 차원에까지 뻗어나간 이런 변주들은 변화한 시대의 감각을 수용하면서 《나는 고양이로소이다》를 다시 쓰는 작업이라고 할 수 있다.

번역에도 변화가 생겼다. 최근에 출간된 《이 몸은 고양이야》(서은혜 옮김, 창비, 2017)의 제목과 고양이의 진술 어조는 등장하는 동물과 인물들의 남성적 성격을 중화시킨 느낌을 불러일으킨다. 소설 후반부에서 구샤미 선생은 여성 혐오의 태도를 굳이 숨기지 않는데, 이 점에 대해 "제대로 된 페미니스트에게 걸렸다간 혼쭐이 났을 텐데 일찌감치 살다 간 것이 다행이라고 해야겠지, 뭐"[23]라고 반응하는 감각이 이 번역의 무의식적 지향을 이루고 있는 것으로 보인다.

그사이 고양이는 생활뿐만 아니라 서사와 영상 속에 넘쳐나고 있다. 바야흐로 우리는 동물의 시선으로 세계를 바라보며 인간과 동물 사이의 새로운 관계를 만들어나가고 있는 중이다. 근대의 입구에서 소세키와 호프만이 떠올린 환상의 이야기는, 이미 그 자체로 포스트모던 서사의 특성을 다층적으로 내포하고 있었거니와, 근대를 넘어서고 있는 지금의 상황에서 오히려 새로운 관점과 부딪치며 더 다양한 해석을 향해 열려 있는 것이 아닐까. (2020. 09)

주

1 나쓰메 소세키, 《나는 고양이로소이다》, 송태욱 옮김, 현암사, 2013, 16쪽.
2 오쿠이즈미 히카루, 《가뿐하게 읽는 나쓰메 소세키》, 지비원 옮김, 현암사, 2016, 15쪽.
3 강상중, 《강상중과 함께 읽는 나쓰메 소세키》, 김수희 옮김, 에이케이커뮤니케이션즈, 2016, 21쪽. 《나는 고양이로소이다》가 연재되는 도중에 같은 잡지(《ホトトギス》, 1906. 4)에 발표되었지만 성장소설 형식으로 진행되기 때문에 어느 정도 '작품 전체를 관통하는 굵직한 사건'이 있는 《도련님》은 상대적으로 잘 읽히는 이유를 이런 관점에서 설명할 수도 있겠다. 여기에는 그때마다 즉흥적으로 이야기를 이어나가며 길어진 《나는 고양이로소이다》와 대조적으로, 《도련님》의 경우 단기간에 집중적으로 창작되었다는 사실도 작용했다고 볼 수 있다.
4 한 문예비평가는 이 소설을 노스럽 프라이가 분류한 노벨, 로망스, 고백, 아나토미 등 네 가지 산문 양식 가운데 현학적 대화와 백과전서적 지식이 피력되는 특징을 지니는 '아나토미'에 속한다고 설명한 바 있다.(가라타니 고진, 《일본근대문학의 기원》, 박유하 옮김, 민음사, 1997, 227쪽) 물론 이런 설명은 나쓰메 소세키에게 《명암》과 같은 더 노벨적인 이야기, 〈런던탑〉을 비롯한 초기 단편의 더 로망스적인 이야기, 《한눈팔기(道草)》와 같은 더 고백적인 이야기가 있다는 것을 강조하기 위한 것으로, 실제 《나는 고양이로소이다》 속에만도 여러 산문 양식의 특징이 섞여서 나타나고 있다. 가라타니 고진은 "이렇게 다양한 장르의 작품을 단기간 동안에 써낸 작가는 일본뿐만 아니라 아마 외국에도 드물 것"(같은 곳)이라면서 소세키의 서사 세계의 폭을 강조하고 있다.
5 전부는 아니라고 해도 많은 고전들이 이런 상태로 우리와 어느 정도 거리를 두고 놓여 있다. 그런 까닭에 그 고전들의 표면은 친숙해도 그 이면을 막상 들여다보면 낯설다. 어떤 의미에서는 정복하기 쉽지 않은 그런 지대가 매번 새롭게 읽고 해석해야 할 가능성을 내포한 고전의 존재근거라고도 할 수 있다.
6 《나는 고양이로소이다》, 318쪽.
7 오쿠이즈미 히카루는 소세키의 초기 단편을 모은 첫 소설집 《양허집(漾虛集)》에 실린 소설들을 네 종류로 분류하고 있다. (1) 런던 유학 시절을 소재로 삼은 작품, (2) 러일전쟁을 배경으로 삼은 괴담, (3) 유럽 문학을 토대로 한 환상적인 이야기, 그리고 (4) 전혀 이해가 되지 않는 작품 등이 그것인데,

〈하룻밤〉은 그가 바로 네 번째에 속하는 소설로 꼽고 있는 것이다. 오쿠이즈미 히카루, 앞의 책, 6장 참조.
8   《나는 고양이로소이다》, 345쪽.
9   강상중은 "소세키의 공중목욕탕 묘사는 마치 에도 시대에 나온 시키테이 산바(式亭三馬)의 골계본(滑稽本) 《유키요부로(浮世風呂)》를 읽는 것 같은 재미가 있는 한편, 뭐랄까 인간의 본성이 온통 드러나버린 듯한 그로테스크함을 느끼게 합니다"(강상중, 앞의 책, 25쪽)라고 하면서도, 다른 한편으로 "《나는 고양이로소이다》는 《의상철학》의 훌륭한 패러디"(34쪽)로 설명하면서 "소세키는 시대를 날카롭게 비평한 칼라일처럼 자기도 일본의, 아시아의 칼라일이 되겠다는 마음을 담아 《나는 고양이로소이다》를 집필했던 것인지도 모릅니다"(35쪽)고 분석한 바 있는데, 이런 관점에도 일본과 서구 사이에서 이 이야기가 취하고 있는 특징적인 균형 감각을 확인할 수 있다.
10 《나는 고양이로소이다》, 416쪽.
11 나쓰메 소세키의 이후 소설에서는 이런 면모를 찾아보기 어렵게 된다. 가령 《나는 고양이로소이다》와 같은 시기를 배경으로 한 후기작 《한눈팔기》(1915)에서는 이처럼 여러 인물들을 통해 병치된 이념적 경합이 주인공의 심경 내부의 문제로 전환되어 있다. 그것은 소설의 서두에서 도쿄를 떠나 몇 해 만에 돌아온 주인공의 심리를 제시하면서 "그의 몸에는 막 뒤에 버려버린 먼 이국의 냄새가 아직 달라붙어 있었다. 그는 그것이 싫었다. 한시라도 빨리 그 냄새를 털어내야 한다고 생각했다. 그러나 겐조는 그 냄새에 숨어 있는 스스로에 대한 자부심과 만족감은 전혀 알아채지 못하고 있었다"(나쓰메 소세키, 《한눈팔기》, 조영석 옮김, 문학동네, 2011, 7쪽)고 서술하는 대목에서 일찌감치 확인할 수 있다.
12 나쓰메 소세키는 1906년 11월 자신의 유학 과정 전반을 되돌아보며 "런던에 살며 생활한 2년은 가장 불쾌한 시간이었다"(「《문학론》 서」, 《나의 개인주의 외》, 책세상, 2019, 35쪽)고 회고하고 있다. 유학이라고 해도 실제로 이 시기 런던에서 그의 공부는 대학 바깥의 사숙이나 독학으로 이루어진 것이었다.
13 《나는 고양이로소이다》, 612~613쪽.
14 모리타 사우헤이(森田草平), 《夏目漱石》, 甲鳥書林, 1942, 195~216頁.
15 에토 준(江藤淳), 《夏目漱石》(증보판), 勁草書房, 1969, 61~75頁.
16 John Nathan, *Sōseki: Modern Japan's Greatest Novelist*, Columbia University Press, 2018, 7장 참조.
17 가마노 다미코(鎌野多美子), 「나쓰메 소세키와 후지시로 소진─《나는 고양이로소이다》를 둘러싸고(夏目漱石と藤代素人─《吾輩ハ猫デアル》お巡って)」, 《國際研究論叢》 30(3), 2017, 33~52頁.
18 소세키는 자신의 개에 헥토르라는 이름을 붙였는데(「유리문 안에서」, 《긴 봄날

의 소품), 송태욱 옮김, 현암사, 2016, 214~221쪽), 《수고양이 무어의 인생관》에는 헥토르라는 이름의 사악한 왕자가 등장하는가 하면 아킬레스라는 집 지키는 개도 등장한다. 어쩌면 소세키 자신에게는 이미 호프만의 소설로부터 받은 영향이 생활 속에서 기꺼이 긍정되고 있었던 것인지도 모르겠다. 한편 닮아 있는 이야기의 기저에는 두 사람의 삶의 유사성이 놓여 있기도 하다. 어린 나이에 부모가 이혼하여 외가에서 자라거나(호프만) 태어나자마자 다른 집에 양자로 보내진(소세키) 점에서도 그렇고, 특별한 애정을 갖고 고양이를 길렀다는 점에서도 그렇다. 비교적 생의 후반부에 시작된 글쓰기에 필사적으로 힘을 기울인 점도 둘의 공통점이다. 호프만은 평생을 법관으로 살았으면서도 음악과 창작에 큰 족적을 남겼다. 소세키는 마지막 소설 《명암》을 쓰는 도중에 숨을 거두었다. 작품의 측면에서는 미완이지만 글을 쓰는 행위의 측면에서는 마지막까지 멈추지 않았던 것이다.

19 나쓰메 교코·마쓰오카 유즈루, 《나쓰메 소세키, 추억》, 송태욱 옮김, 현암사, 2016, 160~162쪽 참조.

20 한국어 역은 《나는 강아지로소이다》, 송태욱 옮김, 현암사, 2017. "듣자하니 인간 족속의 세계에는 나쓰메 소세키라는 대문호가 있는데, 그에게는 《나는 고양이로소이다》라는 제목의 장난 삼아 쓴 소설이 있다고 한다"(7쪽)는 첫 문장에서 이 소설의 모티프가 드러나 있다.

21 이 길을 계속 따라가다 보면 다와다 요코(多和田葉子)의 '자서전 쓰는 곰'(《雪の練習生》, 2011; Etüden im Schnee, 2014)과 만날 수도 있다. 다와다 요코는 일본에서 태어나서 자라다가 독일로 이주하여 그곳에서 일본어와 독일어 두 언어로 소설을 쓰고 있는데, 이 글의 맥락에서 동양과 서양의 경계를 가로지르며 수행되고 있는 그녀의 이중어 글쓰기는 나쓰메 소세키의 딜레마가 무화되는 방향의 한 지점을 실현하고 있다고 생각된다.

22 한국어 역은 《나는 고양이지만 나쓰메 씨를 찾고 있습니다》, 김진아 옮김, 직선과곡선, 2020.

23 서은혜, 「나쯔메 소오세끼와 그의 첫 소설 《이 몸은 고양이야》」, 《이 몸은 고양이야》, 창비, 2017, 530쪽. 그렇기도 하지만 소설 속에서는 간게쓰를 비롯한 보다 젊은 세대의 반론에 의해 전체적으로는 겨우 균형을 이루는 측면도 있다.

소설이라는 '신세계'를 형성하는 '멋진' 재료들

올더스 헉슬리

멋진 신세계

올더스 헉슬리(1894~1963)가 1931년에 써서 그 이듬해 출간한 《멋진 신세계》를 읽다 보면 소설을 쓰는 일은 무엇보다 우선 하나의 세계를 만드는 작업이라는 생각을 하게 된다. 이 소설의 제목, 그리고 첫 부분인 다음 대목이 그런 특징을 이미 잘 드러내고 있다.

> 겨우 34층밖에 안 되는 나지막한 잿빛 건물. 정문 입구 위에는 '부화-습성 훈련 런던 총본부'라는 현판이 걸렸고, 방패꼴 바탕에는 '공동체, 동일성, 안정성'이라는 세계국(世界國, World State)의 표어.
> 1층의 거대한 방은 북향이었다. (……) "그리고 이곳은 말이다." 문을 열며 국장이 말했다. "수정이 이루어지는 방이다." 부화-습성 훈련 국장이 방으로 들어섰을 때는 300명의 수정원(受精員)이 거의 숨소리조차 나지 않는 정적 속에서 도

구를 들고 몸을 숙인 채 일에 몰두해 있었다.[1]

　런던 시내의 34층 건물에서 이야기는 시작된다. 국가의 경계는 소멸해서 세계가 하나의 나라를 이루고 있다. 공동체(Community), 동일성(Identity), 안정성(Stability)이라는 그 국가의 표어가 (굳이 아도르노의 설명에 기대지 않더라도) 자유(Liberté), 평등(Egalité), 박애(Fraternité)라는 프랑스 혁명의 이념에 대응된다는 사실을 짐작하기 어렵지 않다.[2] 집단의 안정이라는 가치의 실현을 위해 위에서 보는 것처럼 그 구성원들은 인공적인 수정을 통해 부화(hatchery)되며 자신이 속한 계급에 부합하는 습성 훈련(conditioning)을 받아 사회적 인간으로 배양된다. 즉 알파, 베타, 감마, 델타, 엡실론 등 다섯으로 구분된 신분에 맞는 신체와 의식을 주입받은 인간들이 자신의 기원에 대한 회한도, 미래에 대한 기대나 불안도 없이 그저 자신의 신분에 기초하여 할당된 작업에 만족하고 촉감영화나 장애물 골프 혹은 자유로운 성 행위 등의 오락, 그리고 소마(soma)라는 이름의 환각제에 탐닉하는 현재를 살아간다.[3] 바로 이런 상황이 올더스 헉슬리가《멋진 신세계》에서 그려 보인 미래의 세상이다.

　이런 상상력은 역시 미래를 배경으로 하고 있는 조지 오웰의《1984》(1949)에 비해 훨씬 급진적이다. 그것은 비교적 근미래의 시간을 제목이자 배경으로 사용하고 있는《1984》에 비해《멋진 신세계》의 시간은 현재로부터 아득히 멀리 떨어져 있다는 사실에 기인한다.[4] 크게 의식하면서 읽게 되지는 않지만 소설 속에는 A.F. 632년이라는 구체적인 시간적 지표도 등장한다. 헨리 포드가 T형 자동차를 발명한 1908년이 이 세계의 기점(After Ford)이니 환산하면 곧 2540년인 셈이다. 그러니까 《멋진 신세계》를 쓰던 시점으로부터 600년이 지난 뒤의 이야기이며 이미 우리는 지나쳐버린 《1984》에 비해서도 500년 이상 더 먼 미래의 상황인 것이다. A.F. 141년(2049년)의 '9년 전쟁'을 겪은 이후 공동체의 안정을 최우선적 가치로 삼아 변화해온 세계에서는 이제 포드가 로드(Lord), 즉 신을 대체하기에 이른다. 성호로 십자가를 긋던 사람들은 T자를 긋고, '오, 주여(Oh, God)'라고 말했던 상황에서는 '오, 포드여(Oh, Ford)'라고 외친다. 올더스 헉슬리는 여기에 더해 런던의 시계탑 '빅 벤'이 '빅 헨리'가 되고 그 종소리는 '포드'를 숫자만큼 반복하는 것으로 바뀐 깨알 같은 장면도 삽입해 넣었다.

> 택시가 200미터쯤 공중으로 솟아오른 뒤 동쪽으로 향했고, 방향을 바꾸는 사이에 버나드의 눈앞에는 거대하고 아름다운 음악당 건물이 나타났다. 320미터에 달하는 하얀 모조 대리석 건물이 러드게이트 힐 너머에서 투광 조명을 받고 눈처럼 새하얗게 빛났으며, 헬리콥터 착륙장의 네 모서리에 세워놓은 거대한 T 자가 어두운 밤하늘을 배경으로 저마다 진홍빛으로 빛났다. 그리고 주둥이가 널찍한 24개의 황금빛 나팔 확성기에서 엄숙한 합성 음악이 우르릉거리며 울려퍼졌다.

"제기랄, 지각이로군." 버나드는 음악당의 빅 헨리 시계가 눈에 띄자마자 혼잣말을 했다. 그가 택시비를 내는 사이에 빅 헨리가 시간을 알렸다. "포드!" 모든 황금빛 나팔들로부터 우렁찬 저음의 목소리가 울려퍼졌다. "포드, 포드, 포드……." 포드 소리가 아홉 번 반복되었다. 버나드는 승강기로 뛰어갔다.[5]

위의 인용 장면에 등장하는 버나드 마르크스는 알파 플러스 계급에 속한 인물로 최상위층의 최면 학습 전문가이지만 그 신분에 걸맞지 않게 감마 정도의 왜소한 체격을 갖고 있다. 이런 신체적인 결함으로 인해 그는 세계에 적응하지 못하는 이방인 의식에 시달리면서도 또 다른 한편으로는 남다르게 겪는 그런 불행한 의식을 향유한다. 그런 결과로 그는 이 세계에서 "난 차라리 나 자신 그대로 남아 있고 싶어요. (……) 불쾌하더라도 나 자신 그대로요. 아무리 즐겁더라도 남이 되고 싶지는 않아요"[6]라고 말하는 예외적인 인물로 살아가고 있다. 다만 이런 콤플렉스로 인해 외톨이처럼 지내는 버나드의 곁에 역시 그처럼 알파 플러스 계급이면서 반대로 신체적, 정신적으로 과잉된 능력을 가지고 있어 세계로부터 이질감을 느끼는 헬름홀츠 왓슨(감정공학 대학의 글쓰기 학과의 강사이자 촉감영화의 대본 등을 쓰는 작가이다)이 있어 서로 위안을 나누는 유대 관계를 이루고 있다. 그리고 버나드를 다른 여성들처럼 경멸적으로 대하지 않고 오히려 동정적인 시선으로 바라보는 레니나 크라운 또한 이 관계에 가까운 인물인데, 이런 인물들로 인해 이 가상의 미래 세계는 그 이면에 올더스 헉슬리가 살았던 1930년대 초반, 혹은 그 이야기를 읽고 있는 2023년 현재의 상황과도 맞닿아 있는 속성을 함께 갖추며 현실성이라고 할 만한 면모를 보여주고 있다. 버나드 마르크스를 비롯한 소설 속 등장인물의 이름들 자체가 이 이야기에 펼쳐져 있는 미래가 현실로부터 생성된 것이라는 사실을 우회적이라고 하지만 사실은 너무도 직접적으로 드러내고 있기도 하다.

《멋진 신세계》를 읽는 독서의 즐거움은 이처럼 올더스 헉슬리가 그려낸 몇백 년 후의 세계의 모습, 그러면서도 동시에 현재를 비추고 있는 독특한 미래를 감상하는 데서 얻을 수 있다. 이와 같은 소설 속 미래 세계의 모습을 떠올린 것에 대해 만년의 올더스 헉슬리는 한 인터뷰에서 "그건 허버트 조지 웰스의 《신과 같은 인간(Men Like Gods)》에 대한 패러디로 시작되었습니다. 그러나 점점 통제를 벗어나더니 처음 의도했던 것과는 완전히 달라져버렸습니다. 그 주제에 대해 관심이 생기면서 원래 목적에서 더욱 멀리 벗어났지요."[7]라고 밝힌 바 있다. 그런 과정을 통해 《신과 같은 인간》(1923)에서의 1921년의 런던과 그로부터 3천 년 후의 유토피아라는 이름의 평행 세계는 《멋진 신세계》에서 문명화된 런던과 뉴멕시코의 인디언 원주민 마을이 동시대에 병립하는 구도로 재정립되어 있다. 모두 18장으로 된 《멋진 신세계》는 그 3분의 1 지점에 해당되는 6장에서 버나드와 레니나가 함께 로켓을 타고 뉴멕시코의 보호구역(the

Reservation)으로 휴가를 떠나면서 새로운 국면으로 진입한다.

> 암석 지대는 사자의 털 빛깔 같은 먼지가 덮인 해협에서 바람이 불지 않아 앞으로 나아가지 못하는 돛배처럼 보였다. 깎아지른 절벽들 사이로 물길이 구불구불 흘러갔고, 한 줄기 강과 들판이 초록빛 띠를 이루며 한쪽 절벽에서 다른 쪽 절벽으로 계곡을 가로질러 내려갔다. 해협의 한가운데 멈춰 선 돛배처럼 보이는 바위의 뱃머리 쪽에는, 말파이스의 푸에블로 마을이 벌거숭이 돌덩어리를 기하학적으로 잘 가꾸어놓은 듯 툭 불거져나와 있었다. 위로 올라갈수록 작아지는 높다란 집들이 층층으로 계단을 이룬 피라미드처럼 푸른 하늘을 향해 솟아올라 있었다. 그 밑에는 나지막한 건물들이 산재했고 벽들이 서로 엇갈려 이어졌으며, 절벽의 삼면은 평원을 향해 급경사를 이루고 있었다. 바람이 불지 않는 공중으로 연기 몇 가닥이 수직으로 올라가다가 사라졌다.[8]

이 황량한 풍경의 보호구역의 마을에서는 원주민들이 여전히 임신을 해서 아이를 낳고 배타적인 가족 관계를 유지하는 야만적인(?) 삶을 살고 있다. 이 부분에 대해 앞서 제시한 인터뷰에서 올더스 헉슬리는 "《멋진 신세계》에서 다룬 영국 장면에서는 전혀 문제가 없었는데, 한 번도 가본 적이 없는 뉴멕시코 쪽에 대해서는 엄청난 양을 읽어야 했습니다. 그 장소에 대한 온갖 종류의 스미스소니언 보고서를 읽고 나서 그곳을 상상해보려고 최선을 다했습니다"[9]라고 언급한 바 있다. 한 논문에 따르면《멋진 신세계》에서 뉴멕시코의 야만인 보호구역이라는 공간이 설정된 배경에는 그 당시의 미국 남서부 지역 인디언의 풍습과 문화에 대한 유럽인들의 유행적인 관심이 놓여 있으며, 특히 D. H. 로렌스, 마가렛 미드, 브로니슬라프 말리노프스키 등의 여행기가 전거로서 사용되었다고 한다.[10] 이런 대목을 두고 생각해보면, 하나의 이야기가 만들어지는 과정에는 대단히 복잡한 여러 겹의 근거들이 함께 작용한다는 사실을 새삼 확인할 수 있다.

이런 요소들과 함께《멋진 신세계》를 이루고 있는 더 결정적인 한 겹은 바로 셰익스피어라고 할 수 있다. 야만인 보호구역에는 애초에 여기 사람들이 '타처(Other Place)'라고 부르는 문명 세계로부터 여행 왔다가 실종 사건으로 인해 억류된 린다라는 여성과 그녀의 아들 존이 물에 뜬 기름처럼 섞이지 못한 채 고립되어 살아가고 있다. 린다로부터 영어를 배우는 과정에서 존은 우연히《윌리엄 셰익스피어 전집》을 얻어 탐독하게 되고 그 대사를 통해 자신만의 독특한 의식 세계를 마련하게 된다.

> 그는 책을 아무 곳이나 펼쳐 보았다.
>
> 무슨 말씀을, 타락에 잠겨

추악한 돼지우리에서 뒹굴며 육욕에 빠지고 탐닉하여
기름으로 범벅된 침대의 썩은 땀 냄새 속에서
살아가다니…….(《햄릿》 3막 4장 103~106행으로 햄릿이 어머니에게 하는 말)

이상한 어휘들이 그의 머릿속을 헤집고 굴러다니며, 말을 하는 천둥처럼 우르릉거렸다. 만일 북이 말을 한다면 여름 춤을 출 때의 북소리가 바로 그런 얘기를 했을 것이다. 아름답고도 아름다워서 눈물을 흘리게 만드는 '수확의 노래'를 부르는 남자들, 조각된 막대기들과 뼈나 돌조각들 그리고 깃털들을 늘어놓고 ('키아슬라 칠루 실로퀘 실로퀘 실로퀘. 키아이 실루 실루 치슬'이라고) 미치마 노인이 외우는 마법의 주문과도 같았다. 하지만 그에게 뜻이 전해졌기 때문에 미치마의 마술보다 더 많은 의미가 담기고 더 좋은 얘기였다. 겨우 반쯤만 이해가 가더라도 신비하기 짝이 없는 얘기가, 린다에 관한 무섭고도 아름다운 얘기가, 침대 옆 마룻바닥에 빈 잔을 떨어드린 채로 저기 누워 코를 고는 린다에 관한 얘기가, 린다와 포페, 그렇다, 린다와 포페에 관한 얘기가 그런 어휘들로부터 울려퍼졌다.[11]

존에게 셰익스피어는 그가 세계를 자신의 방식으로 볼 수 있게 해주는 안경 같은 것이다.(소설을 읽다 보면 그 안경이 사실 올더스 헉슬리의 것이기도 하다는 생각을 하게 된다.) 소설의 전반에서 버나드가 놓여 있던 문제적 인물의 자리를 그 후반에서는 주로 '야만인(Savage)'으로 지칭되는 존이 점유하게 된다. 그 점은 이 소설의 10장에서 버나드가 뉴멕시코로부터 린다와 존을 데리고 함께 런던으로 돌아온 이후에 본격적으로 전개된다.

> "학생들은 셰익스피어를 읽나요?" 그들 일행이 생화학 실험실로 가기 위해 학교 도서관 앞을 지나 걸어가는 동안 야만인이 물었다.
> "물론 안 읽습니다." 낯을 붉히며 여교장이 말했다.
> "우리 도서관에는 참고서들만 비치합니다." 개프니 박사가 말했다. "혹시 이곳의 젊은이들이 기분 전환할 대상이 필요하면, 그들은 촉감영화를 보러 갑니다. 우리는 학생들이 혼자서만 즐기는 오락에 탐닉하는 것을 권장하지 않아요."
> 노래를 부르거나 말없이 포옹을 한 남녀 학생들을 가득 태운 버스 다섯 대가 유리 도로를 따라 지나갔다.[12]

존은 버나드가 이끄는 대로 문명 세계의 중요한 기관들을 방문한다. 야만인 보호구역에 있던 상황에서 존에게 문명 세계는 셰익스피어로 표상되었지만, 정작 이 세계에서는 누구도 셰익스피어를 읽지 않고 알지도 못한다. 참고서만 비치된 도서관과 영화관에 몰리는 대중들의 모습은 지금도 낯선 것이 아니다. 이런 문명의 세계가 존의 시선에 의해, 궁극적으로는 셰익스피어의 《템페스트》의 등장인물 미란다의 표현을 매개로 하여 '멋진 신세계(brave new world)'라는 반어적인 지칭을 얻고 있다. 잘 알려져 있듯, 여기에서 'brave'라는 단어가 '용감한'이 아니라 '멋진'으로 이해되는 언어적 맥락 역시 셰익스피어의 시대로부터 유래한 것이다.

> 완성된 기계들은 초록색 감마 제복 차림에 적갈색 머리가 곱슬거리는 여덟 명의 똑같은 여자들에게 검사를 받고는, 다리가 짧고 왼손잡이인 34명의 델타 마이너스 남자들의 손으로 상자에 담겼다. 포장된 완제품은 눈이 푸르고 노르스름한 피부에 주근깨가 앉은 반백치 엡실론 63명에 의해서 대기하는 트럭과 짐차에 실렸다.
> "오, 멋진 신세계여……." 그의 기억력에 스며든 어떤 악의에 의해서이기라도 한 듯 야만인은 자신도 모르게 미란다의 말을 되풀이했다. "오, 그런 사람들이 살아가는 멋진 신세계여."[13]

이 소설에서 셰익스피어는 더 이상 존숭의 대상이 아닌 폐기된 과거에 대한 일종의 상징처럼 등장하고 있다. 존은 그런 세계의 실상을 마주할 때마다 셰익스피어를 강박적으로 소환해낸다. 그런 과정에서 '멋진 신세계'라는 표현이 위의 대목을 비롯한 여러 장면에서 때로는 감탄으로, 또 때로는 반어적으로 반복되어 발화되고 있다.

이 소설의 후반부 하이라이트를 이루는 존과 서부 유럽 주재 세계 통제관인 무스타파 몬드의 대화에서도 셰익스피어는 중요한 논점으로 등장하고 있다.(그러면서 그 자리에 함께하고 있지만 셰익스피어를 알지도 못하는 버나드와 헬름홀츠 왓슨은 뒤편으로 물러날 수밖에 없다.) 그것은 오래되고 아름다운 것을 대표하는 존재라고 할 수 있는데, 바로 그 이유로 인해 이 신세계에서는 쓸모가 없는 것이다. 하지만 역설적으로 존이 원하는 것은 바로 그것이다.

> "하지만 난 안락함을 원하지 않습니다. 나는 신을 원하고, 시를 원하고, 참된 위험을 원하고, 자유를 원하고, 그리고 선을 원합니다. 나는 죄악을 원합니다."
> "사실상 당신은 불행해질 권리를 요구하는 셈이군요." 무스타파 몬드가 말했다.
> "그렇다면 좋습니다." 야만인이 도전적으로 말했다. "나는 불행해질 권리를 주장하겠어요."
> "늙고 추악해지고 성 불능이 되는 권리와 매독과 암에 시달리는 권리와 먹을 것이 너무 없어서 고생하는 권리와 이(虱)투성이가 되는 권리와 내일은 어떻게 될지 끊임없이 걱정하면서 살아갈 권리와 장티푸스를 앓을 권리와 온갖 종류의 형언할 수 없는 고통으로 괴로워할 권리는 물론이겠고요."
> 한참 동안 침묵이 흘렀다.
> "나는 그런 것들을 모두 요구합니다." 마침내 야만인이 말했다.
> 무스타파 몬드가 머리를 끄덕였다. "그렇다면 좋을 대로 해요." 그가 말했다.[14]

무스타파 몬드와의 대화에서 존이 도달한 위와 같은 절망적 선택은 결국 그가 문명 세계를 떠나 황무지에 은둔하게 되는 사건으로 이어진다. 그렇지만 그곳에서 존은 언론의 파파라치적 도찰의 대상이 되고 급기야는 관광객의 볼거리가 되어버린다. 소설은 존이 머물던 등대 복도 천장에 매달린 한 쌍의 발이 천천히 돌다가 다시 반대 방향으로 돌아가는 모습을 담담하게 묘사하면서 끝을 맺는다. 책을 덮으면서 문명에 대한 양가적인 감정으로 혼란스러운 우리 역시 자신의 삶과 현실을 돌아보며 행복 혹은 불행의 근거를 다시 묻게 된다.

《멋진 신세계》는 출간된 이후 비판을 포함한 큰 반응을 얻었고 디스토피아적 미래를 재현한 고전이자 올더스 헉슬리의 대표작이 되었다. 첫 출간으로부터 15년 후 다시 책을 펴내면서 쓴 서문에서 올더스 헉슬리는 "그때 나는 그 상황을 600년 후의 미래로 설정했다. 오늘날에는 그와 같은 공포가 미처 100년도 가기 전에 우리에게 닥칠 가능성이 상당히 많아진 듯싶다"[15]고 적었다. 냉전이 절정에 이르렀던 무렵 한 일간지로부터 "정치적인 독재자가 사람들의 생각과 행동방식을 바꿈으로써 어떻게 국민을 조종하고 통제할 위험성이 있는지 논하는 글을 연재해달라"[16]는 청탁을 받고 쓴 글들에서 올더스 헉슬리는 자신이 썼던《멋진 신세계》의 내용을 토대로 하여 논의를 전개했고, 그 글은 나중에 '다시 찾아본 멋진 신세계'라는 제목의 책으로 세상에 나오기도 했다. 넓게 보자면 이런 서문과 기사를 포함하여 올더스 헉슬리의 후기 소설들 또한 《멋진 신세계》에 대한 작용 혹은 반작용의 산물로 이해해볼 수 있다. 그가 세상을 떠나기 1년 전인 1962년에 출간된 그의 마지막 소설 《섬》은 그가 인터뷰에서 '거꾸로 된 《멋진 신세계》'라고 생각하면서 쓰고 있다고 한 이야기였다.[17] 올더스 헉슬리뿐만 아니라 결국 모든 작가는 자신이 쓴 글에 내속될 운명을 벗어날 수 없는 존재일 것이다. 그보다 앞선 재료들로부터 창안된 《멋진 신세계》는 어느 시점 이후 올더스 헉슬리 자신의 글을 포함한 다른 많은 이야기들의 재료가 된다. 《멋진 신세계》를 다시 읽으며 소설과 소설가의 운명을 떠올려본다.
(2023. 05)

주

1 올더스 헉슬리, 《멋진 신세계》, 안정효 옮김, 태일소담출판사, 2015, 30~31쪽.
2 테오도어 아도르노, 「올더스 헉슬리와 유토피아」, 《프리즘》, 홍승용 옮김, 문학동네, 2004, 107쪽 참조.
3 소설 속에서는 소마를 삼킨 5분 뒤의 상태가 "근심의 나무에서는 원인의 뿌리와 결과의 열매들이 사라졌고, 현재의 꽃만이 장미처럼 활짝 피었다"(《멋진 신세계》, 171쪽. 원문에는 "Five minutes later roots and fruits were abolished; the flower of the present rosily blossomed"로 되어 있다. Aldous Huxley, *Brave new world and Brave new world revisited*, Harper Perennial Modern Classics, 2004, p. 101)고 표현되고 있다. 원인의 '뿌리'와 결과의 '열매', 즉 과거와 미래가 사라지고 '현재의 꽃'만이 장미처럼 무성한 이 나무의 이미지가 이 세계의 성격을 잘 보여주고 있다고 하겠다.
4 그가 교사로서 짧게 재직했던 이튼 학교의 졸업생이기도 한 조지 오웰(본명은 에릭 아서 블레어)이 보낸 《1984》를 받고 쓴 1949년 10월 21일 자의 답장에서 올더스 헉슬리는 "《멋진 신세계》에서 내가 상상했던 바와 훨씬 닮은 세상의 악몽으로 《1984》의 악몽이 필연적으로 바뀌어가리라고 나는 느낀다네"(「조지 오웰에게 보낸 편지」, 《다시 찾아본 멋진 신세계》, 안정효 옮김, 태일소담출판사, 2015, 247쪽)라고 쓴 바 있다. 헉슬리의 이런 판단 역시 예언의 정확성을 비교했다기보다 통치 방식의 변화에서 시간적 과정의 선후의 문제로 두 소설을 바라본 결과로 이해할 수 있다.
5 《멋진 신세계》, 134~135쪽.
6 같은 책, 149쪽.
7 「추상을 넘어선 심오한 인간—올더스 헉슬리」, 《작가란 무엇인가 2》, 다른, 2015, 23쪽.
8 《멋진 신세계》, 174쪽.
9 「추상을 넘어선 심오한 인간— 올더스 헉슬리」, 23쪽.
10 Carey Snyder, "'When the Indian Was in Vogue': D. H. Lawrence, Aldous Huxley, and Ethnological Tourism in the Southwest", edited by Harold Bloom, *Aldous Huxley—New Edition*, Bloom's Literary Criticism, 2010, pp. 191~221 참조.
11 《멋진 신세계》, 208~209쪽.

12 같은 책, 253쪽.
13 같은 책, 248~249쪽.
14 같은 책, 363쪽.
15 「머리글」, 《멋진 신세계》, 27쪽. 지금으로서는 소설 속 미래에 훨씬 더 다가선 느낌을 받을 수밖에 없는데, 그런 실감은 소설 속의 사건이 다가올 상황을 정확하게 예언했기 때문이라기보다 어느 시대라도 자신의 현실로 채색할 수 있는, 알레고리로서 이 소설이 내포한 어떤 공백에 기인한다고 볼 수 있지 않을까. 어느 측면에서는 사실적 재현의 형식보다 이런 알레고리 형식의 리얼리티가 더 강력하다고 느끼게 된다.
16 「이루어진 예언―《다시 찾아본 멋진 신세계》(1958)에 대한 당시의 반응」, 《다시 찾아본 멋진 신세계》, 안정효 옮김, 태일소담출판사, 2015, 239쪽.
17 「추상을 넘어선 심오한 인간―올더스 헉슬리」, 24쪽.

작가의 사명과
작품의 운명 사이의 아이러니

조세희
♦
난장이가 쏘아올린 작은 공

1978년 6월 출간된 조세희(1942~2022)의 연작소설집 《난장이가 쏘아올린 작은 공》(이하 《난쏘공》으로 지칭)은 그로부터 18년이 지난 1996년 6월 100쇄를 찍게 된다.[1] 이 일을 기념하여 진행된 한 인터뷰에서 작가는 "한 작품이 100쇄를 돌파했다는 것은 작가에겐 큰 기쁨이긴 하지만 《난쏘공》이 아직도 읽혀야 하는 시대인가라는 물음은 우리에게 많은 것을 생각게 합니다. 더 이상 《난쏘공》이 필요치 않은 시대가 왔으면 합니다"[2]라는 바람을 밝혔지만, 안타깝게도(?) 그의 바람은 이루어지지 않았다. 2007년 9월까지 꾸준히 100만 부가 팔렸고, 2017년에는 300쇄를 기록했다.[3]

이렇듯 한 시대를 대표하면서 한국소설의 고전으로 자리 잡은 이 소설은, 그러나 그것이 쓰이던 상황에서는 이런 운명을 예감하지 못했다. 아니, 더 정확히 이야기하자면 그런 방향의 운명을 떠올리지 않았다. 그 상황을 작가는 나중에 이렇게 회고한 바 있다.

> 실제로 어느 날 나는 그 시절 최약자들이 몰려 사는 재개발 지역에 쇠고기 조금 사 들고 가 그것을 국도 끓이고 굽기도 해 집이 헐리면 당장 거리에 나앉아야 되는 세입자 가족들과 그 집에서의 마지막 식사를 하고 있었습니다. 살길이 막막한 그 집 가장이 국에 밥을 말던 모습이 생각나요. 우리가 식사를 반도 못 끝냈을 때 철거반이 철퇴로 대문과 시멘트 담을 쳐부수며 들어왔어요. 나는 지구가 큰 폭격을 받아 깨지고 뒤집히는 줄 알았어요. 그날 지옥의 사자와 같은 철거반과 이미 무너져내리기 시작한 그 집에서 싸우고 골목 밖에서도 싸우고 철거민 가득한 동회 앞으로 가 또 싸우고 돌아오다 나는 작은 노트 한 권을 사 주머니에 넣었어요. 모나미 볼펜 자루도 끼어 샀던 것 같아요. 나는 그 노트에 《난장이》 연작을 쓰기 시작했어요. 비상계엄과 긴급조치가 멋대로 내려지는, 그래서 누가 작은 소리로 자유와 민주주의라는 말만 해도 잡혀가 무서운 고문받고 감옥에 갇히는 유신헌법 아래서 나는 일찍이 포기했던 소설을 한 편 한 편 써나갔어요. 매 작품을 늘 긴급하다는 마음으로 여유 없이 썼다는 뜻예요.[4]

한 인터뷰에서 작가는 풍족했던 유년 시절(세 살 때 부친을 여의었지만 경기도 가평 시골 마을에 있었던 그의 집은 그가 다

넜던 초등학교보다 컸다고 한다)과 문학 소년으로 성장했던 과정(교지나 《학원》에 소설을 발표하기도 하고 고등학교 3학년 때는 신춘문예 최종심에 오르기도 했다), 그리고 서라벌예대와 이후 편입한 경희대 국문과에서의 수학 시절을 회고하고 있다. 1965년 경향신문 신춘문예에 당선되었으나, 그가 서라벌예대 시절 수업 시간에 낭독한 작품이었다는 당선작 〈돛대 없는 장선(葬船)〉은 그가 의욕적으로 이어나갈 거점이 되지 못했다. 이후 직장 생활을 하게 되면서 글쓰기가 거의 중단되는 시간이 10년 정도 이어졌다.[5]

그런데 위에서 보듯, 작가는 1970년대 중반의 어느 날 철거 현장에서 겪은 경험을 매개로 긴급한 현실적 요구를 느끼면서 '모나미 볼펜 자루'로 '작은 노트'에 소설을 쓰기 시작했다. 그리고 그렇게 소박하게 시작된 《난쏘공》은 결국 순수와 참여를 기치로 나뉘어 있던 당대의 문단을 뒤흔드는 사건이 되었다. 당시 대학생으로 이 소설을 접한 한 평론가는 "한 시대 노동계급의 운명을 이처럼 노골적이고 전면적으로 펼쳐낸 소설을 나는 그 전까지 읽은 적이 없었다. 무엇보다 나를 놀라게 한 것은 이 책 갈피갈피에서 묻어나오는 어떤 간절함이었다. 이 책은 책상에 앉아서 쓴 것이 아니라 마치 칼날을 밟고 서서 쓴 것처럼 느껴졌다"[6]고 적었다. 《난쏘공》은 한 시대의 삶의 현장 한복판에서 우발적으로 탄생했지만, 바로 그 사실로 인해 그 시대적 문제에 맞서는 생생한 현실성과 폭발적 영향력을 가질 수 있었다.

그렇지만 그런 시대적 특수성만을 가졌다면 그처럼 오

랜 생명력을 지속할 수 없었을 것이다. 작가는 이 소설의 창작 과정에서 경험한 또 다른 사건에 대해 다음과 같이 이야기하고 있다.

> 문학을 다시 시작했던 때, 인물을 설정하기 위해 고심하고 있는 단계에서, 어느 날 직장에서 야근을 하고 집으로 돌아오고 있는데 깊은 밤 캄캄한 골목에서 어떤 아저씨가 동네 전체를 향해 욕을 하고 있는 장면을 보았어요. 어떤 하나의 인물이, 어둠 속에서, 사회와 그 동네 집단원 전체를 향해 욕을 한다는 건 있을 수 없는 일이거든요? 그런데 그 사람은 하고 있더군요. 유심히 보니까 난장이였어요. 오징어를 파는 아저씨였는데 돈이 급히 필요해 싸게 주겠다는 것인데 그것도 모르는 체하며 너희가 사주지 않아 그냥 들어간다며 마구 욕을 하는 거예요. 무허가 건축에 사는 난장이 아저씨였어요. 그런데 며칠 뒤 밥을 먹는데 꼬마가 뱅어포를 먹다가 "이것은 난장이 바다에서 온 난장이 고기지—"라고 말하지 않겠어요? 그 순간 며칠 전 난장이 아저씨한테서 받았던 막연했던 인상이 '난장이' 인상으로 굳어졌어요. "그렇다, 우리는 모두 난장이다"라는 생각이 계시처럼 머릿속을 가르더군요. 그것이 전부입니다.[7]

한 편의 소설이라고 해도, 그 창작의 과정에는 여러 지점으로부터 기원한 서로 다른 맥락들이 작용하면서 텍스트에 다층적인 겹의 흔적을 남기고 있는 법이다. 《난쏘공》

의 한 겹은 동시대의 시대적 요구에 대응하여 만들어진 것이었지만, 그보다 더 깊은 곳에는 위에서 보는 것처럼 삶의 일상적 상황에서 직관적으로 형성된 체험의 순간이 놓여 있다. 그 체험은 두 단계로 진행되었는데, 그 첫 번째가 오징어를 파는 '난장이 아저씨'의 분노를 목격하면서 구체적인 인상을 얻은 장면이라면, 그 두 번째는 우연하게도 거기에 아이의 말이 겹쳐지면서 그것이 하나의 상징으로 보편화되는 국면이다. 작가가 철거촌에서 겪은 생생한 경험이 사건의 차원에서 《난쏘공》의 현실성을 이루고 있다면, 인물의 차원에서 이루어진 위의 경험은 동화적이고 환상적인 특성을 아우르면서 소설의 형상화에 구체성을 부여하는 직접적인 계기가 되었을 것으로 짐작된다.

한편 위 인용의 끝부분에 제시된 '우리는 모두 난장이다'라는 발상과 관련하여 작가는 다음과 같은 또 하나의 언급을 남기고 있다.

> "소년시절에 읽은 세계사 속의 한국은 꼭 난장이와 같았어요. 웰즈의 《세계문화소사》에는 한국이 딱 한 번 나오는데 그것도 러시아가 만주에서 철병하면서 한국을 일본에 맡겼다고 나와서 크게 놀랐었습니다."
> 조 씨는 지적 호기심이 눈뜰 때 받은 충격이 오래 남았고 언젠가는 난장이를 소재로 작품을 쓰리라 다짐했다고 말한다.[8]

더 거슬러올라가면 '난장이' 모티프는 작가의 소년 시절의 독서 경험에서 착상된 것이었던 듯하다. 이처럼 《난쏘공》의 성립에 작용한 몇 가지 맥락만으로도 하나의 소설이 만들어지는 데 결코 단순하지 않은 과정이 필요하다는 사실을 새삼 확인할 수 있다. 그리고 그렇듯 상당한 시간과 과정에 걸쳐서 형성된 이야기였기 때문에, 그만큼 여러 차원으로 얽힌 현실의 심층적인 문제에 닿을 수 있는 힘이 거기 축적될 수 있었지 않았을까 추측해볼 수 있다.

그렇게 작가의 내부에 겹겹이 쌓인 창작의 문제를 열두 편의 이야기로 풀어내는 데 2년여의 시간이 소요되었고, 그것도 균질적이지 않은 서로 다른 형식의 이야기가 하나씩 나타나면서 서서히 자체적인 맥락을 이루는 독특한 형태로 실현되었다. 거기에는 난장이 가족의 계급적 현실이 중심에 있지만, 그것을 둘러싸고 수학교사의 수업 형식을 띤 관념적인 담론이 맨 앞뒤에 놓여 있기도 하고, 꼽추와 앉은뱅이의 급진적인 복수담이 그 안쪽에 동심원적 단면을 이루고 있기도 하며, 은강 그룹의 부르주아 가족 이야기와 신애를 중심으로 한 소시민적 가정의 이야기가 또 다른 문제 영역으로 그 사이의 공간을 채우고 있기도 하다.

> 딸애는 낮에 일어난 일들을 알 리가 없다. 이야기해준다고 해도 아직은 제대로 이해하지 못할 것이다. 그것은 아주 복잡한 것이다. 딸애가 제일 어려워하는 연립방정식의 풀이 과정이나 화학의 원소 기호보다도 복잡하고, 또 판이하게

다른 것이다.[9]

《난쏘공》의 인물 구조의 한 축인 신애의 의식 속에 포착된 현실은 비록 그것이 일상 속의 사소한 사건이라고 할지라도 인간과 계급이라는 보다 근본적인 차원의 맥락과 결부되어 있기에 결코 간단하게 설명될 수 없는 복잡한 성격의 것이다. 《난쏘공》의 문체와 구성은 작가가 소설을 통해 대면하고자 했던 현실의 깊이와 복잡성에 대응되는 것이라 하겠다. 작가가 응시하는 세계의 성격은 그가 처음 세상에 소설가로서 등장할 때부터 다음과 같이 이미 선명하게 제시되어 있었다.

> 나는 이따금 어떤 의문을 갖게 된다. 그것은 사람들이 그들 안의 것을 어떻게 밖으로 내놓는 데 성공했을까 하는 점이다. 좀처럼 이해가 가지 않는다. 늦가을의 풍경 앞에서 영성(靈性)의 고갈을 느끼는 사람들은 그들 안에 깊은 세계를 지니고 있을 것이 아닌가. 나도 그들처럼 나의 안에 깊은 세계가 있다고 믿고 싶다. 비록 그것이 추론을 거치지 않은 단편적인 이미지에 불과한 것이라고 해도 계속해서 정신상의 문제에 관심하는 이상 나에게는 중요한 것이다. 그러나 나는 아직 그 세계로 가는 통로를 알고 있지 못하다. 그래서 책상 앞에 앉을 때마다 숱한 파지만을 남기기 일쑤다. 앞으로 이 상태가 얼마나 더 계속될지, 열(列)의 뒷자리에 선 마음 초조할 뿐이다.[10]

단편적인 이미지조차 주체의 내부 심층에 놓인 세계로부터 연유하는 것이며, 소설 쓰기는 그 심층으로 향하는 아직 개척되지 않은 새로운 통로를 탐색하는 일이다. 그것은 앞에서 살펴보았듯이 매우 복잡한 방정식을 풀어야 하는 수학적 작업이나 원소를 기호의 차원에서 분류하는 화학적 작업에 비유될 수 있는 것이다. 출발점에 놓인 작가에게 그 방면의 성공 사례들은 이해될 수 없는 아득한 것으로 여겨진다. 이렇게 막막한 장벽을 온몸으로 밀어넘겨야 하는 상황 앞에서 작가는 자신이 가진 모든 에너지를 끌어모으지 않을 수 없다.

> 내 문학의 뿌리는 《백설공주》나 《어린 왕자》와 같은 동화가 아니었을까. 거기 그려진 아름다운 세상에 대한 꿈이 나를 작가로 이끌었을 것이다. 습작 시절 내게 영향을 준 작가는 사르트르를 비롯한 참여파들이었지만, 스타일이나 형식에 있어서는 그렇지 않았다. 헤밍웨이의 하드보일드 스타일, 독일의 볼프강 보르헤르트나 하인리히 뵐과 같은 전후문학의 짧은 문장들, 영화로 치자면 흑백영화 같은, 전쟁의 상처를 빼어나게 그린 것들, 또 포크너의 의식의 흐름과 카프카의 독특한 분위기 역시 영향을 주었다.[11]

위에서 작가는 자신의 문학에 흡수된 몇 가지 자양분을 제시하고 있다. 여기에서 그는 일반적 관념과 달리 동화를 맨 앞에 내세우고 있다.[12] 또한 문학적 태도와 '스타일이나 형식'을 구분하고 있다는 점도 특기할 만한 것이다. 그런데 이 구분은 하나를 선택하기 위한 배타적인 기준이 아니라, 그 둘을 모두 받아들이기 위한 탈경계적 의식에 기초한 것이다. 아니, 그런 전략 이전에 '긴급하다는 마음으로 여유 없이' 써야 하는 상황에서 자신이 가진 모든 것을 투입하여 당면한 상황을 넘어서고자 하는 몸부림과도 같은 시도에 이끌려나온 무의식적인 '뿌리'들에 더 가깝다. 그렇기 때문에 하나의 세계를 구체적으로 형상화해야 하는 실제의 창작에서 중요한 것은 영향의 목록만이 아니라 오히려 그런 영향을 의식하지 않고 소설적 문제에 집중할 수 있는 힘일 것이다. 궁극적으로는 그것이야말로 작가의 내부에 존재하는 관련된 요소들을 한꺼번에 끌어올리는 동력일 것이기 때문이다.

> 《난쏘공》을 왜 모더니즘으로 몰아가는가? 내 소설을 모더니즘의 틀 안에 가두려는 논의를 접하면 숨이 막힌다. 《난쏘공》을 쓸 당시 나만큼 노동현장에 익숙하고 잘 아는 사람도 없었다. 나는 노동자들과 똑같이 생활하면서 그들과 똑같이 흥분하고 분노하고 울었다. 그 흥분과 분노의 100분의 1도 소설 속에 담지 못했다. 당시 나는 스스로에게 '나는 기록자이다'라고 최면을 걸었다. 독자나 비평가들이 당혹해한 것은 내 기록이 낯설었기 때문일 것이다. 그러나 형식이 낯설다고 해서 그 안에 현실이 담기지 말라는 법은 없다.[15]

잘 알려진 바와 같이 《난쏘공》이 형성되는 과정에서 당대의 대표적인 두 문학 진영은 그 성격에 대한 판단을 둘러싸고 공방을 펼친 바 있었지만, 위의 대목에서 작가는 그런 구획은 오히려 불필요한 것으로 느끼고 있다. 대신 작가는 그가 노동자의 생활 현장에서 경험한 '흥분'과 '분노'를 '기록'하는 일에 모든 것을 쏟고자 했다. 그리고 그런 집중력은 그 흥분과 분노와 관련된 작가 내부의 요소들을 불러 모으는 강력한 자력을 발휘할 수 있었다. 그리하여 그 창작적 집중력의 자석은 내용뿐만 형식까지도 끌어당길 수 있었던 것이다. 다음의 경우를 그 한 가지 사례로 살펴볼 수 있다.

> 이와 관련해서는 그의 서라벌예대 1년 선배인 소설가 김원일 씨의 흥미로운 증언이 있다. 경기도 가평의 행세하는 집안 출신인 조세희 씨는 당시 신설동에 살았는데, 그 집에는 양장본 세계문학전집 한 질이 완벽하게 갖추어져 있었다. 이 전집은 문학도들의 교과서 구실을 했는데, 가난한 문학청년들이 전집을 고스란히 갖추기란 거의 불가능한 노릇이었다. 청계천 등지의 헌책방을 순례하며 한두 권을 사 보는 게 고작이었던, 김원일 씨를 포함하는 문청들은 조세희 씨네 서가를 도서관처럼 활용했단다. 그런데 조세희 씨가 다른 책은 모두 빌려주면서 절대로 빌려주지 않는 책이 포크너의 소설 《음향과 분노》였다고. 김원일 씨는 "세희가 아마도 《음향과 분노》를 한 열 번은 읽고 달달 외웠을 것"이라

며 "《음향과 분노》에서 백치 벤지의 눈을 빌려 서술되는 짧은 문장들과 《난쏘공》의 단문들이 서로 관련되는 것이 아니겠는가" 짐작했다.[14]

작가가 자신이 영향을 받은 주요 작가를 거론할 때마다 포크너의 이름이 등장하기는 하지만, 1920년대 미국의 한 몰락한 집안을 배경으로 삼는 《소리와 분노》(1929)와 그가 쓰고자 하는 '난장이' 이야기 사이에는 내용의 측면에서 직접적인 연관이 발견되지는 않는다. 그렇지만 《소리와 분노》에 나타나는 '의식의 흐름'의 서술 방식이나 인물들이 교차하며 이야기하는 시점 형식 등은 《난쏘공》에도 영향의 흔적을 남기고 있다고 생각된다. 불구의 몸(《난쏘공》의 난장이)과 정신(《소리와 분노》의 벤지)을 지닌 인물도 두 소설을 연결하고 있어 보인다. 그런 맥락에서 조세희가 '난장이' 이야기에 담으려고 했던 '흥분'과 '분노'는 윌리엄 포크너가 그의 소설의 표제로 제시한 '소리'[15]와 '분노'에 대응되는 것이라고도 볼 수 있다. 그러니까 두 소설 사이의 더 깊은 공명은 분노에 차서 내지르는 소리나 고함처럼 의미화되지 못한 주체 내부의 심층의 영역과 마주하고자 하는 의지에서 찾을 수 있다. 조세희가 그 '100분의 1'도 소설 속에 담지 못했다고 느낄 수밖에 없는 이유는 바로 그 '흥분'과 '분노'의 심층적 성격에 있다. 기법의 영향은 그와 같은 근본적 차원에서의 이루어진 의지의 공명이 낳은 일종의 효과로서 발생한 것이라고 하겠다. 그리고 이 글의 맥락에서는 그와 같은 의지의 공명 또한 자신의 소설적 문제에 집중하고자 하는 작가의 긴장력으로부터 발생한 무의식적 과정으로 볼 수 있다.

한편 작가는 자신의 문학적 자양분으로 소설 관계의 책들뿐만 아니라 "수학책은 물론 과학서적·경제서적을 즐겨 읽고 거기에서 많은 것을 받았"[16]다고 이야기한 바 있다. 그런데 여기에서도 그가 문학 바깥의 서적에서 받고 있는 영향은 내용의 차원에 국한되지 않는다.

> 나의 문장을 '단문(單文)이며 아름답다'고 얘기하는 것을 많이 듣는데 나는 그 문장을 경제학자 갤브레이드와 베블런, 그리고 작가 H. G. 웰즈에게서 배운 것 같아요. 나의 문체가 다른 점은 그 영향 때문이겠고, 나는 소설이 아닌 다른 분야의 서적도 쓰고 싶은 욕망을 가지고 있답니다.[17]

경제학자가 쓴 책의 이론적 내용이 아니라 그 문체의 영향을 자신의 것으로 삼는 곳에 《난쏘공》의 독창성이 있다고 할 것이다. 이렇듯 《난쏘공》에서 다른 텍스트의 영향은 균질적이거나 단선적이지 않을 만큼 넓고 깊다. 그 영향이 넓고 깊을수록, 그 경로가 복잡할수록, 그리고 결정적으로는 이 과정을 감당할 몸과 마음의 긴장도가 높을수록 그 결과로 나타난 이야기는 자신의 한계를 넘어서는 것이자 기존의 공식으로는 설명할 수 없는 독창적인 것이 될 가능성이 크다. 사후적으로 살펴볼 수밖에 없는 것이지만, 결과적으로 《난쏘공》에서는 이런 일들이 일어났던 것이다.

그런데 《난쏘공》의 문체가 형성되는 과정에는 작가의 의지뿐만 아니라 시대의 상황 또한 다른 요인으로 작용했다고 볼 수 있다.

> 《난쏘공》의 단문은 아무래도 70년대적 정황의 산물이라 해야 할 것이다. 직설이 아닌 은유와 상징을 강요했던 정치적 상황, 그리고 직장 생활을 하느라 긴 문장을 생각해 쓸 수 없었던 개인적 사정이 겹쳐서 나온 것이었다. 단문을 쓰고자 하는 내적인 요구도 있었다. 그에 비해, 요즘은 직접적인 억압은 사라진 상황이다. 물론 완전한 민주화가 되었다고 보기는 어렵다. 오히려 더 야비해지고 교묘해졌다고 할 수 있다. 그래도 어쨌든 단어 하나하나에 시비를 걸지는 않는 상황이 된 것이다. 이것이 지난 70, 80년대 투쟁의 결과임은 물론이다. 같은 얘기를 달리하자면, 70, 80년대엔 우리를 억누르는 폭력이 아주 단순했던 반면, 지금은 복잡하고 교묘해졌다고 할 수 있다.[18]

《난쏘공》의 문체는 모더니즘이라는 사조적인 영향에 의해서 부분적으로 설명될 수 있지만, 위에서의 작가의 언급처럼 시대적 요인에 의한 측면도 무시할 수 없다. 당시 잡지사에 다니던 작가는 직장 부근의 다방에 앉아 초고를 썼는데, 한참 후의 한 기사는 작가와 나눈 인터뷰를 근거로 "《난쏘공》의 그 유명한 간결체 문장들은 직장 생활의 자투리 시간을 틈타 머릿속에 떠오른 생각을 그대로 받아적었던 결과"[19]라고 적고 있다. 그 기사에서는 난장이 가족들이 놓인 계층적 현실과는 아이러니하게 어긋나 있는 동화적인 제목과 책의 표지 그림, 그리고 서정적이고 환상적인 분위기가 당시의 폭력적인 권력의 검열을 피하기 위한 조치였다는 내용도 담고 있는데, 4·19 직후의 정치적 분위기 속에서 최인훈의 《광장》(1960)이 가능했던 것처럼 유신 말기의 탄압과 저항의 마찰 속에서 《난쏘공》의 촉수는 예민하게 작가와 독자 사이를 이어주면서 시대적인 욕망을 표현하고 있었던 것이다.

그런데 한편으로 시대를 투영하면서도 그 직접적인 검열을 피하는 과정에서 생성된 알레고리의 영역은 역설적으로 《난쏘공》이 한 시대에 갇히지 않고 보편적인 생명력을 이어가는 근거가 되었다.

> "난장이가 간다"고 사람들은 말했었다. 아버지가 차도를 건널 때 승용차 안 사람들은 일부러 경적을 울리게 했었다. 그들은 아버지를 보고 웃었다. 영호는 그들이 다니는 길 밑에 지뢰를 만들어 심겠다고 말했었다. "큰오빠." 영희는 말했었다. "아버지를 난장이라고 부르는 악당은 죽여버려." 마음속 큰 증오로 얇은 입술을 떨었다. 영호가 심은 지뢰 터지는 소리를 나는 꿈속에서 듣고는 했다. 그들의 승용차는 불길에 휩싸였다. 불 속에서 그들이 울부짖었다. 꿈속에서 들은 것과 같은 울부짖음 소리를 나는 은강에서 들었다. 알

루미늄 전극 제조 공장의 열처리 탱크가 폭발하는 순간 시뻘건 불기둥이 하늘 높이 솟았다. 쇳물·쇳조각·벽돌·슬레이트 부스러기들이 하늘에서 쏟아져내렸다. 주위의 공장들도 지붕이 날아가고 벽이 무너지는 피해를 입었다. 우리가 달려가보았을 때 공장 부근에는 공원들의 몸이 잘려진 채, 여기저기 널려져 있었다. 작은 공장이었으나 한순간 은강에서 제일 큰 소리를 냈다. 겨우 살아난 공원들은 동료의 몸 옆에서 울부짖었다.[20]

소설 속에서 꿈과 현실은 '뫼비우스의 띠'처럼 안과 밖을 구분할 수 없거나 '클라인씨의 병'처럼 내부와 외부의 경계가 없는 가상의 물체처럼 연결되어 있다. 그리고 지금까지도 사라지지 않고 있는 노동 현장의 열악한 현실은 그 환상적인 접속이 소설 속의 상황과 소설 바깥의 세계 사이에서도 이루어지고 있다는 사실을 입증하고 있다. 그런 맥락에서 《난쏘공》 신드롬은 초라하고도 고단한 현실을 살아가고 있지만 그럼에도 그와 같은 억압적인 현실을 넘어서고자 하는 사람들의 꿈과 열망이 만들어낸 집단적 사건이라고 할 수 있다.

작가는 이후에도 《난쏘공》의 뒤를 잇는 새로운 이야기를 시도했으나, 그만큼의 결과를 얻을 수 없었다. 《난쏘공》으로부터 인물과 상황을 이어받은 《시간여행》(1983)은 그 신드롬이 단지 그런 차원에 국한되는 현상이 아니라는 사실을 보여주었다. 《침묵의 뿌리》(1985)에서 작가는 《난쏘공》의 철거와 노동의 현장에 대응되는 사북의 탄광이라는 새로운 시대적 현실에 뛰어들어 사진이라는 기법으로 그것을 재현해냈다. 그렇지만 그와 같은 현장에의 투신과 새로운 기법으로도 《난쏘공》의 성공은 반복되지 않았다. 1980년의 광주를 넘어 역사적으로 시야를 확장한 《하얀 저고리》(1990)는 작가의 새로운 의욕을 드러냈지만 결과적으로 《난쏘공》의 창작이 그 모든 요소들의 물리적인 결합이나 확장의 차원의 문제를 넘어선다는 사실을 입증했다. 작가의 노력에도 불구하고 《난쏘공》을 빚어낸 그 순간의 마법은 다시 일어나지 않았다. 어떤 의미에서는 《난쏘공》의 지속적인 영향력이 새로운 단계를 향한 작가의 시도를 제약하고 있었다고도 볼 수 있다. 또한 궁극적으로 그것은 한 개인에 의한 것이었지만 개인의 범위를 넘어서는 일이었고, 시대의 산물이었지만 한 시대에 국한되지 않는 사건이었다.

《난쏘공》은 이후 연극(채윤일 연출, 이언호 각색, 세실극장, 1979. 5. 3~9, 국립극장 1979. 8. 17~21)과 영화(이원세 연출, 홍파 각색, 한진흥업주식회사, 1981)로 만들어지기도 했다. 김명곤이 난장이 아버지로, 방은진이 신애로 출연한 1996년의 서울대학교 개교 50주년 기념 공연(이상우 연출, 음악 김민기)은 나도 직접 보기도 했다. 2007년에는 TV 드라마(김형일 연출, 박진숙 각색, KBS TV문학관, 2007. 3. 3)로도 방영되었다. 이 새로운 매체로의 전환은 그 초기에는 정치적 억압과 부딪치면서 또 나중에는 시대와 문화의 감각을 반영하면서 《난쏘공》의 수용 범위를 확장했다는 점에서 의미를 찾을 수 있었지만, 아직까지는 난장이 일가의 현실을 시각적으로 재현하는 것 이외에 《난쏘공》의 문체와 구성과 관련된 특징은 담기 어려웠다는 한계를 갖고 있다.[21]

대중가요 영역에서도 더 크로스의 1집 《Melody Quus》(2003)에 수록된 〈난장이가 쏘아올린 작은 공〉과 3집 《The Cross 3rd Album》(2007)의 〈낙원구 행복동〉, 그리고 김오키의 1집 《Cherubim's Wrath(천사의 분노)》(2013)의 〈난쟁이가 쏘아올린 작은 공〉〈꼽추〉〈칼날〉〈영희 마음 옥희 마음〉 등 《난쏘공》의 영향을 받은 사례들을 확인할 수 있다.

《난쏘공》은 여러 나라의 언어로 번역되기도 했는데, 영화나 드라마로 각색된 사례에서와 유사하게 그 문체를 비롯한 소설적 형식은 거의 옮겨지지 못했다. 번역의 영역에서도 이런 문제가 여전히 남아 있지만, 그런 가운데에서도 발견되는 상대적인 차이는 이후의 변화를 기대하게 한다.[22]

한편 정릉 언덕의 판자촌을 배경으로 삼은 김소진의 《장석조네 사람들》(1995), 1980년대의 무허가 판자촌을 대중문학의 판타지 감각으로 그린 백민석의 《헤이, 우리 소풍 간다》(1995), 행복동에 대응되는 가상의 동네 구장동에서 펼쳐지는 여자아이의 환상적 성장담인 김숨의 《백치들》(2006)은 《난쏘공》의 계열을 잇는 대표적인 소설적 사례들이다. 한동안 끊어지는 듯했던 이 맥은 최근 일과 노동으로 되돌아온 한국소설에서 다시 이어지고 있다. 일례로 김중미의 《곁에 있다는 것》(2021)은 《난쏘공》의 공업지대 '은강'을 배경으로 설정한 청소년 소설이다. 수업 시간에 학생들과 함께 소설을 읽고 이야기를 나누다 보면, 놀랍게도 지금의 세대들조차 노동 문제와 관련한 선구적이고 대표적인 소설적 사례로 《난쏘공》을 떠올린다는 사실을 확인할 수 있다. 작가는 떠났지만 그가 남긴 작품 《난쏘공》은 그 자체의 운명을 앞으로도 계속 이어나갈 것이다. (2023. 01)

주

1 《난쏘공》은 1976년 6월부터 8월까지 문학과지성사에서 초판(39쇄), 재판(47쇄), 3판(25쇄), 4판(23쇄) 등 모두 4판 134쇄를 찍었다. 그 이후에는 이성과힘으로 출판사를 옮겨 다시 중쇄를 거듭했다. 이런 관계로 한 기사(「판은 내용형태 바꾸는 것, 쇄는 출간 횟수―'판'과 '쇄' 어떻게 다를까」,《한겨레》, 2014. 1. 3)에서는 이 소설을 표본 삼아 '판(版)'과 '쇄(刷)'라는 용어를 설명하고 있기도 하다.
2 「100쇄 돌파 소설《광장》《난장이…》작가 최인훈·조세희 씨 인터뷰」,《경향신문》, 1996. 6. 4.
3 이 글을 마무리하고 있던 2022년 12월 25일 밤 작가의 별세 소식을 알리는 기사들을 확인했다. 그 가운데 한 기사에는 이 책이 "올해 7월까지 320쇄를 돌파했다. 누적 발행 부수는 약 148만 부에 이른다"(「《난장이가 쏘아올린 작은 공》작가 조세희 별세」,《동아일보》, 2022. 12. 26)고 적혀 있다.
4 조세희·이경호,「2.5세계의 불안한 나날」,《작가세계》, 2002. 가을, 23쪽. 이 경험에 대한 진술은 이후 여러 차례 반복되면서《난쏘공》의 창작과정과 관련된 문제를 현실 저항적 측면에서 강화해왔다.
5 이상의 내용은 김승희,「구원은 사랑 속에 있다―그는 누구인가? ⑩ 문학의 인간적 탐구/작가 조세희 편」,《문학사상》, 1979. 5, 310~312쪽 참조.
6 김명인,「부끄러움의 서사,《난쏘공》」,《침묵과 사랑》, 이성과힘, 2008, 39쪽.
7 김승희,「조세희 문학의 인간적 탐구」,《난장이 마을의 유리병정》, 동서문화사, 1979, 390쪽. 이 글은「구원은 사랑 속에 있다」를 단행본에 수록하면서 개제한 것인데, 제목뿐만 아니라 위의 대목을 비롯한 여러 곳에서 부분적인 첨삭이 이루어졌다. 가령 "오징어를 파는 아저씬데 싸게 준다고 해도 사지 않고 그냥 들어간다며 마구 욕을 하는 거예요"(「구원은 사랑 속에 있다」, 312쪽)와 같은 처음 발표 당시의 서술이 보다 구체화된 표현으로 바뀌었다.
8 「난장이는 우리 모두의 분신이죠―조세희 씨의 첫 창작집《난장이…》문단서 주목」,《경향신문》, 1978. 6. 23.
9 〈칼날〉,《난장이가 쏘아올린 작은 공》, 이성과힘, 2000, 57쪽.
10 조세희,「열(列)의 뒷자리에 서서 깊은 세계 통로 찾아―소설 당선소감」,《경향신문》, 1965. 1. 4.
11 최재봉,「'난쏘공'의 작가 조세희」,《초등 우리교육》, 1997. 12, 155~156쪽.
12 《난쏘공》의 여덟 번째 이야기인〈은강 노동 가족의 생계비〉에서 영수는

50센티미터로 더 줄어든 난장이 아버지가 자기보다 큰 놋수저를 끌고 가는 꿈을 꾸는데, 이 동화적인 장면은 릴리푸트읍이라는 지명이 암시하듯《걸리버 여행기》(1726)와 상호텍스트적 관련을 맺고 있다. 난장이의 나라 릴리푸트는 조너선 스위프트의 소설에서 거인의 나라(브롭딩내), 날아다니는 섬(라퓨타), 말인간의 나라(휘넘)와 함께 걸리버가 여행하는 주요 공간 가운데 하나이다.

13 「'난쏘공'의 작가 조세희」, 155쪽.
14 같은 글, 156쪽.
15 초기에는 주로 '음향(音響)과 분노'로 번역된 이 소설의 원제는 'The Sound And the Fury'이다. 셰익스피어의 《맥베스》(1606)의 한 대목, 즉 "아무런 의미도 없는 헛소리와 분노로 가득 찬, 백치가 떠들어대는 이야기(a tale told by an idiot, full of sound and fury signifying nothing)"로부터 가져온 이 제목에서 "sound는 '음향'이란 뜻이 아니고 떠들어대는 소리, 시끄러운 소리(mere noise)"(이새호, 「문학작품영화·미술·음악분야에서 오역된 제목들」, 《신영어영문학》 18, 2001, 201쪽)이다. 최근의 번역본은 이 제목을 《소리와 분노》(문학동네, 2013) 혹은 《고함과 분노》(열린책들, 2022)로 옮기고 있다.
16 「구원은 사랑 속에 있다」, 314쪽.
17 같은 곳.
18 「'난쏘공'의 작가 조세희」, 156쪽.
19 박해현, 「간결한 문체로 어두운 현실풍경 그려—조세희의 작품세계」, 《조선일보》, 1997. 10. 22.
20 〈잘못은 신에게도 있다〉, 《난장이가 쏘아올린 작은 공》, 219쪽.
21 최강민의 「《난장이가 쏘아올린 작은 공》의 서사 변용 양상—소설, 영화, 드라마 서사 비교」(《한국문학이론과 비평》 36, 2007) 및 조보라미의 「소설에서 희곡으로의 각색 연구—《난장이가 쏘아올린 작은 공》을 중심으로」(《어문학》 98, 2007) 등 원작 소설과 연극과 영화로의 각색을 비교한 논문들 또한 이 한계를 논의하고 있다.
22 조재룡·김희진의 「번역과 비평의 상관성—조세희 《난장이가 쏘아올린 작은 공》 영·불 번역본 비교를 중심으로」(《불어불문학연구》 71, 2007)는 이 가능성의 방향을 염두에 두고 실제 번역 판본들에 나타난 근본적인 한계와 부분적인 성과에 대한 비교 작업을 구체적으로 수행하고 있다.

'노벨'을 확장하는 두 가지 방식

올가 토카르추크

태고의 시간들

2019년 12월 7일의 노벨문학상 수상 기념 강연에서 올가 토카르추크는 '다정한 화자(The Tender Narrator)'라는 제목으로 자신의 문학에 대한 생각을 이야기한 바 있다. 여기에서 '다정함'은 부드럽고 친절한 태도를 의미한다기보다, 서두에서 언급한 어머니와의 관계에서 잘 드러나듯 언어나 논리를 넘어서는 소통과 감정적인 유대를 더 강조하는 개념으로 쓰인 듯하다. 어떻게 보면 이런 관점은 문학에 대한 고전적인 신념에서 크게 벗어나는 것은 아니라고도 할 수 있다. 강연 내용 중의 미디어와 인터넷, SNS가 제공하는 정보와는 다른 차원을 추구해야 한다는 문학 고유의 가치와 기능에 대한 주장 또한 그리 새삼스러운 것이 아니다. 그렇지만 그녀가 자아중심적이고 유리 스크린에 의존하는 정보의 리얼리티가 갖는 한계를 지적하면서 "우리 앞에 불가피하게 놓인 것은 일종의 새로운 초현실주의(a sort of neo-surrealism)로, 그것은 패러독스에 맞서기를 두려워하지 않고 단순한 인과의 질서를 넘어서고자 하는 재배치된 관점이다"라고 이야기할 때 우리 시대 문학이 진지하게 선택할 수 있는 한 가지 방향은 좀 더 구체화되고 있다는 느낌이 든다. 이와 같은 방향은 작가가 자신의 작품을 통해 이미 지속적으로 추구해온 것이기도 하다.

《태고의 시간들》(1996)은 앞서 제시한 올가 토카르추크의 문학적 태도를 여러 측면에서 증명하고 있는 작품으로 볼 수 있다. 제목만 보면 세계와 인류의 기원이 되는 지점으로 거슬러올라가는 이야기일 것 같지만 이 소설은 20세기 폴란드를 둘러싼 역사적 상황의 흐름을 배경으로 삼고 있다. 이야기는 중심인물인 게노베파의 남편 미하우가 러시아 군대에 징집되어 제1차 세계대전의 전선으로 떠나고 그사이 딸 미시아가 태어나면서 본격적으로 시작된다. 오랜 기다림 끝에 미하우가 전쟁에서 돌아오고 미시아가 성장하여 같은 마을의 청년 파베우와 결혼하게 되면서 새로운 세대의 이야기가 전개되고, 이 가족이 제2차 세계대전과 폴란드의 공산화, 그리고 이후 자유노조 운동에 이르는 굴곡이 급한 현실 변화의 흐름을 겪어나가는 과정이 이어진다. 그사이에 어느덧 게노베파 세대는 삶의 무대로부터 물러나고 미시아의 딸 아델카 세대가 성장하여 새로운 운명의 주역으로 변화한 현실과 마주하고 있다.

이렇듯 역사적 상황과 문제를 담고 있지만, 그럼에도 이 소설은 여러 면에서 리얼리즘의 방식으로부터 꽤 멀리 벗어나 있다. 우선《태고의 시간들》은 모두 84편의 조각 이야기들로 이루어져 있는데 맨 처음 이야기인 '태고의 시간'부터 마지막 이야기인 '아델카의 시간'에 이르기까지 각 이야기는 '~의 시간'이라는 형식으로 제시되면서 그 초점이 되는 대상이 매번 바뀐다. 서술의 초점은 게노베파나 크워스카와 같은 인물일 경우가 많지만 '보리수의 시간'이나 '랄카의 시간'처럼 식물이나 동물의 관점에서 서술되기도 하며 '태고의 시간'이나 '게임의 시간'처럼 공간이나 사물 등 추상적 대상이 그 초점이 되는 경우도 있다. 그런가 하면 여기에서 '태고'는 특정 시대를 지칭하는 일반명사가 아니라 이 소설의 무대로 등장하는 가상의 마을에 붙여진 고유명사이다. 그 자체로 유폐된 그들만의 세계를 이루고 있으면서도 사방으로 폴란드의 다른 지역, 그리고 그 바깥의 다른 나라들과 이어져 있는 '태고'에서는 죽은 자들, 혹은 심지어 신조차도 산 자들의 세계 속에서 함께 공존한다.

이렇게 이야기하고 보면, 이 소설의 외피는 우리가 이미 경험했던 서사의 요소로 이루어져 있는, 그다지 낯설지 않은 이야기처럼 느껴진다.《태고의 시간들》을 읽으면서 한 가계의 길고 복잡한 연대기 속에 신화적 장면이 출몰하는 가브리엘 가르시아 마르케스의《백년의 고독》(1967)의 구조와 모티프, 혹은 죽은 인물이나 사물까지 화자로 등장하는 짧은 이야기들의 모자이크로 이루어진 오르한 파묵의《내 이름은 빨강》(1998)의 시점과 구성을 떠올리는 것은 힘든 일이 아니다.[1]

그렇지만 이 소설의 안감은 다소 다른 질감의 서사로 누벼져 있다. 우선 무엇보다 인물 관계의 중심에 여성들이 놓여 있다는 점이 특징적이다. 게노베파-미시아-아델카로 이루어진 모계의 질서가 이 세계의 주축을 이루면서 남성들과 멀고 가까운 복합적인 관계를 맺고 있는 것이다. 구획이나 선조성과는 그 속성을 달리하는 이 축으로부터 바라보면, 시간은 외부에서 물리적으로, 보편적으로 흘러가는 것이라기보다 각각의 인물, 혹은 보다 넓은 범위에서는 각각의 존재에 따라 다른 시간들이 변주되는 "별자리와 같은 원심형 배열"[2]의 구조를 이루고 있다.

앞서 언급한 노벨문학상 수상 기념 강연에서 올가 토카르추크는 자신이 꿈꾸는 새로운 종류의 서술자를 "4인칭"으로 지칭하면서, 단순히 문법적 구조가 아니라 개별 인물의 시각을 포괄할 뿐 아니라 그들의 지평을 넘어서는 능력을 가지고 보다 많은 것을 보고 더 넓은 시야를 가지면서 "시간을 무시할 수 있는" 서술자의 존재가 가능하다는 신념을 밝히고 있다. 이렇게 보면 여러 시간들이 병치된 《태고의 시간들》의 구조는 단순한 서사 기능적 차원을 넘어서는, 어떤 의미에서 작가의 문학관, 혹은 세계관이 반영된 특징으로 이해할 수 있다. 그 궁극적인 지점에서 '태고'라는 시간이 공간으로 존재하는 이 소설의 상황 설정이 가능했으리라 생각된다.

이 소설의 가장 빛나는 부분 또한 그렇게 시간과 공간, 존재와 비존재 사이의 경계가 소멸하는 순간 드러나는 어떤 감각을 서술하고 있는 장면들이다. 보리수가 느끼는 세계, 혹은 "덥수룩한 붉은 털을 가진 암캐"[3]인 랄카가 감각하는 세계의 모습은 관념적으로만 생각했던 어떤 사유가 감탄스러운 실감을 동반하며 언어로 표현된 문학적 사례라 할 만한 대목이다. 소설의 끝부분에서 '이지도르의 시간'이 소멸해가는 과정을 기술하고 있는 대목 역시 삶과 죽음 사이의 추상적 공간을 바라보는 감각적 시선에 의해 그려진 압도적인 장면이다.[4]

《태고의 시간들》에서의 이와 같은 경계 횡단적 감각이 116개의 이야기 조각들로 이루어진 《방랑자들》(2007)에서는 허구와 자전적 에세이, 그리고 여행에 관한 담론 등 이질적인 성격의 장르를 넘나드는 또 다른 방식을 통해 보다 활발하고 더 전면적으로 구현되고 있다. 한 평론가는 이와 같은 서사적 특징을 두고 "백과사전적이고 복합적인 형식(encyclopedic and multiform)"으로 된 "범주화에 맞서는 작품(category-defying work)"[5]이라고 표현하기도 했다.

그런데 그렇다고 해서 올가 토카르추크의 소설이 조각 이야기들이 병치된 평면적 차원에 머물러 있는 것은 결코 아니다. 가령《방랑자들》에서 허구와 담론의 두 극 사이에 놓인 여러 이질적 형식의 이야기들은 여행이라는 기조저음 위에서 서로 이어지고 흩어졌다가 다시 모이는가 하면, 때로는 서로 반복되고 포개지고 또다시 멀어지는 움직임과 흐름을 보여주고 있다. 이 복합적이면서도 역동적인 리듬은 올가 토카르추크의 소설이 가진 고도의 음악적 구조를 입증하고 있는 것이다. 이 점에 대해 작가 자신이 "이 책에서 나는 우리가 세상 속에서 경험하는 카코포니(귀에 거슬리는 음향)와 불협화음, 단일화의 불가능성, 혼돈과 분열, 그리고 새로운 형태로 재배치되는 일련의 과정을 충실히 그려내고자 했다"[6]고 밝히기도 했다. 《방랑자들》에 나오는 '우누스 문두스'(unus mundus, 라틴어로 '통일 세계'나 '하나된 세계'라는 의미)는 그와 같은 혼돈의 수용과 그것의 새로운 재배치를 상징적으로 표현한 개념이라고 할 수 있다. 경계를 넘어서는 한편 그 해체된 것들을 음악적 형태로 통합해내는 이런 유연함은 '다정한 서술자'의 또 다른 면모라고 할 수 있다.[7]

이런 관점은 올가 토카르추크의 소설과 다른 작가들의 작품들 사이의 관계에도 실현되어 있다. 《방랑자들》의 한 대목에서 서술자는 여행 안내자로 등장하는 인물을 통해 "어떤 이야기는 보르헤스의 작품에서 빌려와 아름답게 각색한 뒤 극적인 요소를 가미했다. 또 다른 이야기는 《아라비안 나이트》에서 찾아냈고, 여기에 자신이 꾸민 이야기를 덧붙였다"[8]고 그의 이야기 방식을 기술한 바 있는데, 이런 면모는 올가 토카르추크의 작품에도 재귀적으로 적용될 수 있을 듯하다. 앞에서 《태고의 시간들》이 《백년의 고독》이나 《내 이름은 빨강》을 떠올리게 하는 면이 있다고 했는데, 《방랑자들》에서도 W. G. 제발트의 소설을 비롯한 다른 소설들이 연상된다는 의견을 접할 수 있다. 그런 연관을 유연하게 수용하면서 올가 토카르추크는 《백년의 고독》이 펼쳐진 환상의 광야에 역사를 슬그머니 도입하기도 하고(《태고의 시간들》), 허구와 실제, 서사와 이미지가 기묘하게 뒤섞인 W. G. 제발트의 상상의 평원을 자기 서술의 무대로 변신시키기도 한다(《방랑자들》). 그런 의미에서 올가 토카르추크의 소설은 영향에 대한 불안에 시달리는 신경증적 서사와는 거리가 먼 것으로, 노벨의 부정이 아닌(노벨의 부정은 이미 남성 작가들에 의해서도 20세기를 통해 이루어지고 있었는데) 그 포용과 변용을 통해 여성의 긍정적 자기화를 이루어내는 장면을 연출하고 있다.

이런 특징은 앞서 2015년 노벨문학상을 수상한 인접 국가(벨라루스)의 여성 작가 스베틀라나 알렉시예비치의 작업 방식을 떠올리게 한다. 그녀 역시 삶 그 자체의 목소리를 담고 있다고 느껴 자신의 스승으로 삼았던 《나는 화염에 휩싸인 마을에서 왔다》(1977)의 알레시 아다모비치의 소설적 방법을 여성이라는 새로운 대상에 적용하였다. 《전쟁은 여자의 얼굴을 하지 않았다》(1985)에서 볼 수 있는, 여러 인물들의 목소리를 병치시킨 이른바 '목소리 소설(voice novel)'은 그런 과정에서 창안된 것이다. 올가 토카르추크는 "뭔가를 글로 묘사한다는 건, 그것을 사용하는 것과 비슷해서 결국엔 그것을 망가뜨리게 된다. 색깔이 엷어지고 모서리는 닳아서, 글로 적어놓은 것들은 결국 희미해지고 사라져버린다"[9]고 적은 바 있는데, 그처럼 이성적이고 자아중심적인 글에 대해 회의적인 반면 "마음속에 떠오른 그림을 전달하는 것, 그것이 대화였다"[10]고 믿는 감성적, 관계

중심적 태도는 스베틀라나 알렉시예비치의 논픽션 정신과 만나는 지점이기도 하다. 스베틀라나 알렉시예비치가 노벨을 허구의 반대 방향으로 확장시켰다면, 올가 토카르추크는 그것을 사실의 반대 방향으로 확장시켰다고 말할 수도 있을 것 같다. 그런 의미에서 올가 토카르추크와 스베틀라나 알렉시예비치 두 사람의 서사는 문학의 방향으로, 그리고 더 결정적으로는 여성의 방향으로 노벨(novel)을, 그리고 노벨(nobel)문학상을 확장한 두 가지 대안적 방식이라고 할 수 있다. (2020. 01)

주

1. 오르한 파묵의 노벨문학상 수상(2006)은 올가 토카르추크(2018, 선정과 시상은 2019년에 이루어졌음)보다 한참 앞서지만《내 이름은 빨강》은《태고의 시간들》보다 약간 뒤에 발표되었다.
2. 올가 토카르추크,《방랑자들》, 최성은 옮김, 민음사, 2019, 120쪽.《방랑자들》에는 작가의 소설적 방법론이라고 할 만한 내용이 다양한 형식을 통해 제시되어 있다.
3. 올가 토카르추크,《태고의 시간들》, 최성은 옮김, 은행나무, 2019, 308쪽.
4. 좀 더 시야를 넓히면《방랑자들》에서 비닐 봉투를 새로운 현대적 종의 탄생으로 서술하고 있는 대목은 이러한 감각의 소산이면서 거기에 올가 토카르추크식의 유머와 위트까지 더하고 있는, 그야말로 '다정한 서술자'의 면모가 유감없이 발휘되고 있는 인상적인 장면이다.
5. James Wood, "Flights, A Novel That Never Settles Down," *The New Yorker*, September 24, 2018.
6. 「옮긴이의 말」,《방랑자들》, 608쪽에서 재인용. 폴란드어판(*Bieguni*, Wydawnictwo Literackie, 2007) 「작가의 말」의 일부인 듯한데, 한국어 번역본에는 수록되지 않았다.
7. 이에 대해 올가 토카르추크는 앞서의 수상 기념 강연에서 "다정함은 우리를 연결하는 유대를, 우리 사이의 유사성과 동.일성을 감지하며, 세계를 살아 있으며, 살고 있으며, 그 자체로 상호 독립적이면서 서로 협력하고 서로 연결되어 있는 세계를 보여주는 바라보기의 방식이다"라고 말하고 있다.
8. 《방랑자들》, 165쪽.
9. 같은 책, 108쪽.
10. 《태고의 시간들》, 68쪽.

삶에서 소설로 들어오는 길, 소설을 통해 삶으로 나가는 길

코맥 매카시

로드

2023년 6월 중순쯤 미국의 소설가 코맥 매카시(1933~2023)가 세상을 떠났다는 소식을 접했다. 《로드》(2006) 이후 한참 동안 그의 근황을 들을 수 없었는데, 사망 기사는 그가 작년에 《패신저(The Passenger)》와 《스텔라 마리스(Stella Maris)》 두 편의 소설을 연이어 출간한 사실을 함께 전하고 있었다.[1] 오펜하이머와 함께 핵 개발 프로젝트에 참여한 아버지를 둔 남매의 이야기(《패신저》는 구조 다이버인 오빠 바비를 초점 인물로 설정하고 있고, 《스텔라 마리스》는 정신병원에서 자살한 수학자 여동생 알리시아를 중심에 둔 대화 형식으로 되어 있다)는 작가가 이미 1980년 처음 구상하여 지속적으로 써왔던 것이라고 한다.[2]

코맥 매카시에 대해 계속 관심을 가졌던 것은 그의 소설 《로드》와 관련된 기억 때문이다. 작가가 칠십대 중반에 발표한 열 번째 장편소설인 그 소설이 국내에 번역되어 출간된 2008년 2학기에 나는 연구 학기를 얻어 미국의 보스턴 부근 캠브리지에서 지내고 있었다. 그때 방문학자로 적을 두고 있던 대학의 영문과에 개설된 20세기 후반 영미소설을 읽는 수업을 청강하고 있었는데, 나이 든 이방인으로서는 조심스러울 수밖에 없었다. 다행히 300여 명쯤 되는 학생들이 수강하는 대형 강의였고, 또 전혀 학생으로 보이지 않는 몇몇의 사람들도 자유롭게 강의실에 앉아 있었다. 그들은 질문을 하거나 교수의 질문에 대답을 하기도 했고, 교수 또한 그들을 학생과 구분하지 않았다. 일주일에 두 번 한 시간씩 교수가 강의를 하고 또 다른 한 시간은 조교들이 학생들을 분담하여 토론을 진행한다고 했는데, 토론 수업도 궁금했지만 청강생인 나로서는 강의를 듣는 것으로 만족할 수밖에 없었다. 그 수업에서 그 학기에 읽은 여덟 편 정도의 소설 가운데 블라디미르 나보코프의 《프닌》(1957), 리처드 예이츠의 《레볼루셔너리 로드》(1961), 이언 매큐언의 《어톤먼트》(2001) 등등과 함께 《로드》가 있었다.

   수업에서 담당 교수는 소설의 주요 대목을 읽고 거기에 담겨 있다고 생각되는 문제에 대해 학생들에게 질문한 뒤 그 답변에 설명을 덧붙이는 방식으로 진행했다. 수업 첫날 며칠 전 자살한 소설가 데이비드 포스터 월리스(1962~2008)의 인터뷰 영상을 보여주었던 일, 교수가 영국식 억양으로 소설의 문장을 읽어가는 리듬이 음악적으로 느껴져서 흥미로웠던 순간, 그리고 교수의 질문에 절반이 넘는 학생들이 손을 드는 장면 들이 미국의 대학 수업을 처음 경험해

보는 내게는 무척 인상적이었다. 지금 노트를 찾아 《로드》에 해당되는 부분을 확인해보니, 한 가지 모티프를 두고 포스트 아포칼립스 장르와 크세노폰(Xenophon)의 《아나바시스(Anabasis)》 같은 고대 그리스의 비극 장르를 비교하거나, 아포스트로피 등이 생략된 관습 해체적인 표기의 특징을 두고 아포칼립스의 언어로 설명한 내용을 적어둔 것이 보인다. 모럴리티와 정의의 문제와 관련하여 소설 속에서 아버지의 그것이 준법적(legalistic)인 것이라면 아들의 그것은 모럴리티를 초과(surplus morality)하는 모습으로 나타난다고 대비시킨 해석, 그리고 신성모독(theodicy)의 문제 등에 대한 필기도 흔적이 남아 있다. 노트의 한쪽에는 세계소설과 한국소설을 비교해서 함께 읽는 수업을 계획한 메모도 있는데, 실제로 나는 한국에 돌아와서 세계소설을 읽는 강좌를 열어 격년으로 개설해 운영해오고 있고, 당연하게도 그 첫해의 강독 작품 목록에는 《로드》가 들어 있었다.

 그런데 그 무렵 한국에 번역 출간된 《로드》가 베스트셀러 목록에 오르는 등 큰 반응을 얻고 있다는 사실이 내게는 조금 뜻밖의 일이었다. 그 당시로서는 이런 묵시록적인 이야기가 그다지 친숙한 것이 아니었고 텍스트 자체도 대중적이라고 하기는 어렵다고 느꼈기 때문이다. 그렇지만 지금으로부터 돌아보면 이전의 세계로부터 벗어나 현재의 상태로 점점 가까워지는 변화의 흐름 위에 그 시기가 놓여 있었다고 생각된다. 사람들은 점점 국민국가의 바깥과 소통하면서 전통적인 관습을 벗어나 생활하기 시작했고, 그런 맥락에서 소설 속의 부자 관계도 다가올 미래로서 경험하고 있었던 듯하다. 그런 독서를 위해서는 다른 문화적 코드가 구체적으로 기입된 동시대의 현실보다 오히려 대재난 이후 종말에 가까워져서 인간이 원초적인 모습으로 존재하게 되고, 또 아버지와 아들이 이름 없이 관계 중심으로 제시되어 보편적으로 확장될 수 있는 《로드》의 상황이 더 효과적일 수도 있겠다는 생각도 해볼 수 있다. 그런 세상의 변화를 학생들과 수업 시간에 소설을 같이 읽고 이야기를 나누면서 더 뚜렷하게 느낄 수 있었다.

이제 소설 속으로 직접 들어가보면, 《로드》는 다음과 같은 장면으로 시작된다.

> 남자는 깜깜한 숲에서 잠을 깼다. 밤의 한기를 느끼자 손을 뻗어 옆에서 자는 아이를 더듬었다. 밤은 어둠 이상으로 어두웠고, 낮도 하루가 다르게 잿빛이 짙어졌다. 차가운 녹내장이 시작되어 세상을 침침하게 지워가는 것 같았다. 아이가 귀중한 숨을 한 번 쉴 때마다 그의 손도 덩달아 가볍게 오르내렸다.[3]

남자가 숲에서 잠을 깨면서 이야기도 눈을 뜬다. 캠핑 같은 한가로운 상황이 아니라는 사실을 아이의 안위를 향해 뻗은 남자의 손길에서 느낄 수 있다. 어둠 이상으로 어두운 밤도 이 상황이 일상적인 것이 아니라는 사실을 암시하고 있지만, 하루가 다르게 잿빛의 농도가 짙어지는 낮은 그 상황이 낯설고 심상치 않은 것임을 예감하게 한다. 녹내장으로 침침하게 지워진 시야는 이 남자가 겪고 있는 불투명한 현재의 질감을 표현하고 있다. 그러고는 다시 남자와 아이로 시선이 돌려진다. 이번에는 더 가까이 다가가 아이의 숨에 따라 오르내리는 남자의 손을 비춘다. 숨의 리듬으로 밀착된 남자와 아이의 연결이 흑백의 풍경 속 유일한 컬러처럼 죽음의 세계와 마주하는 힘으로서 차분한 움직임을 드러내고 있다.

한글로 번역된 판본으로도 이 소설의 문체와 서술의 흐름의 특징을 선명하게 느낄 수 있다. 대격변으로 종말에 가까워진 세상을 배경으로 생존자들의 고투를 기록하는 레퍼토리는 그렇게 새롭거나 매력적이라고 하기 어렵다. 그럼에도 《로드》가 독자들로 하여금 긴장을 놓지 못하게 만들면서 부자의 여로에 함께 몰입시키는 힘은 바로 이와 같은 문체와 서술의 특징에 근거한 것이라고 말할 수 있다.

그런데 이 부분을 원문으로 읽으면 다음과 같다.

> When he woke in the woods in the dark and the cold of the night he'd reach out to touch the child sleeping beside him. Nights dark beyond darkness and the days more gray each one than what had gone before. Like the onset of some cold glaucoma dimming away the world. His hand rose and fell softly with each precious breath.[4]

내용은 번역된 것과 다르지 않지만, 그럼에도 텍스트의 상태에서는 차이를 느낄 수 있다. 우선 여기에는 읽는 호흡의 리듬이 선명하다. "When he woke/ in the woods/ in the dark/ and the cold of the night"으로 흐르면서 한 음보씩 읽을 때마다 공간의 상태 속으로 한 발씩 깊이 들어가며 속도감이 조금씩 실리고 있다. 그런가 하면 첫 문장에서 종속절과 주절 사이에는 있을 법한 쉼표가 보이지 않는다. "Nights dark beyond darkness and the days more gray each one than what had gone before"에는 서술어가 생략된 압축된 두 문장이 비대칭적인 대구를 이루며 일종의 시적 상태를 구현하고 있다. 이처럼《로드》의 텍스트 내용이 아닌 형식의 어떤 측면은 번역으로 옮기기에는 근본적인 한계가 있다.

한편 "구두점을 최소한도로만 사용하고, 인용 부호가 없고, 아포스트로피와 콜론, 세미콜론을 기피하는"[5] 현상을 비롯하여《로드》는 이전부터 지속되어온 코맥 매카시의 소설적 특징을 이어받고 있다고 할 수 있는데, 그렇지만《로드》에는 그 이전과는 다른 새로운 면모도 나타나 있다.

> 뭣 좀 물어봐도 돼요? 소년이 물었다.
> 그럼. 되고말고.
> 우린 죽나요?
> 언젠가는 죽지. 지금은 아니지만.
> 계속 남쪽으로 가나요?

응.

따뜻한 곳으로요?

응.

알았어요.

뭘 알았어?

아무것도 아니에요. 그냥 알았다고요.

자라.

알았어요.

불 끌게. 괜찮니?

네. 괜찮아요.

한참 뒤 어둠 속에서. 뭣 좀 물어봐도 돼요?

그럼. 되고말고.

제가 죽으면 어떡하실 거예요?

네가 죽으면 나도 죽고 싶어.

나하고 함께 있고 싶어서요?

응. 너하고 함께 있고 싶어서.

알았어요.[6]

Can I ask you something? he said.

Yes. Of course.

Are we going to die?

Sometime. Not now.

And we're still going south.

Yes.

> So we'll be warm.
>
> Yes.
>
> Okay.
>
> Okay what?
>
> Nothing. Just okay.
>
> Go to sleep.
>
> Okay.
>
> I'm going to blow out the lamp. Is that okay?
>
> Yes. That's okay.
>
> And then later in the darkness: Can I ask you something?
>
> Yes. Of course you can.
>
> What would you do if I died?
>
> If you died I would want to die too.
>
> So you could be with me?
>
> Yes. So I could be with you.
>
> Okay.[7]

위의 두 인용은 이 소설에서 상당한 비중을 차지하고 있는 아버지와 아들의 대화 가운데 한 대목이다. 학자들은 이전과 달라진 《로드》에서의 서술의 특성을 "불필요한 것들이 더 제거된 산문(a more stripped-down prose)"[8]이라든가 "조각난 문장들과 짧고 반복되는 대화의 증식"[9]이라고 표현한 바 있는데, 앞서 인용한 서두와 함께 위의 대화 장면에서도 그와 같은 특징을 실감할 수 있다. 그렇지만 간결하다는 것이 곧 단순하다는 의미는 아니다. 아버지와 아들의 대화는 위에서 보는 것처럼 길게 이어지면서 일상적 차원을 벗어나 감정과 사유의 형이상학적 차원으로 진입하여 한순간에 독서의 긴장도를 높이고 있다. 그리고 때때로 감동과 깨달음의 순간을 선사하고는 다시 무덤덤하게 원래의 자리로 되돌아가는데, 이처럼 단순한 단어로 이루어진 문장들로부터 기대하지 못했던 깊이를 얻는 경험이야말로 《로드》의 독서에서 흥분과 보람을 느끼게 되는 근거라고 할 수 있다.

그런가 하면 이런 특징과 더불어 우리의 처지에서는 위의 두 대화의 질감을 다르게 느끼게 되는 문제도 있다. 그것은 대화를 번역하면서 아들의 대사를 존댓말로 표기할 수밖에 없고 그러면서 부자의 관계가 원문과는 다소 어긋나는 뉘앙스를 품는 방향으로 굴절될 수밖에 없기 때문이다. 그렇다고 원문의 어법을 그대로 옮기는 방식으로 해결될 수 있는 문제도 아니다.

한편 간결해진 것은 문체만이 아니다. 이야기의 규모 면에서도 이름을 가진 인물만도 70여 명이 등장하는 이전 시기의 대표작 《핏빛 자오선》(1985)과 비교하면,[10] 《로드》의 중심인물로는 아버지와 아들이 있을 따름이며 나머지 등장인물들의 비중은 크지 않고 그들 역시 이름을 갖고 있지 않다.[11] 1849년에서 1850년 사이 미국과 멕시코 국경에서 현상금을 노리고 인디언을 학살한 머리 가죽 사냥꾼 갱단을 따라가고 있는 《핏빛 자오선》은 실제의 역사적 기록을 조사하는 비교적 긴 과정을 동반하면서 창작된 반면, 《로드》에 대해서는 작가가 한 인터뷰에서 "단지 여러 재난의 상황 아래에서 세상이 어떤 모습일지 사람들에게 이야기한 거예요. 많은 조사를 한 건 아닙니다"[12]라고 말한 바도 있다. 이렇듯 대비되는 창작 과정 때문인지 《핏빛 자오선》은 내용과 문체에서 더 밀도가 높지만 그만큼 독서에 감당하기 버거운 에너지가 요구되는 데 비해, 《로드》는 결코 가볍지 않은 문제와 문체를 내포하고 있음에도 이야기에 몰입하여 수월한 독서 과정을 통과해 이야기의 끝에 도달할 수 있다.

그런데 이런 차이들도 《로드》에서 중요한 의미를 갖고 있지만, 이 소설이 전작들과 달라진 가장 큰 차이점은 묵시록적 상황에서도 희망을 이야기하고 있다는 점에서 찾을 수 있다. 절망적이기로 따지자면 세계의 종말을 앞둔 《로드》 쪽이 더 그렇다고도 할 수 있다. 그렇지만 같은 갱단의 일원은 물론 어느 누구도 믿을 수 없기에 한순간도 긴장을 놓을 수 없는 《핏빛 자오선》과 달리 《로드》에서 아버지와 아들은 적어도 서로에게만큼은 기댈 수 있다. 더구나 그 험난한 생존의 고투 속에서 서로에 대한 애정과 신뢰는 점층적으로 깊어진다. 이 점을 《핏빛 자오선》의 '아이(the kid)'와 《로드》의 '아이(the child)'의 대비 구도에서도 확인할 수 있다. 《핏빛 자오선》이 머리 가죽 사냥꾼 일당 가운데 결국 두 사람만이 끝까지 살아남은 상황에서 홀든 판사가 소년을 살해하는 것을 암시하는 듯한 장면으로 끝나고 있다면,

《로드》에서는 아버지의 죽음 이후 소년이 한 가족을 만나 새로운 출발을 맞는 전도된 구도를 보여주고 있다.[13] 그런 맥락에서《핏빛 자오선》의 에필로그에 해당되는《로드》의 마지막 장면을 살펴볼 수 있다.

> 한때 산의 냇물에 송어가 있었다. 송어가 호박빛 물속에 서 있는 것도 볼 수 있었다. 지느러미의 하얀 가장자리가 흐르는 물에 부드럽게 잔물결을 일으켰다. 손에 잡으면 이끼 냄새가 났다. 근육질에 윤기가 흘렀고 비트는 힘이 엄청났다. 등에는 벌레 먹은 자국 같은 문양이 있었다. 생성되어가는 세계의 지도였다. 지도와 미로. 되돌릴 수 없는 것, 다시는 바로잡을 수 없는 것을 그린 지도. 송어가 사는 깊은 골짜기에는 모든 것이 인간보다 오래되었으며, 그들은 콧노래로 신비를 흥얼거렸다.[14]

《핏빛 자오선》의 에필로그에서 긴 폭력의 연대기 끝에 대초원에서 펜스를 설치하기 위해 구멍을 파고 있는 한 사내와 그의 뒤를 따르는 사람들의 모습을 비추고 있다면,《로드》가 마지막에서 그때까지의 서사 흐름을 일탈하며 제시하고 있는 것은 위에서 보는 것처럼 냇물 속 송어의 역동적인 움직임과 그 등에 새겨진 문양에 대한 묘사이다. 그리고 그 '생성되어가는 세계의 지도'를 통해 한순간 종말을 넘어 원시로부터 다시 시작되는 새로운 세계로 비약한다.

이와 같은 변화에는 무엇보다 1998년 코맥 매카시가

세 번째 결혼을 하면서 아들을 얻은 사건이 결정적으로 가로놓여 있다.[15] 작가는 2007년 오프라 윈프리 쇼에 출연하여(그 전까지는 명성에도 불구하고 오프라 윈프리 쇼에 출연을 거부하여 화제가 되었는데, 그때는 그 쇼에 출연하는 일이 더 큰 화제가 되었다), 어린 아들과 함께 엘 파소의 호텔에 머물 때 《로드》의 영감을 얻었다고 이야기한 바 있다. 한 기사는 그 상황을 "한밤중에 그는 창밖을 바라보며 이 도시가 50년, 혹은 100년 후에 어떤 모습일지 궁금해했다. 그는 '나는 어린 아들을 생각했어요. 그리고 메모를 했죠'라고 말했다. 나중에 그는 아일랜드를 방문했을 때 자신이 가진 것이 메모가 아니라 한 권의 책이라는 것을 알았다고 말했다"[16]라고 전하고 있다. 그런가 하면 그 이후의 한 인터뷰에서는 《로드》에 나오는 대화 중 상당수가 그와 아들 존이 실제로 나눈 대화(verbatim conversations my son John and I had)라고 밝히면서 그것이 자신이 아들이 책의 공동 저자(the co-author of the book)라고 얘기하곤 하는 이유라고 말하기도 했다.[17]

물론 이런 상황이 마련될 수 있었던 데에는 《핏빛 자오선》과 《모두가 예쁜 말들》(1992), 《국경을 넘어》(1994), 《도시의 평원》(1998) 등 이른바 국경 3부작 등을 통해 작가로서의 명예와 경제적인 생활의 안정을 얻었던 과정이 앞서 놓여 있었다. 2005년에 코맥 매카시가 살고 있는 곳을 찾아가 진행했던 한 인터뷰는 《모두가 예쁜 말들》이 베스트셀러가 되고 그러면서 그의 소설들이 영화로 제작되기 이전 그가 살았던 엘 파소 쇼핑센터 뒤의 작은 오두막 같은 집(《모비 딕》 애호가인 그에게 어울리듯 'Coffin Street'에 있었다) 과 그 이후의 당시 그가 살고 있던 산타페의 이층집을 대비시켜 보여주고 있다. 유명 배우들이 이웃에 살고 있는 그 새집 앞마당에는 아내의 예술 프로젝트가, 그리고 뒷마당에는 SUV와 픽업 등의 차량과 함께 아들 존의 장난감이 흩어져 있다. 그리고 거실과 지하실에는 그가 모텔 등을 전전하며 곤란하게 지내던 시절 상자에 담아 창고에 보관했던 책들이 가득 차 있다.[18]

그리고 여기에서 조금 더 거슬러올라가면 1981년 그가 맥아더 펠로우십 대상자로 선정된 사건이 있다. 평생 자신이 쓰고 싶은 책을 읽고 글을 쓰는 이외에 다른 직업을 갖지 않았던 코맥 매카시는 그 이전에도 상금과 지원금에 의존하여 겨우 생활을 이어왔다. 그런데 '천재 보조금(the so-called genius grant)'이라 불리기도 했던 이 지원금의 경우는 상금의 규모(236,000달러)가 달라서 그가 5년 동안 남서부 지역을 탐방하면서 《핏빛 자오선》을 쓸 수 있었던 중요한 계기가 되었다.[19]

물론 여기에서 다시 더 거슬러올라가면 1973년의 한 신문(*The Kingsport Times-News*)과의 인터뷰에서 그의 소설이 비평가들의 호평을 받은 반면 상업적으로는 성공을 거두지 못했다고 이야기하는 리포터에게 그것은 그가 추구하는 것이 아니라고 말하는 젊은 시절의 당당하고 야심에 찬 코맥 매카시가 있다.[20]

이렇게 코맥 매카시가 《로드》에 이르렀던 길을 되짚어

보면, 소설은 그것을 쓴 작가의 삶을 따라간다는 사실을 새삼 느끼게 된다. 그렇지만 그것은 소설이 삶을 반영한다는 단순한 관계가 아니라 어떤 측면에서는 소설을 향한 의지와 욕망이 앞서 그의 삶을 이끌어가는 더 근본적인 방향의 영향 아래에서 이루어진 결과라고 할 수 있다. 그렇기 때문에 단순한 인과 관계로 환원될 수 없는 것이다. 마치 타임머신을 타고 과거로 되돌아가는 이야기에서 예전의 한순간을 바꾸면 현재를 기약할 수 없게 되는 아이러니한 상황처럼, 우연처럼 보이는 매번의 사건들은 사실 자신과 미래에 대한 흔들림 없는 믿음이 조금씩 실현해나간 시간의 필연적인 결과물일 것이다. 그리고 소설은 그 삶의 궤적과 언어적으로 조응하면서 구축된 또 다른 부산물이라고 할 수 있다.

한편 그 이후에 나는 알래스카를 배경으로 뉴욕의 월가로 상징되는 자본주의에 폭력의 논리로 맞서고 있는 인물 루디를 등장시킨 박민규의 〈루디〉(2010)를 읽으며 《노인을 위한 나라는 없다》(2005)를, 바이러스로 인해 발생한 아포칼립스적 상황을 횡단하는 두 여성 인물의 연대의 서사라고 할 수 있는 최진영의 《해가 지는 곳으로》(2017)를 감상하면서는 《로드》를 각각 떠올린 바 있다. 그런데 이 소설들은 한편으로는 코맥 매카시의 소설을 상기시키는 서사적 요소를 담고 있으면서도 그것이 각각 자본주의나 젠더와 퀴어 같은 한국의 동시대적 현실의 문제와 결합되면서 한국소설로서의 면모를 갖추는 방향으로 뻗어나가 독자적인 세계를 구축하고 있다.

한 편의 다른 문화권의 이야기를 우리의 관심과 결합하여 받아들일 것인지, 아니면 그 자체의 맥락에 다가가는 편을 선택해야 할 것인지의 여부는 번역의 문제와 함께 우리와는 서로 다른 시대와 공간의 이야기를 읽을 때 발생하는 근원적인 문제를 야기하고 있다. 지금까지는 그 문제에 대한 대응의 과정이 우리의 맥락에서 외부의 이야기를 수용하는 방식을 중심으로 그 반대편에서 발생하는 문제를 비판적으로 제기하는 태도가 병행하는 방향에서 진행되어 왔다고 할 수 있을 텐데, 이 글에서는 개인적 기억을 소환하는 민망함과 원문 인용의 번거로움을 무릅쓰고 배리를 이루는 그 두 가지 문제가 동시적으로 추구될 수 있는 가능성에 대해 잠시나마 생각해보고자 했다.

이처럼 고전을 다시 읽는 과정에는 삶이 텍스트로, 또 텍스트가 다시 삶으로 이어지는 길을 들여다보면서 그 두 세계가 함께 직조해내는 또 다른 차원의 세계를 정신적으로 체험하는 일과 또 그런 행위를 수행하고 있는 자신을 돌아보는 시간이 늘 함께하는 것 같다. 고전은 마치 힘겹게 올라야 하는 산처럼 솟아 기다리고 있으면서 우리를 그 시간 속으로 부르고 있다. (2023. 09)

주

1 Dwight Garner, "Cormac McCarthy, Novelist of a Darker America, Is Dead at 89", *The New York Times*, June 13, 2023.
2 코맥 매카시는 2009년의 인터뷰에서 작업 중인 책에 대해 묻는 질문에 "그 이야기는 주로 1980년경 뉴올리언스를 배경으로 하고 있습니다. 남매에 관한 얘기죠. 책을 펼치면 여동생은 이미 자살을 한 상황이고, 소설은 오빠가 그걸 어떻게 감당하는가에 대한 거예요."(John Jurgensen, "Interview: Hollywood's favorite cowboy-Author Cormac McCarthy talks about religion, his son and the movie based on his novel The Road", *Wall Street Journal*, Nov 20, 2009)라고 대답한 바 있다. 한 연보는 그 구상이 1980년에 시작되었다고 기록하고 있다. "Chronology of McCarthy's Life and Works", *The Cambridge companion to Cormac McCarthy*, edited by Steven Frye, Cambridge University Press, 2013, p. xix. 한 인터넷 서점이 간행하는 웹소식지(「2023년 신간 캘린더, 작가 알림 신청하세요!」, 《월간 채널예스》, 2023. 2)에는 소설이 2023년 연말쯤 국내에 번역, 출간될 예정이라는 예고가 나와 있다.(이 글이 발표된 이후 2023년 11월에 출간되었다.)
3 코맥 매카시, 《로드》, 정영목 옮김, 문학동네, 2008, 7쪽.
4 Cormac McCarthy, *The Road*, Vintage Books, 2006, p. 3.
5 Richard B. Woodward, "Cormac McCarthy's Venomous Fiction", *The New York Times*, April 19, 1992. 가령 아포스트로피와 관련하여 코맥 매카시는 《로드》에서도 "We cant stay"(*The Road*, p. 42), "But there wont be any cars or trucks on them"(p. 43)에서 보는 것처럼 조동사와 not을 축약하면서 통상 사용하는 아포스트로피를 생략하고 있다.
6 《로드》, 15~16쪽.
7 *The Road*, pp. 10~11.
8 Andrew Hoberek, "Cormac McCarthy and the Aesthetics of Exhaustion", *American Literary History*, vol. 23, no. 3, 2011, p. 487.
9 Ashley Kunsa, "'Maps of the World in Its Becoming': Post-Apocalyptic Naming in Cormac McCarthy's *The Road*", *Journal of Modern Literature*, Vol. 33, No. 1, Fall 2009, p. 68.
10 Kyle Kirves, "Index of Character Names in the Novels", *Myth, Legend, Dust: Critical Responses to Cormac McCarthy*, edited by Rich Wallach,

Manchester University Press, 2000, pp. 337~353. quoted in *Ibid.*, p. 60.

11 다만 부자가 오랫동안 끼니를 거르고 허기로 고통스러운 위기를 겪고 있을 즈음 우연히 음식과 물품을 풍부하게 갖춘 지하의 벙커를 발견하게 되면서 한때나마 행복한 시간을 보낸 직후, 다시 떠난 길 위에서 허름한 복장과 시각을 비롯한 신체의 문제를 앓고 있는 노인을 만나게 되는데(183~198쪽), 그는 자신의 이름을 묻는 남자(아버지)에게 '엘리(Ely, 이 소설을 원작으로 하여 2009년 상영된 존 힐콧 감독의 영화 〈The Road〉에서는 이 이름을 '일라이'라고 발음한다)'라는 이름을 허위로 제시한다. 이 노인의 가짜 이름이 이 소설에서 인물의 이름이 등장하는 예외적인 경우이다.

12 John Jurgensen, *Op. cit.*
13 Ashley Kunsa 또한 두 소설의 결말을 이런 방향에서 비교하고 있다. Ashley Kunsa, *Op. cit.*, p. 67.
14 《로드》, 323쪽.
15 앞에 인용한 부고 기사는 이때 코맥 매카시가 64세, 새 아내는 32세였으며, 둘의 결혼은 2006년에 끝났다는 사실을 적고 있다. Dwight Garner, *Op. cit.* 참조.
16 Michael Conlon, "Writer Cormac McCarthy confides in Oprah Winfrey", *Reuters*, JUNE 6, 2007.
17 John Jurgensen, *Op. cit.*,
18 Richard B. Woodward, "Cormac Country", *Vanity Fair*, AUGUST 2005.
19 *Ibid.*
20 Elizabeth A. Harris, "Early Cormac McCarthy Interviews Rediscovered", *The New York Times*, Sept. 30, 2022.

고전의 사계

1판 1쇄 발행 2025년 8월 25일

지은이 · 손정수
펴낸이 · 주연선

(주)은행나무
04035 서울특별시 마포구 양화로11길 54
전화·02)3143-0651~3 | 팩스·02)3143-0654
신고번호·제 1997—000168호(1997. 12. 12)
www.ehbook.co.kr
ehbook@ehbook.co.kr

ISBN 979-11-6737-579-7 (03800)

• 이 책의 판권은 지은이와 은행나무에 있습니다. 이 책 내용의 일부 또는 전부를 재사용하려면 반드시 양측의 서면 동의를 받아야 합니다.

• 잘못된 책은 구입처에서 바꿔드립니다.